UNA FORTA ABRAÇADA

SANDRO ROSELL

UNA FORTA ABRAÇADA

ROSA
DELS
VENTS

Paper certificat pel Forest Stewardship Council®

MIXT
Paper procedent de
fonts responsables
FSC® C117695

Primera edició: març del 2020

Publicat per Rosa dels Vents, un segell de Penguin Random House Grupo Editorial, S.A.U.

Printed in Spain – Imprès a Espanya

ISBN: 978-84-17909-35-2
Dipòsit legal: B-1.624-2020

Compost a Comptex & Ass., S.L.

Imprès a Liberdúplex
Sant Llorenç d'Hortons (Barcelona)

VT 0 9 3 5 A

Penguin
Random House
Grupo Editorial

El perquè d'aquest llibre

Quan gairebé totes les persones a qui estimes i que t'estimen et diuen per activa i per passiva que s'ha de ser molt burro, un inconscient o un suïcida, o totes tres coses alhora, per publicar aquest llibre, només puc respondre que tenen tota la raó del món. «Tornaràs a la presó», «Seguiran anant a per tu», «En aquest país no pots explicar la veritat», «De debò que et creus que servirà d'alguna cosa el teu llibre?», «Nomes et fas mal a tu mateix»... són algunes de les reaccions dels meus amics i amigues quan els explicava que volia fer el llibre que ara tu tens entre mans.

En llegir-lo comprovareu dues coses: la primera és que aquest llibre no és cap obra d'art, ni que passarà a la història de la literatura, i la segona, que, en ser un bolcat dels fets, les experiències, les reflexions, els pensaments i els mals pensaments, els somnis i els malsons que vam tenir durant 645 dies i nits, molt sovint no trobareu connexió ni continuïtat en les explicacions, i sí, en canvi, repeticions del que en aquell dia concret succeïa.

Comprovareu que en tot el llibre no hi ha cap opinió ni cometari negatiu sobre les persones amb qui vaig coincidir dins de la presó. Alguns innocents i altres inqüestionablement culpables, que es mereixen ser on són, però tots, persones amb els seus sentiments. Persones amb les quals vaig compartir els gairebé dos pitjors anys de la meva vida, i amb qui, innocents o culpables, em vaig recolzar per passar els moments de més feblesa personal que he viscut; per tant, només puc ser agraït amb tots ells, i és clar, molt especialment amb el més innocent de tots ells i amic per sempre, el Joan Besolí.

Com que els llibres gairebé sempre es dediquen a algú, aquest m'agradaria dedicar-lo a tots aquells funcionaris honestos de l'Estat, jutges, fiscals, policies, funcionaris de presons o inspectors d'Hisenda Pública. N'hi ha més dels que ens podem pensar, però menys dels desitjables en un estat teòricament democràtic. Dedicat molt especial als jutges honestos, ja que són l'última esperança que tenim de viure en una societat justa. Nosaltres vam tenir la sort de trobar tres jutges honestos a la Sala Primera de l'Audiència Nacional i tres més a la Sala d'Apel·lacions, al final d'un túnel on mai arribava la llum. És una llàstima, però, que haguem hagut de recórrer a la sort per tornar a creure mínimament en la justícia d'aquest país.

De totes les experiències dolentes, com és la presó, se'n poden treure coses bones. Una d'aquestes ha estat conèixer el Paulino, capellà de la presó de Soto del Real durant els últims vint-i-cinc anys. Ell dedica la seva vida, dia rere dia, a assistir moralment i espiritual tots aquells presos que ho necessiten. Ell coneix de prop les injustícies. Per aquest motiu, els drets d'autor que generi aquest llibre seran donats principalment a la seva fundació, i ell els dedicarà a contractar advocats per defensar els presos preventius innocents sense recursos. El Paulino sabrà a qui assignar-ho.

Vull donar les gràcies a tots els que m'heu ajudat a fer possible aquest llibre: l'Andrés Maluenda, la Gleva Bernet, el Jaume Rosell, el Lluís Foix, la Núria Puyuelo, el Santi Nolla, el Xavier Bosch i a tot l'equip de l'editorial, liderat pel Carlos Martínez.

El títol del llibre descriu, simplement, allò que més anheles dins la presó quan et priven de llibertat. No hi ha res que necessitis més que... una forta abraçada.

Maig del 2017

Escorcoll i detenció

Són les set del matí del dimarts, 23 de maig de 2017. Estic fent *spinning* al gimnàs de casa, al barri de les Corts a Barcelona. El gimnàs és al soterrani. Normalment no vaig al gimnàs tan d'hora, però el dia abans havíem arribat d'un viatge a la Xina de presentar al govern xinès un projecte de formació de futbol per a les escoles xineses, del qual ja havíem signat el preacord amb ells, i tenia una mica de *jet lag* i, per tant, m'havia llevat més d'hora de l'habitual.

De sobte, rebo un whatsapp d'un amic, que em pregunta si la notícia que surt en un diari digital és veritat. Li pregunto que quina notícia, i em respon que la Policia Nacional i la Guàrdia Civil estan escorcollant casa meva i les meves oficines per un presumpte cas de blanqueig de diners a escala internacional. Li dic si s'ha tornat boig, que moltes vegades la premsa menteix i que jo soc al gimnàs tranquil·lament a casa.

Començo a sentir sorolls a la porteria de casa i trec el cap pel vidre del gimnàs des d'on es pot veure el carrer. Sorpresa, veig desenes de càmeres de televisió i fotògrafs ocupant literalment el carrer. Començo a preocupar-me, però segueixo fent *spinning*.

Mentre pedalo, el soroll exterior va pujant. Decideixo parar i pujar amb l'ascensor cap a casa. La meva sorpresa és que tan bon punt s'obre la porta veig un munt de policies amb la típica armilla groga que porten quan van de paisà, i la Marta, la meva dona, està enmig d'ells. En veure'm la Marta li diu al que sembla el cap: «Ho veu, com el meu marit no s'ha fugat? Aquí el té». Sembla que des de la nostra arribada a Barcelona de la Xina el dia abans ens havien fet un seguiment per controlar que no marxàvem enlloc i s'havien passat la nit davant de casa per comprovar que aquell matí hi seríem. Per això quan van pujar a casa i no m'hi van trobar es van tornar literalment bojos, fins que vaig aparèixer. De seguida penso que com pot ser que la premsa arribi abans que la policia a casa d'algú per fer el que sigui. Qui els ha avisat i amb quin interès?

Noto com el cap de la Guàrdia Civil es relaxa. M'explica que venen a fer un escorcoll autoritzat per la jutgessa de l'Audiència Nacional Carmen Lamela. Li pregunto de què es tracta, i em diu que és d'alguna cosa relacionada amb uns negocis que vaig fer fa onze anys al Brasil, amb una empresa que es deia Uptrend. Li pregunto que qui m'ha denunciat, i ell respon que creu que la fiscalia de l'Audiència Nacional d'ofici; no hi ha denúncia de cap particular. No entenc res.

Però de seguida dubto de mi mateix. Penso que potser he fet alguna cosa molt grossa, sense saber ben bé què. També els dic que poden començar l'escorcoll, però que vull avisar el meu advocat de capçalera. Truco al José Luis Martínez Maluquer, que ve al cap de mitja hora. Quan arriba em diu que hem de demanar l'assistència d'un advocat penalista. Li dic que truqui al Pau Molins, un conegut advocat penalista de Barcelona a qui conec bé, que es presenta a casa mitja hora més tard. Comencen a escorcollar tota la casa, des de la cuina fins a les nostres habitacions.

La nostra filla Maria ha de marxar perquè justament avui té un examen final de la universitat. Els policies no ho tenen clar perquè n'hi ha alguns que la volen retenir aquí, però finalment deixen que se'n vagi. Penso com li anirà l'examen amb tot aquest merder a casa.

Al cap d'una estona tres policies ens diuen que la Marta se'n va amb ells a la residència que tenim a l'Empordà, perquè també l'han d'escorcollar. Marxen.

Mentrestant, jo, conjuntament amb els advocats, ens quedem com a testimonis de l'escorcoll a casa amb la secretària judicial, que va prenent nota de tot el que s'emporten.

Un sobre sospitós

Se m'apropa un dels policies i em diu que hem de comprovar el contingut d'un armari junts, quan fins aleshores tot l'escorcoll l'han fet sense mi. No ho entenc, però li faig cas. El policia obre l'armari i va directament a un abric de la Marta i d'una de les butxaques en treu un sobre amb una inscripció que diu «RT» i «5K». Li dic que aquest sobre no és meu, i ell em respon que aleshores deu ser de la meva dona. Li dic que no, que no és ni meu ni d'ella, que aquest matí aquest sobre no era allà. Intueixo que són diners en metàl·lic, i li explico que els diners en metàl·lic a casa els guardem en una petita caixa forta que tenim, que després l'hi ensenyaré.

Una conspiració?

De seguida el meu cervell es gira i dic als meus advocats que em fa la sensació que tot això és una conspiració, però de qui? I per què? No ho sé. Tots dos em miren com aquell que mira un boig. Des que he entrat a casa fins a aquest moment, durant prop de dues hores, he dubtat de mi, però ara ja no. El senyal del sobre de diners em fa canviar radicalment el pensament. En aquell moment el dubte que hauria pogut fer alguna cosa malament, sense ser-ne conscient, s'esvaeix del tot.

Mentrestant el cap crida el policia que ho escorcolla tot amb una càmera de televisió perquè faci una presa dels bitllets que hi ha dins del sobre. Els bitllets estan estesos sobre la taula d'un petit despatx que tenim a l'habitació i el cap li indica a la secretària judicial que anoti a la llista de l'escorcoll la «troballa». Aleshores és quan m'emprenyo, i molt, i li dic al cap que allò que estan fent és molt lleig. Li dic que el sobre no és meu, que intueixo que ell ho sap perfectament i que ho estan gravant tot per filtrar les imatges a la premsa, ja que quan ensenyes diners en metàl·lic en un escorcoll, la gent de seguida pensa que aquella persona investigada és un delinqüent. Estic convençut que amb aquesta gravació ja comencen l'operació de convertir-me en el dolent de la pel·lícula davant l'opinió pública.

Bitllets amb números correlatius

Quan m'encaro al cap i li torno a dir que el que estan fent és molt lleig, m'adono que tots els bitllets —cinquanta bitllets de 100 euros, és a dir, 5.000 euros, o els «5K» manuscrits al sobre— són nous i correlatius en el número de sèrie. Aleshores li faig veure al policia el detall dels números correlatius mentre li comento que qui hagi posat aquells diners allà és molt burro. L'hi dic literalment i explícitament, entenent que no es pot molestar, perquè se suposa que no ha estat ell. Li demano al meu advocat que els gravi amb el seu telèfon, ja que jo en aquell moment no tenia el meu iPhone perquè ja me l'havien confiscat, i que gravi sobretot els números de sèrie. Li explico al policia que ho gravem per quan sigui el moment fer un seguiment de la sèrie des de la Casa de la Moneda y el Timbre al banc que hagi anat a parar i després potser podríem identificar qui va retirar aquells diners per finestreta. Si ara per treure 2.000 euros del teu compte corrent et pregunten fins i tot la marca de calçotets que portes, segur que podríem saber qui va retirar els 5.000 euros.

El fet que fóssim nosaltres els que gravéssim els bitllets va fer molt efecte en el policia, perquè va passar d'estar molt tranquil amb les meves queixes anteriors a posar-se molt nerviós, a suar —encara que feia força calor, no era tan intensa per suar—, i el més curiós de tot, va demanar a la secretària judicial que tragués de les seves anotacions els diners «trobats». Ho va justificar dient que jo era un empresari conegut i que era normal i legal que tingués 5.000 euros en metàl·lic a casa.

Aleshores va passar una escena del tot kafkiana: el policia que havia trobat els diners va començar a indicar a la secretària judicial que no calia anotar a l'escorcoll els diners que poc abans havia demanat d'incloure a l'acta i, contràriament, jo anava demanant que quedés ben escrit que declarava que no eren meus ni de la meva dona, i que hi llistessin tots els bitllets, amb els números de sèrie. Al final, després de la intervenció dels meus advocats, la secretària judicial va deixar constància de tot plegat, com nosaltres reclamàvem. Imagino que algú dels que eren allà, de la Policia Nacional, la Guardià Civil o funcionaris del jutjat, enmig de la confusió, havia posat el sobre dins l'armari just abans de l'escorcoll.

No havia esmorzat i tenia molta gana. Li demano a la Lourdes, una senyora d'Equador que fa vint anys que treballa amb nosaltres i que considerem un membre més de la família, que em prepari un entrepà. En aquell moment penso que tots aquells policies estan fent el que estan fent ordenats per algú, i per tant no són culpables directes de la suposada conspiració. Per això ofereixo a tots els policies, homes i dones, si em volen acompanyar a menjar alguna cosa. Ja feia unes tres o quatre hores que havia començat el xou. Uns quants policies s'hi van apuntar i la Lourdes ens va preparar uns quants entrepans de pernil dolç.

Més escorcolls

Poc després l'escorcoll continua a les oficines de les meves empreses, que estan situades al mateix edifici de la casa familiar, a les plantes inferiors. L'autorització judicial era per escorcollar-ho tot: la meva vida privada, la casa i les meves empreses, les de la meva família i les que havien sigut meves. A les oficines hi ha el Juan Carlos Páramo, la persona que durant els últims anys m'ha fet de mà dreta i esquerra administrant els meus negocis. Ens saludem i li dic que no estic entenent res del que està passant. Després d'un altre escorcoll a fons i de la confiscació de molts arxius i de tots els ordinadors de l'empresa, el cap m'informa oficialment que estic detingut per la policia les properes setanta-dues hores.

De seguida que els escorcolls del nostre edifici del carrer Déu i Mata acaben, sortim en un cotxe policial cap a les oficines de FAR, una empresa patrimonial familiar dels meus pares i els quatre germans, situada al barri de Sarrià. En sortir, el cap em diu que com que creu que no fugiré, no em posarà les manilles. Les manilles?, penso jo, per què m'ha de posar manilles? No he matat ningú. Em fa la sensació que les manilles són per la policia com una pilota en un partit de futbol. Entrem al cotxe, davant de desenes, potser més de cent, periodistes, fotògrafs i càmeres de televisió que fan guàrdia des que algú «secretament» els ha avisat que aquest matí hi hauria moguda en un carrer del barri de les Corts.

A FAR ens espera la meva germana petita, la Laura, amb un policia que fa una estona ha anat a buscar-la i que, en aquell moment, és dins de les oficines per comprovar que no crema, destrueix, elimina o es menja algun document interessant per a la investigació. Curiosament, la meva germana també ha fet anar a comprar al Foix de Sarrià uns croissants per si algú té gana. Penso que això del menjar i compartir-lo amb qui sigui, fins i tot la policia, és l'herència de la meva mare Los, que sempre té el rebost i la nevera plens per a la família i els amics que puguin aparèixer inesperadament.

Al cap d'una hora, no han trobat res de res que pugui ser interessant per a ells. D'allí anem cap a l'antiga seu de BSM, una empresa de màrqueting esportiu que va ser meva, que en aquest moment és una empresa liquidada. Fa sis anys la vaig vendre al meu bon amic Shahe Ohannessian, amb qui vaig estudiar la carrera d'ESADE. Un gran amic, d'origen armeni, extraordinària persona. Alguns periodistes encara ens segueixen. Al Shahe també l'han detingut aquell matí, a casa de la seva parella, l'Esther, i ens trobem en el quart escorcoll del dia. Tampoc hi troben res d'interessant.

Ja són les cinc de la tarda. Amb dos cotxes de la policia, un amb el Shahe i l'altre amb mi, anem fins a la seu d'uns trasters que el Shahe havia contractat per guardar tota la informació i els arxius de BSM, fins a la seva liquidació, tal com diu la llei, que t'obliga a guardar-los durant els quatre o cinc anys posteriors al tancament de l'empresa. Allà, la policia, quan veu aquella gran quantitat de papers, ho confisca tot, però no s'emporta res, perquè tot està molt ben endreçat i organitzat i, si els cal, els serà fàcil trobar qualsevol document. Sí que s'emporten uns ordinadors nous tancats en caixes, per estrenar, cosa que no acabem d'entendre perquè si són nous no contenen cap tipus d'informació.

A LES DEPENDÈNCIES POLICIALS

Ja són vora les set de la tarda quan enfilem cap a la comissaria de la Guàrdia Civil de travessera de Gràcia. Quan hi arribem, el comandant César —parla català, i això m'alegra— em saluda, em cau bé, i el primer que em diu és que el sobre de diners que han «trobat» a casa meva no l'han amagat ells... Per què em diu això tan bon punt arribo a la caserna? Que estrany! Tot i que no em sorprèn aquella reacció defensiva.

També m'explica que la Unidad Central Operativa (UCO) de la Guàrdia Civil és molt lenta investigant, però molt segura i molt professional, que «són com gossos», que quan mosseguen la presa no la deixen anar, referint-se a la meva investigació, i que finalment han aconseguit trobar tota la informació d'Uptrend, com si haguessin trobat informació encriptada. Tan fàcil com era demanar a l'Agència Tributària tota la informació fiscal i la descripció de negoci que hi ha als seus arxius, perquè vaig declarar-ho tot en el seu moment. Suposo que és el que havien fet...

Baixem als calabossos de la caserna, al soterrani, i ens prenen les dades al Shahe i a mi, amb la corresponent fitxa policial amb fotos de tres perfils diferents. Ens tanquen a dos calabossos separats. Al cap de poca estona ens venen a buscar per «sopar»: un entrepà i aigua. Només agafem l'aigua. Al cap de poc surten de dos calabossos més l'Andreu Ramos, un germà per a mi, que vaig conèixer a la Seu d'Urgell quan vaig anar a fer el servei militar l'any 1987, i el Joan Besolí, el seu cunyat, que gràcies a la proximitat que ells dos sempre han tingut també vam establir una relació extraordinària d'amistat que dura fins ara. Ens abracem tots quatre i ens mirem al·lucinats de la situació. Tots ens preguntem què ha passat i què hi fem, aquí. L'Andreu ens explica que hi havia més de vint policies a casa seva amb gossos buscant diners com bojos pertot arreu, però que no han trobat res de res, perquè l'Andreu té tots els diners invertits en vaques Angus que estan pasturant per les muntanyes del voltant. El Joan ens explica que l'han detingut sortint del petit apartament que amb la seva dona Carmen té a la Seu d'Urgell.

Tots estem trasbalsats. Al cap d'una hora el guàrdia civil ens diu que hem de tornar a entrar als calabossos. Entrem cadascú al seu i intentem relaxar-nos una mica. Per fi, és un moment de calma tensa, poca calma i molt tensa. Començo a pensar que no pot ser que una administració organitzi una moguda tan gran si no hi ha al darrere un fet delictiu.

Per què soc aquí

Potser era perquè vam posar les quatre barres a la samarreta del Barça? O perquè vam deixar passar la Via Catalana pel Camp Nou? O perquè vam deixar celebrar el Concert de la Llibertat? Potser era perquè havíem contractat el Neymar en contra de la voluntat d'un altre equip? O que havíem venut els drets de televisió del Barça a Telefónica en lloc de fer-ho a Mediapro? O potser perquè havia estat president del FC Barcelona? O la barreja de tot plegat? L'única certesa que tenia era que no seria fàcil descobrir el motiu ocult de la meva detenció, ni qui hi havia realment al darrere.

M'estiro a l'espècie de llit fet d'obra. A sobre hi ha un matalàs molt prim de pell artificial. Fa molta calor. Intento dormir, però ni els pensaments ni el material del matalàs m'ho faciliten perquè començo a suar moltíssim. Al final m'adormo.

Primeres declaracions

L'endemà dimecres a les vuit del matí ens treuen del calabós. Ja estàvem tots desperts. Ens donen un cafè amb llet i un croissant.

A les nou el Shahe puja a declarar davant la policia, però s'acull al dret de no declarar, no sap sobre què ha de dir. Després el Joan i l'Andreu, però tampoc declaren, tampoc ho saben. Finalment pujo jo i en arribar a les oficines em trobo la Marta. Ens fem un petó i una abraçada com feia temps que no ens fèiem, amb molt d'amor. «T'estimo». «Jo també». Molt emocionant.

M'ha portat una maleteta amb camises, calçotets i mitjons, perquè tot indica que ens portaran a Madrid i podem estar-hi un parell de dies. Li dic que només agafo les coses d'higiene personal i els calçotets, perquè no crec que hi sigui més de vint-i-quatre hores. «Declararé davant la jutgessa, per veure quina confusió hi ha, i cap a casa...», li dic.

La policia avisa la Marta que ha de marxar i se'n va. Ens fem un altre petó i una abraçada igual d'emotiva que l'anterior.

Cap a les onze és el meu torn i responc amb molt de detall totes les preguntes que un policia nacional i un guàrdia civil em fan, en presència del Pau Molins. Ens deixen corregir les paraules que en una segona llegida no ens agraden i preferim unes altres per millorar la descripció dels fets. Em fa patir tanta amabilitat.

Efectivament em pregunten per uns contractes que fa onze anys vaig fer amb Uptrend, una societat gestionada des d'Andorra, però regularitzada a l'Agència Tributària Espanyola, en nom d'un grup empresarial de l'Aràbia Saudita, ISE (International Sport Events), per fer d'intermediari en la compra dels drets de televisió i organització dels partits amistosos de la selecció brasilera de futbol. Dintre meu penso quin problema hi ha si tothom va quedar molt satisfet d'aquella operació, i què hi deu tenir a veure la justícia espanyola amb uns negocis que van tenir lloc a l'estranger i que es van fer amb diners privats.

En acabar, cap a la una, torno a baixar als calabossos. Per dinar, un entrepà de «xopet». Hi faig dues mossegades, però és immenjable.

Ens traslladen a Madrid

Entrem als calabossos a l'espera de marxar cap a Madrid. Cap a les quatre de la tarda ens posen en un furgó (conegut com la *lechera*) que té cinc places al darrere posades perpendiculars a la direcció de circulació, seients de ferro i sense cinturons de seguretat. Cap a Madrid.

Durant el camí, tenim un accident. Al conductor, de la Guàrdia Civil, li agafa un atac d'epilèpsia i comencem a donar cops contra la tanca de l'autovia cap a la dreta. Amb molta habilitat el seu company controla el volant del cotxe i acciona el fre de mà.

Cap a les deu de la nit ells paren a sopar. A nosaltres ens deixen morts de calor, tancats al furgó, suant com pollastres. A dos quarts de dotze de la nit arribem a les dependències de la Guàrdia Civil de Tres Cantos a Madrid. Entreguem les pertinences i anem directes a dormir als calabossos. Dormim.

Ens envien a la presó

Ens desperten a dos quarts de vuit del matí. Apareixen davant nostre cinc guàrdies civils, que ja no són tan amables com a Barcelona, i ens posen manilles a tots quatre. Són rígides i me les posa el més baixet de tots, que és el que té més mala llet. És la primera vegada a la meva vida que em posen manilles i m'impressiona. D'allà ens transporten a tots quatre en un furgó cap als calabossos de l'Audiència Nacional. Hi entrem després que ens llegeixin els drets i omplim uns formularis. Els calabossos de l'Audiència Nacional són en un soterrani, tot de ciment, molt depriment, i on tot és molt fred. A les deu m'avisen per anar a declarar. Abans parlo amb el Pau Molins i em dona ànims. Entro a la Sala Tercera, on hi ha la jutgessa Carmen Lamela, el fiscal i la secretària judicial (la mateixa que va venir a casa durant l'escorcoll). Comencen les preguntes i tant el fiscal com la jutgessa ens fan preguntes amb molta agressivitat. Responc la veritat a tot, malgrat que em costa recordar coses de l'any 2006. El secret de sumari no està oficialment obert; per tant, ens trobem indefensos, perquè ells tenen tota la informació i nosaltres no. Això és una irregularitat per part de la jutgessa. El fiscal demana mesures cautelars. El Pau fa una exposició final extraordinària, però ens adonem que abans de declarar ja està tot decidit i escrit.

Després és el torn del Shahe, el Joan i l'Andreu. El fiscal i la jutgessa també els tracten amb el mateix to i de males maneres. En la declaració del Joan, el Pau Molins li demana a la jutgessa Lamela que entengui la situació en la qual es troba el Joan, amb el fill postrat en un llit de l'hospital de la Vall d'Hebron, amb les cames paralitzades a causa de l'accident que va patir feia quinze dies portant un tractor, i que no li apliqui mesures cautelars tan bèsties com la presó preventiva per risc de fuga, perquè un pare o una mare mai fugirien i deixarien el seu fill en cap situació, però encara menys en aquesta. El Pau aleshores li diu que ho sap per experiència pròpia perquè un dels seus fills també va patir una paralització, no per accident, sinó per un ictus a la medul·la. La resposta de la Lamela és: «Señor Molins, no haga teatro». El Pau, molt ofès, plora de ràbia per dintre en record del seu fill Ignacio i del Genís, el fill del Joan. A continuació, declara la Marta, que ha vingut aquest mateix matí des de Barcelona amb el Pau Molins.

A les quatre de la tarda ens comuniquen que l'Andreu i el Shahe queden en llibertat provisional amb càrrecs, així com la Marta, i al Joan i a mi ens decreten presó provisional comunicada sense fiança, per risc de fuga. En el meu cas, sospito que m'envien a la presó per haver estat president del Barça, però no entenc per què el Joan no queda en llibertat.

Soto del Real

A les sis marxem amb el Joan de l'Audiència Nacional cap a Soto del Real. Compartim el furgó amb dos presumptes gihadistes, o això ens sembla. Un em reconeix i està al·lucinat de compartir el furgó amb l'expresident del Barça.

Coincidim a ingressos de Soto del Real amb altres encausats que arriben d'altres jutjats. Som uns deu. Ens fan la fitxa penitenciària amb la foto. Ens donen un NIS, que és el DNI penitenciari. El Joan té el 2017007210, i jo, el 2017007212 (2017 és l'any d'ingrés i el 7210 i el 7212, els números d'interns espanyols d'aquell any).

Ens donen una bossa negra de brossa amb llençols, tovallola, mitjons (marca España amb la bandera), condons, vaselina, paper de vàter, raspall de dents i pasta, pinta, got i esponja. No entenem per què ens donen condons i vaselina. L'hi pregunto al funcionari i em respon: «Con el tiempo, ya lo sabrán». Després fem una dutxa de desinfecció davant del funcionari, i un cop dutxats ens donen i ens posem uns calçotets de mala qualitat, una samarreta blanca i un *mono* blanc (com els *monos* taronges de Guantánamo). Ens posen junts en una cel·la del mòdul d'ingressos, on només dormirem una nit.

A les vuit del vespre ens porten una bossa de plàstic transparent a la cel·la amb mandonguilles dintre, un tros de pa, melmelada i mantega. No menjo res, em fa fàstic. Ens fem el llit amb uns matalassos podrits i trencats, plens de verdet. Ens posem a dormir com podem i ens tranquil·litzem una mica.

L'endemà fem més tràmits d'ingrés a la presó de Soto del Real. Ens posen a tots els que vam arribar el dia anterior en un petit pati al descobert. Per ordre alfabètic, fem trobades de cinc minuts amb la infermera, l'educador, l'orientador o treballador social i el metge. Jo prego a l'educador que ens mantinguin junts amb el Joan a la cel·la, ara i després, perquè crec que el Joan necessita estar amb algú conegut, jo també, perquè porta la càrrega afegida de l'accident que va tenir el seu fill Genís fa quinze dies amb el tractor a l'hípica on treballa i que l'ha deixat paraplègic. L'educador em diu que ho entén i que farà tots els possibles.

Primera trucada a casa

Ens deixen fer una trucada de cinc minuts que paga la presó des d'un telèfon fix molt vell. El Joan truca a la Carmen, i jo, a la

Marta. Per sort, recordo el seu número, perquè, excepte el telèfon de casa dels meus pares, no en recordo cap més. A la trucada, la Marta m'omple d'orgull perquè em transmet molta força, justament quan jo em sento trontollar.

M'avisen que els meus advocats, Pau Molins i José Ángel Cabello, company de despatx del Pau, ens estan esperant als locutoris. Tenim una reunió que jo considero excel·lent perquè ja veuen clar que «només» cal demostrar l'origen lícit dels diners dels contractes i que hi va haver una feina real, i no unes comissions per una «no feina», tal com diu l'escrit d'acusació, que per primera vegada puc veure a través del vidre de separació que hi ha als locutoris. La comunicació és a través d'un intèrfon. Hem de demostrar que hi va haver una feina d'intermediació real i lícita entre l'empresa saudita ISE i la Confederació Brasilera de Futbol (CBF), feta per l'empresa Uptrend, compartida al 50% pel Joan i per mi, i gestionada des d'Andorra.

El Pau també em deixa veure i llegir un missatge molt emotiu escrit pels pares i els meus germans, la Mariona, la Laura i el Sergi, en què em diuen que m'estimen molt i que estan al meu costat.

Mòdul 4

A la tarda ens venen a buscar per portar-nos al que serà el nostre mòdul assignat: el 4. Ho recollim tot i baixem. La meva única preocupació en aquests moments és que ens posin junts amb el Joan.

Quan arribem, el mòdul és buit, a les zones comunes. De cop se sent l'obertura de les portes de ferro que tanquen les cel·les amb pany i forrellat, mai millor dit. Deixem les bosses de plàstic negre amb les quatre coses que ens han donat a la recepció del mòdul. Els interns del mòdul baixen i de seguida ens trobem de cara el Jordi Pujol Ferrusola. Es mostra molt atent, amable, i ens ofereix la seva ajuda en tot el que puguem necessitar. Ens presenta a tothom. Molts dels interns se'ns presenten i ens expliquen que són del Barça i que estan contents de saludar-nos.

Molts em diuen «presi». Hi ha molts marroquins. Passem la tarda preparant escrits per demanar la compra de l'aparell de televisió de l'economat i informant dels tres números de telèfon als quals volem trucar. En arribar pots demanar tres números sense haver de demostrar de qui són, i abans d'un mes pots demanar-ne deu, però llavors has de demostrar de qui són amb factures oficials de les diferents companyies de telefonia. Jo dono els telèfons de la Marta, els meus pares i el Pau Molins.

El Jordi Pujol Júnior truca a la seva filla perquè truqui a la Marta, li digui que estem junts al mòdul 4 i li expliqui que quan em donin els telèfons d'alta ja li trucaré, perquè aquest tràmit pot trigar un o dos dies.

Economat

Fem la primera compra a l'economat a través d'una targeta tipus VISA amb els diners del Joan, perquè jo no portava cap euro quan vam arribar. És el peculi. En aquesta targeta cada setmana ens ingressaran 100 euros o la diferència fins a 100 euros, sempre que tinguem saldo en els diners dipositats per les nostres famílies a la presó. Comprem patates fregides Lay's, dues llibretes, dos bolígrafs, fulls de paper, pernil dolç, formatge, pasta de dents, Nivea, Mimosín, tovalloletes humides i Wipp Express.

A l'hora de sopar ens posen en una taula de quatre amb el José Antonio (company de cel·la del Jordi Pujol Júnior), un búlgar (el Kolio), el Joan i jo. El José Antonio ens ofereix tot el que té en una caixa penjada sota la taula, on la gent es guarda coses comprades a l'economat per condimentar el menjar, com ara oli d'oliva, sal, mostassa, quètxup, panets cruixents amb tomàquet sec...

Cel·la 13

Després de sopar pugem a la cel·la i ens deixen escollir quina volem entre les que estan buides al segon pis. Escullo la 13 perquè és un número que sempre m'ha agradat. Va ser el dia que es van casar els meus pares i, amb aquest número, evidentment van trobar lloc a tot arreu per casar-se on van voler. Ens posem tots dos —tot i que lidera el Joan— a netejar amb xafarranxo de combat la cel·la, utilitzant llegiu que ens han donat, amb un cubell i un pal de fregar, a tort i a dret. També ens han donat una escombra i un recollidor, tot de segona mà, o de tercera o de quarta...

Per fi, des de la detenció, vaig a cagar, davant del Joan, perquè no m'aguanto més —fora de la presó es diu «anar de ventre» però a la presó es diu «cagar»—. El fàstic que feien les diferents tasses dels calabossos per on hem passat no ajudava gens. Perdo les manies davant del Joan i descarrego.

Una cura d'humilitat

Fem els llits. Els matalassos estan plens de pixats. Intentem cobrir-los al màxim amb els llençols de molt mala qualitat que ens han donat. No hi ha coixins. Els demanem a l'ordenança, un intern que fa com de cap del mòdul, i molt amablement ens en porta dos, usats també. Ho netegem tot. Jo mai de la vida havia dedicat tant de temps a netejar, i encara menys havia posat les mans dintre d'una tassa per treure'n la merda enganxada. Bona cura d'humilitat, penso. Algú m'està fent una prova d'humilitat o de realitat...

Ordenem la poca roba que tenim en unes prestatgeries fetes de ciment. Ens mengem unes Lay's amb aigua. Abans de dormir ens dutxem, sense cortines. A la finestra tampoc n'hi ha, però sí que té els barrots típics d'una presó. Penso que la llum ens despertarà, però en aquell moment no m'importa.

A la nit ens llevem a fer pipí, fa molta calor. Quan ens llevem a mitja nit no sabem l'hora que és, perquè no tenim rellotge, i això ens produeix una angoixa bestial. No sabem si és la una, les tres o les cinc de la matinada. Mai m'hauria imaginat la mala passada que és no saber l'hora quan a mitja nit et lleves per anar a pixar.

L'endemà ens volem dutxar, però les dutxes no funcionen. No m'estranya perquè tota la instal·lació té vint-i-cint anys d'antiguitat i es veu que no hi ha hagut renovació i cura per mantenir-la al dia. De fet, en tots els llums, les caixes dels fluorescents estan plenes, molt plenes, d'escarabats morts. En alguns fins i tot ni es veu la llum perquè està cobert per una manta de cossos negres.

Fem la cua per entrar a esmorzar. Tot a partir d'ara són cues. Cues per esmorzar, dinar i sopar, per a instàncies, per a la infermeria, per al metge, per recollir el correu, per sortir al poliesportiu, per anar a missa... per tot, absolutament per tot. Avui la cua és de files d'un, però de vegades són de dos o de quatre. Tot depèn del funcionari i els seus gustos... Recordo que quan estava fora de la presó sempre li deia a la Marta que no anéssim enlloc —ni restaurants, ni cines, ni teatres ni espectacles— on haguéssim de fer cua. Odio les cues! I penso: «No volies caldo, doncs dues tasses».

Ens fem un entrepà de pernil dolç i formatge, comprat el dia anterior a l'economat. Un home peruà ens ha donat un tomàquet per sucar el pa a la catalana. Després de menjar tan malament els darrers dies, aquest entrepà em sembla el menjar més bo del món.

El Jordi Pujol ens explica com fer les instàncies per canviar els matalassos fastigosos i pixats on dormim. A partir d'ara tot ho haurem de demanar a través d'instàncies, que es presenten a les set de la tarda i et responen quan volen, si és que et responen.

També entreguem una instància per poder sortir al poliesportiu i fer activitats esportives. I també en presentem una altra per veure si encara som a temps de demanar un vis-a-vis íntim el dia 31 de maig. També n'he de fer una per informar que serà la Marta la persona que em carregarà els 100 euros setmanals a la targeta del peculi. I també per demanar poder entrar les lentilles i el líquid de les lentilles, i una altra per al vis-a-vis familiar, i una altra perquè pugui venir a parlar amb mi al locutori l'Emili Sabadell, amb qui col·laboro en alguns projectes, que m'ha de posar al dia del que ha passat amb tot plegat.

Cada instància té tres còpies, i quan s'acaben els formularis (molt sovint), les instàncies s'han de fer per duplicat escrites a mà, perquè evidentment no hi ha fotocopiadora.

Li explico al Jordi Pujol Júnior l'angoixa que passem a les nits amb el tema de no saber l'hora i de seguida m'ofereix el seu rellotge Swatch negre, dient que ell, mentre no ens el portin a nosaltres, pot mirar l'hora al rellotge del seu company de cel·la. Li agraeixo el favor. El pipí de mitja nit ja no serà un trauma.

Amb el Joan fem una llista de productes i de roba urgent que necessitem per dir-ho a la Carmen i la Marta. Estem autoritzats a rebre un paquet cada quinze dies que no pesi més de cinc quilos i que no contingui res metàl·lic, ni electrònic, ni vidre, ni perfums ni tampoc llibres amb tapa dura. La roba no pot ser d'un color similar a l'uniforme dels funcionaris. Dins de la cel·la no pots tenir més de 25 quilos de material.

Deu quilòmetres al dia

Cada dia ens autoobliguem a caminar un mínim de 10 quilòmetres pel pati. Com que el terra és de ciment, això fa que les sabatilles es consumeixin moltíssim. Les sabatilles —ho vaig aprendre quan treballava a Nike— estan dissenyades per ser utilitzades una mitjana de 500 quilòmetres el parell, encara que la població les allarga fins a una mitjana de 1.000 quilòmetres. Tanmateix penso que no caldrà canviar-les perquè sortirem de seguida d'aquí, un cop haguem aclarit l'error judicial. Cada volta que fem al pati són uns 120 o 125 metres, segons els nostres càlculs, perquè fa una mica més que un camp oficial d'handbol (40 × 20 metres). Calculem que per fer 10 quilòmetres cada dia hem de fer unes vuitanta voltes al pati. Són com les voltes que fa un lleó a la gàbia d'un zoològic. Anem canviant de direcció, perquè, com que les cantonades de la pista són tan properes, acabes notant la càrrega als turmells. De moment anem amb les sabatilles que ens han deixat. Jo en porto unes, sense marca, que m'ha deixat el Jordi Pujol. Quan acabem de caminar anem a l'economat i ens comprem una Sandy Buckler (una cervesa 0,0% —òbviament l'alcohol està prohibit— amb llimonada, una clara). Els pantalons que porto són els mateixos del dia de la detenció, i el Jordi Pujol me'n deixa uns de curts amb ratlles grogues i negres. Penso que se'm deu veure com l'abella Maia, però aquí no m'importa gens. La caminada diària és una obligació autoimposada per mantenir-nos en forma i que no se'ns en vagi l'olla. És la premissa de «mens sana in corpore sano» —penso en la marca ASICS, sempre m'ha encantat el significat de la marca nipona: Anima Sana In Corpore Sano.

Nous coneguts

Coneixem un peruà, un xilè i un madrileny, i ens expliquen les seves *feines* fora de la presó. L'un transporta droga, l'altre rebenta caixes fortes i l'altre furta empreses. Tota una nova visió laboral per a nosaltres. Hem rigut per primera vegada.

Coneixem un funcionari molt professional —em sorprèn perquè és advocat i parla molt bé l'anglès— que es diu Don Alberto. Aquí, als funcionaris, se'ls diu per «Don» i el nom. Un altre que ens agrada molt és Don Guillermo, per la seva empatia i tracte personal.

El Jordi Pujol Júnior em proposa fer una conferència sobre futbol per als companys del mòdul.

Partits de futbol

Al pati s'organitzen partidets de futbol sala. Demano de jugar-hi, el terra és de ciment i la pilota està desgavellada. Hi jugo, malgrat el risc de fer-se mal. Recordo que des de petit al carrer no havia jugat a futbol amb condicions tan pèssimes, però m'agrada molt jugar-hi, i les ganes em guanyen. Quan es marca un gol, es fa canvi d'equip.

Final de la Copa del Rei

Parlo amb uns marroquins i pregunten moltes coses del Barça i de com quedarem avui, perquè al vespre hi ha la final de la Copa del Rei, Barça-Alavés. M'agradaria veure el partit, però com que encara no tenim tele i la zona comuna, on hi ha la tele per a tothom, està tancada al vespre, no el podré veure de cap manera. L'hi demano a Don Alberto, però em respon que no pot fer excepcions. Un company m'ofereix la seva ràdio, però no l'accepto perquè els partits per ràdio em posen molt nerviós. No entenc que la ràdio te la puguin deixar i la tele no. Al final, però, segueixo el partit per la cridòria que hi ha als passadissos de les cel·les. Escoltem crits de «Visca el Barça», «puta Barça», «puto Ronaldo»... Sentim la cridòria dels gols, primer del puto amo, Messi. Els del Barça rebenten a cops les portes de ferro. Gol de l'Alavés, gol del Neymar, gol de l'Alcázer... I el Barça es converteix en el campió de la Copa del Rei.

Al vespre és un bon moment per llegir. Llegeixo un llibre que m'ha deixat el Jordi Pujol Júnior, *Mitja vida*, de Care Santos. El Joan llegeix *La vida que aprenc*, del Carles Capdevila.

El Joan comença a rentar roba: dues samarretes i dos calçotets al cubell amb Mimosín i Wipp Express.

La dutxa segueix sense funcionar. Ens dutxem amb els cubells i un pot de l'aigua que traiem del rentamans, freda, però és agradable perquè fa molta calor.

Primera visita al locutori

La primera visita de locutori és de les nostres dones: la Carmen Ramos, la dona del Joan Besolí i germana de l'Andreu Ramos, i la Marta Pineda. Totes dues venen soles. Com que és la primera, es pot fer fora de les hores que correspon al teu mòdul. Aquesta trobada amb les nostres dones ens dona molta força per raons sentimentals, però també perquè sense l'enregistrament inicial de les dones no podríem tenir dret a demanar vis-a-vis familiar o íntim.

Tant elles com nosaltres volem mostrar signes de fortalesa i serenitat, però la processó va per dintre. Fem veure que estem forts, però tots mentim, per això als locutoris els anomeno els «mentideros». Durant la visita, molt intensa i molt emocionant, la Marta em pregunta quan estem tots dos sols: «Sandro, què has fet?». I penso que és normal que em faci aquesta pregunta, perquè fins i tot jo, a les primeres hores de l'escorcoll, vaig dubtar de mi mateix, perquè no et pots creure que en una teòrica democràcia del segle XXI hi pugui haver un escarni personal per ser qui ets, i no pel que hagis pogut fer, i tot fet i organitzat des de l'«oficialitat». Li responc que no he fet res il·legal i li explico que la meva intuïció em diu que tot és fruit d'una conspiració de les clavegueres de l'Estat. De seguida em creu.

Comptes bloquejats

La Marta també m'explica que ens han bloquejat tots els comptes, personals i d'empresa, que estan estudiant amb la família com sortir-se'n i com continuar pagant les despeses vitals, per no haver d'acomiadar el personal contractat, encara més innocent que nosaltres, o que ens executin el no pagament de les hipoteques, entre molts altres problemes que el bloqueig comporta. Em diu que tenim el suport de tots els nostres amics i que els més propers no es creuen el que s'ha explicat als mitjans de comunicació, on m'han deixat per terra. Tots els mitjans, amb dues excepcions, els tinc en contra. En el passat blaugrana no vaig voler passar per caixa en molts mitjans i/o periodistes i ara en pago les conseqüències.

La Marta em diu que ens ha fet un paquet amb sabatilles Nike noves, roba d'esport, xancletes i calçotets nous. Per fi, roba meva i sabatilles meves. També porta cartes de gent que estimo molt, de la família, germans, pares i filles. Després les llegiré amb calma. Ens acomiadem amb un «t'estimo», la mà al cor i els ulls humitejats.

Les cartes

Llegir les cartes de la gent que estimo m'omple d'emoció. Quan rebo les primeres cartes de les meves filles, la Maria i la Joana, i llegeixo l'encapçalament «Papi», per primera vegada en cinquanta-tres anys no aguanto i deixo de ser d'Àger, el poble d'origen de la meva família paterna, de la comarca de la Noguera, a Lleida. «Els mascles d'Àger no ploren», deia l'avi, i em poso a plorar. El plor és més fort que les ganes i la voluntat de ser i semblar mascle. Plorar m'ha deixat molt bé anímicament. Suposo que el fet de plorar de sentiment després de cinquanta-tres anys m'ha alliberat d'una motxilla de constrenyiment masculí.

El Joan també s'emociona perquè les primeres cartes que rebo del meu pare i la Mariona també tenen missatges per a ell i per al Genís, que encara és al Vall d'Hebron postrat al llit de la seva habitació, on el va deixar el Joan quan ens van detenir.

El peculi

Els primers dies comprem targetes de 5 euros per a trucades de telèfon. Vuit targetes de 5 euros. Cada setmana tenim de peculi 100 euros per gastar. A finals de setmana, per acabar de gastar-los, aprofitem per comprar a l'economat. Sempre considerant que tens la sort de tenir una família que et pot posar 100 euros cada setmana. Quan vaig arribar vaig pensar que seria impossible «sobreviure» amb 100 euros setmanals, però m'adono que n'hi ha de sobres i que al final això són quatre setmanes i mitja per mes, la qual cosa vol dir 450 euros al mes i persona. Poques famílies disposen de 450 euros extres per enviar a la presó per a despeses teòricament extres, perquè se suposa que amb el que et donen dins de la presó no necessites res més... De fet, em diuen que la despesa privada mitjana per persona i setmana a la presó és de 30 euros.

La petita biblioteca del mòdul és un bon lloc per preparar el recurs contra la presó. Seguint les indicacions del Pau Molins, fem un escrit responent a totes les acusacions de la resolució de la jutgessa amb els nostres comentaris. Cal fer una lectura calmada i tranquil·la, ja que ens treu de polleguera i estem sorpresos per les grans falsedats de l'escrit. Sent un document oficial d'un jutjat signat per una jutgessa, no ens podem creure la quantitat de mentides que hi ha negre sobre blanc. Segons diu la jutgessa en la interlocutòria del 25 de maig, hi ha un «ocultamiento de un importante patrimonio a través de cuentas fuera de España, y encontrándose el grueso de su actividad profesional fuera de España [...] lo que hace pensar que aquellos hagan del delito su modo de vida o fuente principal de ingresos, presentando un total desapego por las reglas esenciales de la convivencia». Que diguin això per escrit, quan fa anys que no tinc ni un euro fora d'Espanya, és al·lucinant. Igual que el fet d'afirmar que jo he fet del delicte la meva forma de vida. Això m'ofèn. Això atempta contra tot el que he construït durant anys i amb molts d'esforços. Quina vergonya!

Fem una llista exhaustiva de les falsedats i dels errors, que entreguem als advocats. Es tracta de desmentir la interlocutòria de la jutgessa presentant un recurs per reclamar que se suspengui la mesura absolutament desproporcionada de presó «per risc de fuga» per un presumpte delicte econòmic privat que va succeir fa onze anys, on no hi ha reclamació per part de ningú. Com més treballem, més ens posem com unes motos. Tot és una gran manipulació. Quina merda de sistema! De seguida m'adono que no són ells els que han de demostrar la nostra culpabilitat, sinó que som nosaltres els que haurem de demostrar la nostra innocència.

Ja tenim a les nostres mans una part del causa judicial (creiem que té més de dos mil folis) perquè comencem a analitzar les interpretacions estranyes que han fet els investigadors policials. Els advocats ens transmeten molta força. Els hem dit que per defensar-nos el primer que els demanem és que creguin en nosaltres, que som completament innocents. Ens diuen que sí, tot i que crec que pensen que hem fet «alguna cosa». No m'agrada el seu pensament, però entenc perfectament que ho pensin.

La importància de l'exercici a la presó

Dins del mòdul descobrim que hi ha un petit gimnàs on bàsicament hi ha pesos per posar-se *cachas*. Pensem que pot ser un bon lloc per enfortir els braços, que són molt dèbils perquè tant el Joan com jo hem tingut a la vida feines poc físiques.

Al poliesportiu hi ha una pista d'esquaix i juguem al ràquet tennis. El primer partit perdo 11-5, tot i que jo pensava que jugava molt bé a l'esquaix, però d'això ja fa anys. El puto ego sempre apareix.

També jugo a futbol sala. Aquí la pista és de resina, molt correcta, i no de ciment com al mòdul, i per tant, si caus, no et fas sang. En els partits es fan equips de 5 (4+1) i qui fa gol segueix i entra un altre equip. Si en 7 minuts no hi ha gol, surt el que ja jugava. Està ben pensat i tothom coneix les regles, fetes pels mateixos interns.

Tornant cap al mòdul, em fixo amb una olivera centenària que hi ha al mig d'una espècie de jardí, que em recorda la que tinc a la masia que tant m'agrada. Per a mi les oliveres són l'arbre més bonic que existeix. Són mediterrànies, patidores, i donen el millor condiment que hi ha, que és l'oli d'oliva. Des de petit, les oliveres han format part de la meva vida, perquè ja el meu avi unia la família per anar a collir les olives, tots plegats, de les oliveres que la família té a Àger. Per a mi veure l'olivera dins la presó fins ara ha estat el més semblant al pensament de llibertat.

Les trucades

Al cap de quatre dies de ser a la presó ens informen que ja podem trucar als tres números que vam donar per al primer mes. De seguida he trucat a la Marta. Tenim vuit trucades de cinc minuts cada setmana. És curiós que parlin de presó preventiva *comunicada*. Cinc minuts per vuit trucades? Això és «comunicada»? No em respon i això em produeix una mica d'angoixa. Aleshores truco a casa dels pares. Es posa la mamà, la Los. El cor em batega i soc feliç de parlar amb ella. Quina sorpresa, perquè justament les meves filles són a casa. Li dic que l'estimo molt cridant perquè em senti, ja que no hi sent bé. Parlo amb la meva filla gran, la Maria, i la trobo molt segura, com és ella. Li pregunto, abans de res, com li va anar l'examen del dia de la detenció i els dels dies següents, perquè era època d'exàmens finals, i em diu: «Papà, ho aprovaré tot». Quina gran notícia! M'explica que d'aquí a quinze dies tindrà les notes finals. Li he dit que portin el cap ben alt i estiguin plenes d'orgull perquè no hem fet res dolent. «Oh, i tant, papà, ni cas del que diguin. T'estimo molt», em respon. Jo m'aguanto les ganes de plorar. Després es posa la meva filla petita, la Joana. «Hola, papi, soc el Pollito», em diu, doncs jo carinyosament li dic Juju o Pollito. Que gran! Li dic el mateix que a la Maria, cap alt i orgull, i em respon que no em preocupi gens, que fins i tot la família del seu nòvio, que és anglès, sense saber res, ja es creuen que som innocents. Aquesta primera trucada m'ha fet pujar la moral al 1.000%, tot i que han estat els cinc minuts més ràpids de la meva vida. Quina família que tinc, insuperable!

Aquella mateixa tarda parlo amb la Marta i em dona la gran notícia: divendres vindran amb les nenes i l'Emili Sabadell (amic amb el qual vam col·laborar als Jocs Olímpics de Barcelona'92, al Barça i en altres projectes) a veure'm. La conversa amb la Marta és d'una altra dimensió espiritual i sentimental per a mi. Diem les mateixes paraules que abans però amb molta més profunditat i sinceritat. M'explica que estan fent números per veure com podem pagar totes les despeses que tenim. Li dic que calma, que ja ho resoldrem, i que parli amb el Pau Molins perquè convenci la jutgessa que com a mínim ens desbloquegi els comptes per poder pagar les nòmines de la gent que tenim contractada. Un altre cop em semblen els cinc minuts més curts de la meva vida.

La Carmen, la dona del Joan, també pateix pels comptes bloquejats, perquè no podran pagar les nòmines de la gestoria. I el Joan continua molt preocupat per l'estat del seu fill Genís.

Pernil del bo

Abans d'acabar el mes, arriben a l'economat paquets individuals segellats de pernil ibèric Navidul. En comprem catorze per assegurar-nos que en tindrem! Així podrem fer un bon esmorzar: entrepà amb pernil ibèric, amb bon pa —al matí el pa és molt bo, acabat de fer i cruixent— amb tomàquet i un raig d'oli. Penso que això ens apropará mentalment una mica a casa. El Joan té tantes ganes de menjar-ne que no es pot esperar i es menja una llesca que tenim al *chabolo* (cel·la, en l'argot de la presó) amb el pernil que acabem de comprar.

L'aniversari del Joan

El 31 de maig és l'aniversari del Joan. Ens llevem amb el primer recompte del dia per part dels funcionaris per assegurar-se que ningú s'hagi mort durant la nit. Una funcionària és l'encarregada de fer el recompte. Al·lucino que hi hagi una dona en un mòdul d'homes on molts van mig despullats i algun despistat en pilotes... Deu ser per un tema d'igualtat de gènere.

El Joan fa cinquanta-un anys. No acostumo a felicitar la gent pel sant o l'aniversari, però amb el Joan trenco la norma i el felicito mentre li faig una forta abraçada. També li dic que es posi la samarreta més maca que té perquè avui ha de ser un dia especial. Se'n posa una que al pit hi diu «Tuanis», que és una expressió de Costa Rica, que vol dir «buena gente». Quan desplega la samarreta apareixen uns cabells llargs de dona, que ell identifica de la Carmen, i el Joan de seguida exclama que se'ls guardarà. La samarreta se la va comprar en un viatge a Costa Rica que organitzava la seva agència de viatges amb el seu soci argentí, el Rodrigo, per a persones amb discapacitat.

L'agència ja la tenia abans que el Genís tingués l'accident i es quedés paraplègic, coses del destí. Està molt orgullós de ser-ne soci, sobretot pel benefici emocional que representa. I ara el Joan té un fill en cadira de rodes, qui s'ho hauria pogut imaginar!

Trucada al Genís

El Joan ha pogut trucar a casa i així la família l'ha pogut felicitar. El Genís es posa al telèfon. És la primera vegada que parla amb ell. El Joan aguanta el tipus com un campió. Quan li pregunta al seu fill com està, el Genís li diu: «Com un toro, papà, com un toro!». Jo també parlo amb la Marta i em confirma que a finals de setmana vindrà amb les nenes i l'Emili Sabadell.

I al final del dia arriba el regal d'aniversari del Joan: abans d'anar a sopar torno a insistir als funcionaris si em deixen «llogar» una tele a un company, i em diuen que sí. El company de cel·la del Jordi Pujol Júnior, el José Antonio, ens la deixa. La portem al nostre *chabolo*, l'endollem i funciona! Collonut! Posem el programa més tonto que trobem, aquell en què fan subhastes de trasters que el propietari ha abandonat o dels quals ha deixat de pagar el lloguer.

Celebrem l'aniversari del Joan mirant la tele i brindem amb dues pastilles de xocolata. Ens diuen que la nostra tele arribarà en una setmana, i que ens costarà 205 euros.

La perruqueria de la presó

Els funcionaris ens autoritzen que uns companys del mòdul ens tallin la barba i els cabells. A mi me'ls talla l'Iván, un noi colombià molt atent i simpàtic, i al Joan, l'Álex, també colombià. Ho fan amb una tècnica impressionant. Les tisores estan prohibides a la presó i enganxen amb dues gotes de silicona, escalfades amb un encenedor, les fulles d'afaitar d'una maquineta BIC a una pinta. Una fulla més a prop de les puntes i l'altra més amunt, per tenir així dues mesures de llargada de tall. Van passant la pinta pels cabells com si et pentinessin, molt a poc a poc i amb molta paciència. L'Iván ha trigat dues hores, però m'ha deixat un tall de cabells i una barba impecables, com si ho hagués fet amb una navalla, però amb fulles d'afaitar. Amb un bastonet blanc que hi ha dins dels sobres de sucre, enganxen una altra fulla d'afaitar per polir les patilles i els pèls que queden al clatell. Impecable.

El capellà culer

Conec el Paulino, el capellà de la presó. De seguida em cau molt bé. La primera cosa que em diu quan el conec és que és del Barça i em dona records de la seva amiga Reyes, cosina germana de la neta de Franco, casada amb el Miguel Primo de Rivera, íntim amic del rei Joan Carles, i que col·labora dins la presó. La Reyes és germana del Tomás Martínez-Bordiú, molt amic meu i excompany de feina durant molts anys. Pensem molt diferent, però ens estimem molt. També coneixem un altre capellà, excapellà per ser més exactes, que és un estudiant de la Bíblia per a reclusos. També és del Barça i m'agraeix la feina feta com a president del club. Quina sorpresa! Això d'agrair la feina feta com a president no m'havia passat gaire a casa, i em passa a Madrid, i a la presó. Ens regalen una estampeta de la Verge, una a cada un.

Juny del 2017

El cas Neymar

El mes de juny arrenca amb la visita de l'Ignacio Ayala i el Rafa Alcácer, els meus advocats de Madrid en el cas Neymar 1 i 2. Em venen a saludar, a donar-me ànims i a explicar-me com està el cas Neymar 2 (el cas Neymar 1 en referència a mi es va arxivar). Quan parlem del cas pel qual ens han tancat diuen que, amb la informació que tenen i el que els ha explicat el Pau Molins, no entenen res de res, que és una autèntica aberració. M'avisen que al Pau no li serà fàcil treure'm de la presó, perquè ja intueixen que al darrere del nostre cas no hi ha res normal. Els agraeixo molt la visita.

Cada dia rebo més cartes, de familiars, d'amics i també de gent anònima. Intento respondre'n quatre cada dia. El cervell no em dona per a més. Algun dia n'arribo a respondre cinc o sis, però ha de ser un dia que faci sol i que tingui molts ànims.

L'advocada d'Andorra

A banda dels advocats del despatx del Pau Molins, també ens ve a visitar l'Anna Solé, l'advocada que ens porta el mateix cas obert a Andorra, que està parat en via morta. Ja tenim a punt els recursos que presentarem. Els repassem i els donem les notes aclaridores que teníem preparades i les rectificacions de les falsedats de la interlocutòria de la jutgessa. El Joan creu que des d'Andorra veuen la cagada que han fet col·laborant amb Espanya en aquest cas, que sembla que se'ls ha anat de les mans. Li dic al Joan que crec que amb aquest recurs ell sortirà segur, i que amb mi no crec que de moment s'apliqui la justícia. Com ens ha dit l'Anna, jo soc «un pres polític amb barretina».

Ignacio González

Un matí coneixem l'Ignacio González, l'expresident de la Comunitat de Madrid, que és al mòdul 1. M'explica de seguida que a ell l'han traït els seus propis companys del PP, que volen enfonsar la colla de l'Esperanza Aguirre. Per sucar-hi pa.

Campionat de futbol

Participem en un campionat intermodular de futbol que han organitzat. Nosaltres som de l'equip que es diu Libertad, com l'equip de futbol del Paraguai, perquè hi ha un tal Cabral del Paraguai que havia sigut porter professional del club Libertad d'Asunción, a qui van tancar per conduir begut. El jutge li va imposar sis mesos de presó, una pena que l'obliga a complir-los sencers (aquí dins no s'entén res). El Cabral és molt bon tio i molt bon porter. Jo començo a la banqueta, perquè he estat l'últim d'arribar. La presó posa els àrbitres, que són interns que estan fent cursets per ser federats algun dia. Tot molt correcte, excepte el camp, que és de sorra i la bola bota com vol.

És curiós veure com als espais verds de la presó la jardineria està molt ben cuidada. Se'n cuiden uns interns que fan de jardiner i que cobren uns 400 euros al mes. A més, fent aquesta feina, accedeixen a puntuacions que ajuden a obtenir permisos o reduccions de penes. Penso que, si un dia estigués condemnat, no m'importaria fer de jardiner, però els que estem en presó preventiva no podem treballar ni obtenir permisos. És pitjor estar en presó preventiva que condemnat. A més, quan s'està en presó preventiva és molt angoixant perquè no saps quan sortiràs, ja que la presó preventiva es pot arribar a allargar fins a quatre anys, i encara que sembli increïble, hem conegut gent que ja fa més de tres anys que és aquí en presó preventiva.

Primera visita de les nenes

M'he llevat neguitós pensant que em venen a veure al locutori la Marta i les nenes. Com ens saludarem? De què parlarem? Com ens comportarem allà dins? Faré una llista de temes per parlar per no oblidar-me de res. El més important és saber com els van a la Maria i la Joana els estudis i les notes dels exàmens finals. També hem de parlar de com es van resolent els temes empresarials. Això m'ho explicarà l'Emili Sabadell, que també vindrà.

Em vesteixo de carrer. No vull anar d'esport com sempre anem aquí dintre. Pantalons llargs amb polo, res de *shorts* amb samarreta com és habitual. Em dutxo, em rento les dents, em poso desodorant, no em poso colònia perquè a la presó està prohibit per evitar que la gent se la begui per emborratxar-se. Això em fa recordar l'època en què venia perfums a l'Orient Mitjà, ja que molts clients d'allà se'l bevien. I això tot i que en les comunicacions de locutori hi ha un vidre gruixut que separa la connexió física i olfactiva de les persones, i per tant els visitants tampoc poden saber si fas o no bona olor. Només hi ha una connexió visual i auditiva per un aparell telefònic, d'aquests «made in China», que no funciona gaire bé. En qualsevol cas, vull estar el millor que pugui, incloent-hi l'olor del sabó i el desodorant, per si hi ha cap fissura al vidre.

Ens obren la porta de la cel·la i agafo la llibreta amb les anotacions per anar cap al locutori. Allà hi ha dos torns que pots escollir, un dissabte i l'altre diumenge. Espero dins de la cabina sol. I arriba el gran moment: entren les meves dues princeses i la meva reina. Posem les mans al vidre, jo des del meu costat i elles tres des del seu, com si les mans es toquessin de veritat. També saludo l'Emili. Comencem la llista parlant dels estudis de les nenes. La Maria em diu que ho aprovarà tot. La Joana també em diu que ho aprovarà tot, i que el seu nòvio, el Tom, i les seves amigues estan al nostre costat. Jo els torno a dir que vagin amb el cap ben alt, que no hem fet res de dolent. Els explico les dues teories de qui jo crec que hi ha al darrere de la conspiració contra nosaltres, i elles ho entenen a la primera.

La Marta m'explica que la família i els amics de debò també estan amb nosaltres. L'Emili ha agafat el lideratge empresarial de les empreses. Em diu que els projectes que anàvem a començar a la Xina i l'Àfrica segueixen endavant, que ningú amaga el cap sota l'ala. La Joana vol que li expliqui anècdotes de la presó i em pregunta si la vida aquí és igual que a les sèries de la tele. Em diuen que em veuen bé i els explico com els colombians ens han tallat els cabells amb la tècnica de la pinta i les fulles d'afaitar. Els prometo que per carta els enviaré més anècdotes. Quan marxen, ens llancem petons i fem el signe del cor amb les mans.

Ja sabia que la família és el que més estimo al món, i aquests cinquanta minuts que he estat amb elles m'ho confirmen, malgrat la separació del vidre d'un centímetre de gruix, que a mi em sembla un quilòmetre de gruix. A la Maria no la podré veure fins al vis-a-vis familiar el juny i a la Joana fins al del juliol, perquè serà a Londres tot el juny. Ostres, dos mesos sense veure-la.

La família del Joan

L'endemà li toca al Joan: té visita familiar al locutori. El ve a veure el seu fill gran, el Cerni, i el seu germà Jordi. També vol estar guapo i fort davant la família. Es posa pantalons llargs i polo. Però quan el Joan mira la llista de visites al locutori que es penja al suro de la paret, veu que no surt el seu nom. Quina decepció! Potser no han pogut venir, o s'han equivocat de dia... I com que no té mòbil, no pot saber per què no han pogut venir. Però, de sobte, avisen per megafonia que la llista s'amplia amb el seu nom. Uf, que bé! El Joan ha brillat d'alegria.

El Joan torna molt content, perquè ells venien amb els ulls petits però s'han fet grans quan l'han trobat a ell molt fort, encara que no fos del tot cert.

El Barça de futbol sala ha guanyat de penals el Pozo de Murcia al *play-off* de la lliga, i va a la final contra l'Inter Movistar. Em fa molta il·lusió perquè aquesta secció es va fundar quan jo era vicepresident esportiu del Barça. Ho vam fer juntament amb el Marc Cardona.

Final de la Champions

Aquest vespre hi ha la final de la Champions entre la Juve i el Reial Madrid. Hi ha molta expectació. La meitat dels interns estan a favor del Madrid, i l'altra meitat, en contra. La majoria de llatinoamericans, que són molts, van en contra del Madrid. Nosaltres també, evidentment, però sense bel·ligerància. Quan pugem pensem que avui les portes de ferro hauran de treballar de valent per no caure si hi ha gols. Finalment, el partit de la Champions ha estat un passeig per al Madrid. Han guanyat per 4-1. La Juve ha jugat fatal. L'endemà ens tocarà felicitar els merengues.

Des de la finestra sentim que hi ha una manifestació a fora de la presó, i té relació amb alguna cosa de bascos. Sospitem que és pel tema dels nois d'Altsasu, dels quals n'hi ha tres aquí. Un detall d'aquest cas: la jutgessa instructora també va ser la Carmen Lamela. Ui, ui, ui.

El cap de setmana

Com diuen els veterans, els pitjors dies són els dissabtes i els diumenges (excepte la missa, per als creients), i els pitjors mesos, l'agost i la segona quinzena de desembre, perquè no passa res a fora, no es mou res, no hi ha moviment als jutjats, perquè tothom fa festa i les causes no avancen. Els veterans sempre diuen que, perquè la presó no et guanyi la batalla, l'objectiu és estar ocupat i sortir del mòdul cada dia.

Decideixo afaitar-me la barba que feia més de tres anys que portava, perquè trobo que portar-ne em fa més presoner. Doncs fora barba!

A les notícies veiem que Qatar, d'una banda, i l'Aràbia Saudita, Bahrein, el Iemen, els Emirats i Egipte, de l'altra, han trencat relacions diplomàtiques. Diuen que per ser amics de l'Iran i altres països que «patrocinen» el terrorisme islàmic. Jo penso amb ironia que d'això també en serem els culpables nosaltres. Evidentment, darrere d'aquesta acció, hi ha els Estats Units, i la baralla del germà gran (Aràbia) contra el petit (Qatar) pel control del golf Pèrsic. Al Jazeera, la tele propietat de Qatar, té molta influència en aquella zona, massa per a alguns.

Fem bugada

Entreguem els llençols, perquè cada quinze dies es canvien. Dels llençols que tenim, no lliurem els menys dolents, que són una mica més gruixuts, perquè els rentarem al *chabolo* per no perdre'ls. Entreguem els prims, que semblen de paper de fumar, a veure si tenim sort i, quan ens els retornin, ens en donen uns de gruixuts.

Trucada als pares

Truco a casa els meus pares, però quasi no puc parlar perquè se'm fa un nus a la gola, i intento dissimular perquè no se'm noti. «Sort» que la Los no hi sent gaire i no nota la meva veu tremolosa. Amb el papà em faig el fort perquè no es preocupi. El papà fa una dissertació en què deixa claríssim que ell no té cap dubte que la nostra presó és per haver sigut president del Barça i per raons polítiques. Hi estic d'acord, però amb matisos, també hi ha raons de *vendetta*. La Los, com sempre, fa un recital d'amor cap als seus fills. Collons, m'adono que els estimo i que els necessito molt malgrat la seva edat i la meva.

Primer recurs presentat

Els advocats estan molt satisfets de com ha quedat l'escrit que han presentat a la jutgessa. El Pau m'explica que té un dels millors catedràtics de dret penal d'Espanya, Ramon Ragués, treballant en l'equip i els arguments per demanar la llibertat són molt coherents i forts, especialment el fet que la jutgessa va vulnerar el dret de defensa en no deixar-nos veure l'atestat policial abans de fer la compareixença de presó, però sí just després. A més, diuen que no hi ha cap delicte punible. O sigui que hi ha hagut un error de forma i de fons. Ara haurem d'esperar, com a màxim un mes, la resolució de la sala. És desesperant la justícia d'aquest país. Que lenta! Als advocats se'ls veu animats, diuen que sortirem, i nosaltres els donem idees de defensa malgrat que ara ja no calen perquè ja han presentat l'escrit.

Ja tenim la targeta del peculi

Per fi la meva targeta del peculi és plena. Que content que estic i que relatiu que és tot a la vida; menys néixer i morir, la resta és tot relatiu. Amb els 100 euros vaig a l'economat. Em gasto 35,23 euros de cop: compro el pernil per a tota la setmana per esmorzar i unes pastilles que hem vist que tenen omega-3 perquè el nostre cos ho necessitarà. Ens sentim com si ens faltessin vitamines, no sé si físiques o mentals, però ho comprem de manera compulsiva i com si en sabéssim, de dietes i vitamines.

Rebem carta certificada de la Urgell petita, la filla gran de l'Andreu Ramos. Una carta molt maca. De les que he rebut aquests últims dies, la que més em sorprèn és la de l'amic i empresari Carles Tusquets, perquè sé que per a ell no li deu ser fàcil mullar-se en aquestes situacions, però ho fa. La gent que es mou en el seu entorn normalment no apareixen quan hi ha algú a la presó.

Comptes bloquejats

Em visita el José Luis Martínez Maluquer, el meu advocat de capçalera. Em posa al dia de tot plegat, i especialment de la part empresarial. Com ho pagarem tot, si ho tenim bloquejat? Evidentment, gràcies al meu pare i a l'empresa patrimonial de la família, que no han bloquejat perquè jo no n'era l'administrador. És brutal que no em deixin ni pagar les nòmines de la gent que treballa amb mi. Quina culpa tenen ells que vagin a per mi? Si no fos perquè la família pot pagar-ho, aniria gent al carrer sense cap mirament per culpa de la jutgessa. Ho foten tot enlaire! Tampoc em deixen pagar despeses de casa com l'aigua, el gas o l'electricitat. Com viurien la Marta i les nenes si no fos per la meva família? I el més greu: tampoc em deixen pagar els impostos, quan són diners per a ells mateixos; només volen fer mal. Quina pena, el país on vivim!

La Reyes

Em ve a veure la Reyes Martínez-Bordiú amb la Maria Becerril, la presidenta de l'associació Ampara i la responsable d'aquesta associació a la presó. Em donen molts records del Tomás. Em diuen que saben que no hi ha res de res i que estan molt al·lucinades que ens hagin tancat. Jo els explico com ha anat tot i es queden estupefactes. Penso que creuen la meva explicació.

La mamà, la Los

Quan he trucat a la Marta, per sort era a casa la meva mare, la mamà (a qui anomenem carinyosament Los), i l'he pogut felicitar, perquè és el seu aniversari. En fa vuitanta-un. Està fantàstica, l'únic problema que té és la sordesa, que el resol amb el whatsapp. Els genolls també li fallen una mica. De cap, està impecable. La Marta em posa al dia de com estan les nenes. Tot en ordre!

Escric una carta molt llarga a la meva filla Joana, la Juju. Li dic que soc molt feliç de ser el seu pare. També rebo una carta del meu sogre Baltasar on em copia una reflexió del Carles Capdevila molt interessant i m'explica que el Carles va morir el 2 de juny. Que bèstia i casual, perquè jo justament ara estic llegint el seu últim llibre, *La vida que aprenc*. Em sap molt greu la notícia de la seva mort. Estic molt d'acord amb les reflexions que fa el Carles al seu llibre, m'ha agradat molt. Descansi en pau.

També escric una carta llarga a la Maria en què també li dic que soc molt feliç que sigui la meva filla i li poso uns quants consells de pare, els típics consells de tots els pares, suposo.

Primer vis-a-vis íntim

Tinc vis-a-vis amb la Marta. Agafo aigua, paper i boli, res més. Entro a l'habitació on hi ha la Marta esperant-me després que l'hagin escorcollat a l'entrada de la presó. Ens fem una abraçada de cinc minuts, molt profunda, emotiva i forta. Segur que no ha durat cinc minuts, però a mi m'ho ha semblat. La millor abraçada amb la Marta des que la conec, i d'això ja fa més de vint-i-cinc anys. Parlem molt de tot, de la família i de les nenes, especialment, i de tots els amics de debò que ens envien missatges de suport, que no es creuen tot el que diuen els mitjans de comunicació. L'habitació de la trobada és molt austera i freda, tot i que no està malament del tot. Té un bany incorporat amb banyera que no està brut.

M'explica amb detall com va anar l'escorcoll i la seva detenció el primer dia. Parlem del xou que va organitzar la policia en els registres i de com va anar a la casa que tenim a l'Empordà, com es volien emportar els televisors encastats a la paret i com van voler endur-se llimones d'un llimoner que tenim al pati. M'explica com els estaven esperant a l'entrada dotacions policials amb gossos ensinistrats que van fer servir per buscar diners per tota la masia. La Marta també m'explica com va veure per la televisió, en un bar on van parar a esmorzar amb els policies, unes imatges dels seus calaixos plens de calcetes de la casa de Barcelona durant l'escorcoll, quan ens havien dit que aquelles imatges eren per a ús intern de la policia. No havien passat encara dues hores que aquelles imatges ja s'havien filtrat a la premsa, i ensenyant calcetes! Patètic. Cada vint segons li dic que parem de parlar i ens abracem, ens sentim l'un a l'altre, i torno a tenir amb ella sensacions que tenia aparcades no sé on. Fem l'amor, malgrat que el lloc no hi ajuda gens.

Al cap de dues hores llargues ens truca el funcionari per dirnos que el temps s'ha acabat. Jo no entenc com una persona innocent fins que no es demostri el contrari, en situació de presó preventiva, només pot tenir dues trobades mensuals de dues hores per demostrar els seus sentiments a les persones que estima.

En sortir em fan abaixar els pantalons i m'escorcollen passant el detector de metalls per tot el cos i per l'entrecuix, perquè es veu que una manera d'entrar telèfons mòbils a la presó és introduir-los en el recte. També s'entra molta droga amb aquest sistema. L'altra manera més fàcil d'introduir mòbils, droga o el que sigui, pel que comenten els vells de la presó, és arribant a *acords* amb alguns funcionaris.

Cada mes tenim dret a dos vis-a-vis, un d'íntim i un de familiar, de dues hores cada un, encara que aquí quasi sempre s'allarga mitja hora més. Oficialment són quatre hores al mes per estar junts, abraçar-se, acariciar-se amb la família.

Cada viatge que la família fa cap aquí són moltes hores de trasllat i molts diners que la família ha de gastar. Tenint en compte que tenim tots els comptes bloquejats, si no fos per l'ajuda del meu pare, no tindríem ni visites ni carícies, ni res de res. De fet, coneixem uns companys pakistanesos del Raval de Barcelona que fa més d'un any que la família no els ve a veure per manca de recursos, no per falta d'estima.

Els veterans de la presó ens diuen que a ells el locutori no els agrada, i molts no el fan servir, perquè creuen que al cap d'un temps el vidre gruixut i el telèfon per parlar separen més que no pas uneixen. En aquest moment no entenc gaire el que expliquen, perquè, per a nosaltres, les visites, encara que siguin a través d'un vidre gruixut, ens donen una energia espectacular.

Visita dels germans

Em venen a veure els meus germans la Mariona i el Sergi i m'expliquen com s'han organitzat per afrontar la situació, especialment pel que fa als pagaments que hem de seguir fent, malgrat el bloqueig. La Mariona, que és tot cor, i exageradament bona persona, de tant en tant es posa a plorar, però es fa la forta i aguanta tant com pot. El Sergi és un germà amb majúscules; és com el vi, el temps el fa cada dia millor. Em deixen una bossa amb més material: roba, sabatilles per fer esport i per jugar a futsal, el llibre *Todo esto te daré*, de la Dolores Redondo, dos rellotges Casio de plàstic molt senzills, una estoreta per a la dutxa, unes crocs, sudokus i mots encreuats. També em porten cartes, una de molt xula del meu nebot Jaume, i en rebo una de molt maca de tots els meus companys de l'equip de futbol des dels sis anys d'edat de la Penya Barcelonista Collblanc, una altra del Francesc Perearnau (experiodista d'*El Mundo Deportivo*) i un article d'*El Triangle* en què parla del nostre cas, que per primera vegada explica molt bé la veritat dels fets.

L'endemà del vis-a-vis amb la Marta i d'haver parlat amb ella a la tarda al locutori em sento avorrit i buit per dintre. Suposo que deu ser pel fet d'haver tingut tantes emocions el dia abans. L'endemà d'un vis-a-vis íntim o familiar és horrorós, bé, l'endemà no, al cap d'una hora ja és horrorós.

També ha vingut la Silvia Mas de Xaxàs, la que ha sigut la meva assistent tota la vida, menys quan vaig treballar per a Nike. Ha plorat tota la visita, ni el gruix del vidre ha evitat que en sentís els plors, que també eren els meus. L'estimo com a una germana.

La cabina de telèfon

La cabina de telèfon segueix sense funcionar. Ahir el Joan no va poder trucar a la seva família per saber si ja havien arribat a Andorra —ells venen amb cotxe des d'Andorra, és a dir, fan 1.300 quilòmetres cada vegada.

Això que el telèfon no funcioni sí que és un drama per a la majoria dels companys. L'únic nexe d'unió amb els éssers que estimes no funciona! A més, no sabem com avisar-los perquè no es preocupin, però alhora penso: que no es preocupin de què?, si aquí dintre no passa res, si no és que et poses enmig d'una trifulga i et trenquen la cara o et maten (a vegades maten algú), però el nostre ego ens fa pensar que sí, que és un drama per a ells que no els truquem.

Una de les pitjors coses de ser aquí privat de llibertat és la poca comunicació que tens amb l'exterior. Cinc minuts al dia. I amb la cabina espatllada no podrem parlar amb elles. Com que hi ha dues cabines, una per a la nostra planta, la segona, i l'altra per a la primera planta, que sí que funciona, busquem un company, a qui donem una targeta de 5 euros perquè truqui a casa seva i a la vegada la seva dona truqui a la Marta, que trucarà a la Carmen i també a la Núria, la filla del Jordi Pujol Ferrusola, per explicar-los que la cabina no funciona. Ho fa i ens quedem més tranquils, perquè demà és diumenge i segurament continuarà sense funcionar. Al cap de quinze minuts li demanem al company que truqui de nou a la seva dona per confirmar que el missatge ha arribat. Quin estrès! Confirmat, el missatge ha arribat, i això fa que ens relaxem. Quina putada no poder parlar ni cinc minuts al dia. «Prisión provisional comunicada», en diuen.

Un veterà ens recomana que ens relaxem i ens explica que això passa sovint. Que l'any passat la cabina no va funcionar des del 28 de desembre fins al 8 de gener, sense que cap tècnic de Telefónica vingués a solucionar-ho. Sembla que ja només hi ha quatre mil o cinc mil cabines de pagament a tot Espanya i que el nombre es va reduint cada any.

També crea molta impotència quan truques, no et contesten i salta el contestador. Em posa molt nerviós, no només perquè no responguin, sinó també perquè perdo la trucada. Si et surt el contestador, compta com a trucada, encara que et contesti una màquina.

Les misses

Els diumenges el teatre de la presó es converteix en església. Hi assisteixen unes dues-centes persones. El capellà Paulino està acompanyat d'un pres que toca la guitarra, un altre, el piano electrònic, un bateria i tres cantants. També hi ha un Crist i una Verge de *quita y pon*.

Les misses del Paulino són extraordinàries. Avui, fent teatre, és clar, comença donant voltes per l'«església», i abans de començar l'homilia, diu: «A ver, este con voz de agilipollado quiere deciros algo». I li dona el micro a un intern que té una cara feta pols i una veu de *cazalla* i diu: «Ala Madrid». I el capellà afegeix: «Lo veis como es un agilipollado merengue». Tothom es posa a riure. Torna a l'altar i d'un calaix treu una bufanda del Barça i una altra de l'Atlètic de Madrid i diu: «Se puede ser del Atlético, o del Barça mejor, o de cualquier otro, pero de lo que no se puede ser es del Madrid». El capellà els té ben posats. Una de les seves millors frases és: «La persona que está en la cárcel es la más pobre de las personas pobres porque le falta lo más importante, que es la libertad».

A missa fa un sermó molt pragmàtic basat en la fe i sense gens de teologia ni de la Santíssima Trinitat. Diu que el més important és la fe. M'agrada molt la claredat del missatge. I la música, molt ben cantada. El moment culminant és quan es dona la pau. Tothom s'aixeca i s'abraça. La pau dura molta estona, perquè, com que hi assisteixen presos de tots els mòduls, és el moment ideal per fer intercanvis i *trapicheos*. Després de combregar els sud-americans es posen davant del Sant Crist o de la Verge i comencen a tocar les estàtues i senyar-se. El Jordi Pujol Júnior i jo responem a missa en català perquè és l'idioma amb el qual vam aprendre el parenostre.

Institut Guttmann

El Joan parla amb la Carmen, que li explica que al Genís li està costant acostumar-se a l'Institut Guttmann, el millor centre de neurorehabilitació de tot l'Estat espanyol. El Genís li demana a la seva mare que estigui sempre amb ell, però el Joan li diu que no, que ha de fer l'esforç a poc a poc de fer-se valdre per si sol. Jo estic cent per cent d'acord amb el Joan. La Carmen ja ha trobat un pis al costat de la Guttmann, on es traslladaran per estar a prop per continuar la recuperació.

Detenció del Colo

Ens ve a veure el Pau Molins i ens explica que han detingut el meu amic del cor i un geni, el Josep Colomer, Colo, també pel nostre tema (sembla que també està imputat), quan venia voluntàriament a declarar a Madrid amb els nostres advocats. En l'ordre de detenció la policia ha confós «organización criminal» (associada sempre a blanqueig) amb «organización terrorista» i li han aplicat protocols terroristes. Això és de bojos. Finalment, han reconegut l'error però l'han emmanillat a dins l'avió i l'han portat al calabós de l'aeroport. Sembla que la jutgessa ha començat a dubtar de les mentides del fiscal, o això ha fet veure. El Colo ha respost contundentment a totes les preguntes i la jutgessa sembla que s'ha impressionat quan ha vist una foto d'Aspire Football Dreams, on treballa el Colo. A la foto es veia l'acadèmia Aspire, una de les més grans i luxoses del món, i la jutge pensava que era un *chiringuito*. A més, li atribuïen al Colo haver cobrat una quantitat de diners el 2007 i, al marge del fet que no és cert, quan s'ha demanat que ensenyessin la documentació bancària, el fiscal ha dit que no la tenia, és clar, perquè era fals, i la jutgessa ha fet veure que s'emprenyava amb el fiscal. Com poden acusar sense proves?

El Pau també ens ha portat les al·legacions del fiscal al recurs de llibertat perquè les treballem, malgrat que ja ens ha avisat que l'escrit és una nova animalada del fiscal sense cap ni peus. Hem contactat amb la Confederació Brasilera de Futbol per demanar-los un certificat on s'expliqui la veritat dels fets i de la feina que vaig fer en nom d'ISE. S'hi ha de veure reflectit que, gràcies a la feina, la Confederació Brasilera de Futbol va passar de guanyar 600.000 dòlars a cobrar 1.150.000 dòlars per cada partit amistós.

Després, quan llegim les al·legacions del fiscal, confirmem que es tornen a sustentar en tot un seguit de falsedats. A més, descobrim que van posar un dispositiu de seguiment (una balisa) al cotxe del Joan per seguir-lo i saber quan seria a Espanya per detenir-lo aquí.

Els matalassos

Per fi, després de vint dies de ser a la presó, ens avisen que han arribat els matalassos nous. Fins ara hem dormit en uns de fastigosos, plens de verdet i de pixats anteriors. Fins i tot ens deixen escollir entre uns de blancs i uns de grisos. Agafem els grisos, que són més durs i nets. Així podré descansar bé perquè fa uns quants dies que estic mig engripat i molt refredat, i no em trobo gens bé.

Parlo amb la Marta i em diu que la Maria ja té totes les notes i que ho ha aprovat tot, i amb notes espectaculars. M'emociona molt. Quina gran notícia! Però que la Maria m'ho vol explicar ella de primera mà i per això vindrà al vis-a-vis. Les cartes de les nenes encara no han arribat. Quina ràbia!

Un fals rumor

Em trobo al poliesportiu un company que em diu: «Qué putada que te han hecho hoy, ¿no?». I jo li pregunto: «¿Cúal? ¿Qué putada me han hecho hoy?». «Pues que el juez te ha denegado la libertad, lo he oído en la radio». Em cago en tot, depressió total, em cau el món a terra!

Vull pensar que el nostre company es deu confondre perquè em van dir que la Sala, no el jutge, tardaria a pronunciar-se unes tres setmanes des de la presentació del nostre recurs i avui és 16 de juny, només han passat tres dies. L'hi explico al Joan, però li dic que deu ser un error.

«Es más difícil sacar a una persona mediática que a un presunto asesino de la prisión preventiva»

M'avisen que m'ha vingut a veure l'Ignacio Ayala, pel cas Neymar 2, que va arxivar el jutge De la Mata, però que l'Audiència Nacional li va fer reobrir tant sí com no. Quan arribo al locutori, el primer que li pregunto és si sap si la Sala ha respost el nostre recurs de llibertat en tan poc temps i negativament pel tema de la CBF. Em diu que ell no ha sentit res. Que ell creu que el que ha sentit el nostre company és el que ha dit el fiscal.

Em quedo més tranquil, de moment, però sense la certesa plena que fos una mala interpretació.

En el cas del Neymar 2, després que el jutge De la Mata l'arxivés, l'Audiència Nacional, a petició de la fiscalia, el va reobrir, i, segons els van comentar als meus advocats, el que volen és el meu cap per damunt dels altres, hi hagi o no cas. Ostres, tu, quina persecució!, però per què? Malgrat això els advocats del cas Neymar 2 estan molt tranquils, tampoc hi ha res de res, torna a ser un cas molt estrany, i quan arribi el moment del judici utilitzaran els arguments tècnicament impecables que el mateix jutge De la Mata va considerar per arxivar-lo.

L'advocat Ayala em comenta que és una gran animalada que estigui tancat, perquè és un tema privat i, a més a més, amb tots els comptes oficialitzats a l'Agència Tributària, no hi pot haver cas. Que mirem bé els comptes i les declaracions que vam fer en el seu moment per demostrar que tot és transparent i legal, i que Hisenda ho sabia i ho va aprovar. M'explica que ell també porta el cas del gendre del president de la CAM, acusat del presumpte assassinat de la seva sogra, i que ja l'ha tret de la presó preventiva a l'espera del judici, i em diu: «Lo siento, Sandro, pero hoy en la justícia penal es más difícil sacar a una persona mediática que a un presunto asesino de la prisión preventiva». Lamentablement, em crec les seves paraules al cent per cent. Em diu que ajudarà el Pau amb tot el que calgui. Em fa por la connexió entre advocats de diferents despatxos, fins i tot del mateix despatx, perquè intueixo com funcionen els egos entre els advocats, un tema que mereix un capítol, o un llibre, a part.

Després ens ve a veure el José Ángel Cabello i ens tranquil·litza molt quan ens confirma que la notícia que ens havia donat el company del poliesportiu es referia al fiscal. Respirem fondo, perquè tenim moltes esperances posades en el fet que la Sala vegi que la Lamela s'ha equivocat o no s'ha llegit els nostres arguments, que demostren que no hi ha res de res en tot el que ens acusen. A més a més, ens explica que els advocats de la Confederació Brasilera de Futbol (CBF) ja s'han posat en contacte amb els nostres i que prepararan un certificat explicant que els negocis que vam fer eren lícits i que ells no tenen res per reclamar, malgrat que l'Audiència Nacional continuï defensant la CBF en els seus escrits, dient que suposadament vam estafar-los, quan realment va ser tot el contrari. No entenc per què la fiscalia de l'Audiència Nacional, d'ofici, vol defensar una entitat privada estrangera contra un ciutadà espanyol quan aquesta entitat no vol ser defensada per ningú. Quina bona notícia que comencin a preparar el certificat de prova.

I encara hi ha una segona bona notícia: que han incorporat a l'equip el millor catedràtic de Dret Penal brasiler de la universitat de São Paulo, que sosté que la hipòtesi inicial sobre la qual es basa l'acusació és errònia i que, per tant, no hi ha cas. Com que la Confederació Brasilera de Futbol és una empresa privada, és absurd parlar de delicte de corrupció pública. Tampoc es pot parlar de comissions entre particulars, perquè al Brasil aquesta conducta no és delictiva, i a Espanya no ho va ser fins l'any 2010 (i els nostres fets són del 2006). De manera que el que diuen no és cert i, si fos cert, tampoc no seria delicte. Quin disbarat! I nosaltres a la presó!

El que cal fer ara és: primer, aconseguir la declaració o el certificat de la CBF en què s'expliqui què vam fer i com ens va anar de bé a totes les parts; segon, cal contactar amb International Sport Events, amb el Dirk Hollstein, el seu director, perquè confirmi el certificat de la CBF, i tercer, acotar, per prescripció, jurisdicció i declaració, l'Agència Tributària.

Per la meva banda, preparo un esquema amb tota la situació

per explicar-l'hi al director d'*El Mundo Deportivo*, el Santi Nolla, i a l'empresari Joan Lluís Garcia Jobal, Lulu, dos molt bons amics que em venen a veure al locutori. Els ho vull explicar en detall perquè no tinguin cap dubte del seu amic, i ho capten tot a la primera. El Lulu em diu que els del Barça, de moment, no em vindran a veure, i li responc que em sembla bé que no vinguin, que així ha de ser, perquè encara hi hauria algú que faria mal al Barça per aquest motiu, i no ho vull. El Santi està al·lucinant. Em diu que ens ajudarà amb tot el que estigui a les seves mans i que potser cal fer una carta oberta als socis del Barça. Quan torni al mòdul, la penso preparar; m'anirà bé per endreçar idees, encara que al final els advocats diguin que no l'hem de fer.

Ens ve a veure l'Andreu Ramos. Ens diu que voldria estar amb nosaltres, aquí dintre. Sé que ho diu amb tota sinceritat, però penso que és una sort que l'Andreu no hagi entrat a la presó; amb el seu caràcter lliure es tornaria boig, aquí.

El projecte del llibre

Al Kolio, un búlgar amb qui compartim taula i que està empresonat des de fa vuit anys per un tema de violència de gènere amb la seva exparella, li hem comentat que estem pensant a escriure un llibre del que ens està passant aquí dintre i que explicarem que esmorzem, dinem i sopem amb ell cada dia. Al Kolio, que és un home de poques paraules, se li il·lumina la cara. Al vespre ens ha dit: «Cuando escriban el libro, por favor, mándenme una copia firmada por ustedes». Ha sigut la frase més llarga que ens ha dit des que el coneixem. Ens hem quedat gratament sorpresos. Estava molt content de sortir al llibre, si al final decidim fer-lo!

Torno a escriure les cartes a les meves filles, a la Maria i a la Joana, perquè encara no han rebut les que els vaig enviar fa uns dies. Quina ràbia, es deuen haver perdut! Mentre escric a la Maria i a la Joana, o a la Marta, estic espiritualment fora d'aquí, em sento en llibertat.

Les misses amb el capellà Paulino m'agraden molt. És molt pràctic. El dia de Corpus Christi ens ha dit: «Si la semana pasada ya os dije que la Santísima Trinidad no hay quien la entienda; si usas la teología, lo de hoy, el Corpus Christi, no lo entiende ni Dios, solo con la fe lo entenderéis!».

Sentències contradictòries

Fa tres dies que el Wilson, el colombià que treballa a l'economat, ens dona una ampolla d'aigua gelada per passar la nit. Tenir aigua gelada ajuda molt a aguantar la calor. Al Wilson li demanen vint-i-quatre anys de presó. Hi ha quatre imputats més en la seva causa i ja fa més de dos anys que està en presó preventiva. Està empresonat per un tema de drogues, i també acusat de segrest perquè van retenir una estona una persona en una casa en una transacció de cocaïna. L'Audiència Nacional ja l'ha jutjat, però ara està esperant la resolució del Tribunal Suprem. Ens ha explicat que un dels quatre imputats es vol suïcidar perquè té dona i fills i no suporta estar tancat aquí dins.

Un dia a missa un intern sud-americà demana la paraula i diu que es volia suïcidar. El Paulino li explica que Déu diu tot el contrari, que no s'ha de suïcidar. Converses reals de la missa a la presó...

Tots plorem

A finals de juny torno a tenir vis-a-vis familiar i em venen a veure la Los, la Laura, la Maria i la Marta. Com sempre que em venen a veure, em poso pantalons llargs i m'afaito.

Porto aigua i gots i quan arriben m'abraço dos minuts amb cadascuna. És el que més em reconforta. Tots plorem i tots intentem no plorar per no demostrar debilitat. Primer, la Marta em posa al dia de decisions que hem de prendre. Després, la Laura m'explica les gestions que ha fet, sobretot per poder pagar factures. I, a continuació, li explico a la Marta el que ha de fer abans que el Pau Molins tingui la vista oral per defensar el recurs davant la sala.

Per al recurs, mirem de posar-nos les piles. Només tenim dos dies i mig per aconseguir més proves d'innocència, tot i que la llei diu el contrari, perquè haurien de ser ells els que demostressin la nostra culpabilitat. Després la Los m'explica que al mercat de Galvany tothom l'abraça, que la gent que ens coneix no es creu res de res. La Maria m'informa que ha tret un set amb dos! Impressionant! Estic molt orgullós de la meva filla. I també em diu que tots els seus amics li fan costat i que tampoc es creuen res.

Sento que he de complir la meva paraula amb les meves filles, i li demano a la Marta que vengui un rellotge molt car que tinc, que deu valdre uns deu mil euros, per pagar-los les vacances, tal com vam acordar, ja que no vull demanar-los als pares diners per vacances, només per les necessitats bàsiques i els advocats, que ara són una necessitat bàsica. Li dic que no els doni tots els diners, només els que necessitin. No vull que la seva vida canviï per «culpa» meva.

Ens prenem l'aigua i tots anem explicant anècdotes del dia a dia. La Marta m'ha portat l'anell de casats, que m'havia tret l'endemà de casar-nos perquè em molestava, ja que mai havia portat res a les mans, i me'l poso. Per a mi és molt incòmode, però ara portar-lo és un senyal d'unió amb la Marta i la família. Gairebé hem estat tres hores parlant. Que reconfortant!

Quan marxen ens fem una altra abraçada, ara més rígida perquè el funcionari ens mana la pressa. Trenta segons d'abraçada i m'acomiado de totes quatre. Que important que és una abraçada aquí dins. És el més preuat de tot: una forta abraçada.

«A ti te hacen caso»

En sortir, trobo el gitano que havia apunyalat la seva dona, i que la dona l'havia perdonat. M'explica que per una baralla dins del nostre mòdul, l'han enviat a un mòdul pitjor, i em demana que aconsegueixi que el tornin a posar al nostre. «Tú puedes, a ti te hacen caso». Flipo! I li dic: «¡Ya me gustaría!».

Un cop arribo al mòdul, obro la bossa que m'han portat i hi

veig quatre llibres i quatre samarretes del Barça. També les lentilles, però no els han deixat entrar el líquid. Lentilles sí, però el líquid no. De què serveixen unes lentilles sense líquid? També hi ha unes Nike noves i pantalons i mitjons. I una altra estora per posar al costat de la dutxa, que és molt útil.

Avui per sopar ens donen galetes amb mel de la marca La Celda. Ja té collons que la marca de la mel es digui La Celda.

Baralla de por

Hem anat a una conferència sobre esport i valors del Carlos Sanz. Ha estat molt interessant. El Carlos Sanz, quatre vegades trasplantat de fetge i exlinier de primera divisió, ens ha explicat la seva vida, basada en l'oportunisme i la superació.

Just abans d'anar a sopar ens trobem una forta baralla entre companys del nostre mòdul: el que li diem el Chileno ha agafat una escombra i l'ha trencat al cap d'un altre que es diu Betancourt. Després d'haver-la trencat, amb el pal estellat, l'ha intentat apunyalar, però el Betancourt ha tingut els reflexos de posar el braç per cobrir-se el tòrax, i l'ha ferit al braç. Tot ple de sang. Estàvem amb el Joan i el Jordi Pujol Júnior mirant un llibre que també ha quedat tacat de sang. Ningú els separava, perquè es veu que si entres en la baralla també t'hi involucren. Jo els he dit que marxéssim com si fóssim uns gallines. Després d'unes quantes punyalades, cops de pals i cops de puny entre ells dos, un altre intern, el boxejador cubà del mòdul, s'ha posat entremig de tots dos i han parat de seguida.

Els funcionaris se'ls han emportat cap a aïllament. Sembla que s'han barallat per quatre Coca-Coles que un li devia a l'altre i no les hi pagava. El Chileno ha provocat la baralla amb l'argument de les quatre Coca-Coles, perquè a Suïssa té una condemna de deu anys i no vol anar a la presó suïssa, i així allarga l'estada aquí. Els seus companys ens diuen que s'havia arribat a beure lleixiu perquè l'ingressessin i evitar que l'extradissin. Sembla que, en contra del que es podria pensar, les presons a Suïssa són pitjors que les d'aquí. El Betancourt estava a punt de marxar i per la baralla es podria quedar sis mesos més aquí dintre. Ens hem quedat de pedra, i també acollonits.

Hem sentit la por, i una mica de pànic. Això ja s'assembla cada dia més a les pel·lícules de presons.

Al vespre llegeixo la carta que m'ha enviat la meva filla Joana. M'aguanto les llàgrimes perquè no em vegi el Joan. M'encanta la carta de la Joana. M'envia fotos amb les seves amigues, la casa del Tom i la tenda de campanya que s'ha comprat. Com l'estimo, com estimo les meves filles.

Vista per aconseguir la llibertat

Fa uns dies que estem preparant un document per als advocats perquè el Pau Molins té una vista oral per demanar la nostra llibertat. Al document tombem les al·legacions del fiscal al recurs de llibertat. Esperem que aquest document que hem estat treballant serveixi d'alguna cosa.

Ens ve a veure l'Anna, l'advocada d'Andorra, i ens explica que a Andorra estan canviant d'opinió i que ens comencen a veure com unes víctimes. Li explico tots els comentaris que hem preparat a les al·legacions del fiscal i els arguments que demostren que és una animalada que siguem aquí. També li demanem que, amb els nous documents que hem anat recollint —documents que demostren la nostra innocència—, presentin un nou recurs d'arxiu a la Batllia d'Andorra, perquè allà també tenim la mateixa causa oberta pels mateixos fets, però ja ens han dit que a Andorra no faran res, que seguiran exactament les indicacions que els vinguin des d'Espanya.

L'endemà ens llevem amb un cert nerviosisme perquè sabem que el Pau i el José Ángel tenen la vista oral a la Sala Tercera.

En sortir, els advocats ens venen a veure per explicar-nos com ha anat. Estan contents i els documents presentats demostren la nostra innocència. Són fulminants, però no ens donen el cent per cent de confiança perquè ja saben com funciona això. Ens donen els guions de les defenses que han fet servir i són irrefutables, però no confiem gens en la justícia espanyola, perquè va en contra nostre. Ara haurem d'esperar una setmana com a màxim per saber què decideix la Sala.

Les inspeccions d'Hisenda

M'avisen que hi ha un funcionari de l'Agència Tributària que m'espera al locutori. Quan hi vaig em dona diverses inspeccions d'Hisenda del 2012 al 2015. Horrorós! M'adono que soc la persona més perseguida d'Espanya. Però per què? Des del 2009 fins al 2011 he tingut inspeccions cada any. És acollonant. M'he posat de molt mala hòstia. Com sap l'Agència Tributària que soc a Soto de manera oficial? No m'haurien d'haver enviat aquesta notificació a Barcelona? Com estan tan connectats? Segons ells, ara soc resident a Madrid? Què implicarà en el futur ser resident a Madrid pel que fa als impostos? Sobretot en l'impost de Patrimoni. Abans de ser president del Barça mai havia tingut cap inspecció d'Hisenda, ni una. Des que vaig sortir escollit president en porto més de cinquanta. «Señor Rosell, esto es aleatorio», em va dir un dia l'inspector sense que li caigués la cara de vergonya. Ara, en l'última compareixença de la meva assessora fiscal en una de les reunions per entregar documentació, un altre inspector li va dir davant del nombre tan exagerat d'inspeccions i actes obertes: «Yo tengo un jefe». Almenys no va mentir com havia fet l'altre.

Conferència sobre esport

Fa unes setmanes el Jordi Pujol Júnior em va fer la proposta de fer una conferència parlant d'esport i futbol per als companys del mòdul i la vaig acceptar. Avui la fem i parlo d'esports, marques i futbol. Venen uns quaranta interns del mòdul a escoltar. El Jordi Pujol Júnior fa de moderador. He explicat des dels Jocs Olímpics fins a ISL, LFP, Nike i anècdotes relacionades. Crec que els ha agradat. Entre tots els que han preguntat, hem sortejat dues samarretes del Barça noves. Tothom les volia, evidentment. Entremig de les explicacions hem anat donant alguns consells, doncs molts d'ells són molt joves, com ara: apreneu anglès, treballeu en equip, penseu i reflexioneu on voleu anar quan sortiu d'aquí. En fi, hem omplert la tarda de dissabte, que és el dia més difícil de passar.

Acaba el ramadà

Els musulmans estan molt contents. Creuen que s'ha acabat el ramadà, però ni ells mateixos estan segurs si era aquesta nit o la que ve. Agafen la targeta de telèfon i truquen a casa d'un per preguntar-ho. Els diuen que sí, que oficialment s'ha acabat. Es posen molt contents i per fi entren a esmorzar amb la resta.

Després amb el Joan caminem com cada dia una hora i mitja. Mentre caminem, els musulmans organitzen una rotllana de cadires al pati. Seguim caminant i veiem que arriben de l'economat amb bosses plenes de patates, cacauets, begudes, brioixeria... de tot. Anem passant cada volta per davant d'ells i cada vegada ens conviden que ens asseiem. Quan acabem les vuitanta voltes diàries, ens afegim a la rotllana. Ja no queda gairebé res, però el Moha ens ha guardat dos sucs de Trina. És maco, el Moha! Els expliquem moltes anècdotes de Jordània i el Marroc. Els agrada molt escoltar com parlem bé dels seus països d'origen.

El líquid de les lentilles

Ens preparem per anar a missa. Com sempre em canvio els pantalons curts pels llargs. No m'agrada anar a missa amb pantalons curts. Just abans de començar la missa, el capellà Paulino em crida. Em dona un pot de líquid per a les lentilles. És un crac. L'hi vaig dir dimecres i avui diumenge ja me l'ha aconseguit. Quan comença la missa, pregunta: «¿Cómo creéis que debe ser la homilía de un cura?». I respon ell mateix: «Como una minifalda: corta y que enseñe mucho». Hem rigut molt. Crec que les misses del Paulino semblen fetes a mida pel públic que hi ha. Ajuden a passar una estona divertida amb un transfons espiritual que fa que t'oblidis durant una hora de la desgràcia que tots els que som aquí dintre estem patint. Després s'aixeca un intern que per segon diumenge consecutiu diu que es vol suïcidar. El Paulino li pregunta: «¿Qué edad tienes?». «Treinta», respon. «¡Tú estás flipando, gilipollas! ¡Aún tienes mucho por hacer! Tú lo que tienes que hacer es seguir dando por saco a la psicòloga y amén». Molt bé! Traient ferro a la situació.

El Genís evoluciona

El Joan parla amb el Genís. Li explica que ha dormit amb la seva nòvia i que s'ha banyat a la piscina de ca l'Andreu, a Alàs, un poble molt maco, molt proper a la Seu d'Urgell. Està molt content i encara té esperances que no sigui una lesió definitiva i que es pugui capgirar la situació, però el Joan no es vol fer il·lusions.

Don Antonio

Ens prenem un cafè amb l'educador, Don Antonio, a la infermeria. És un crac i un tio que la toca molt, ens cau molt bé i té molt criteri. Ell opina que tot és molt subjectiu, fins i tot reconeix que en la seva opinió subjectiva un pres pot tenir el tercer grau abans o després. Imagina't el «poder» que té un educador. A més, li diu al Joan que ell podria anar al mòdul 10, que és el millor, però el Joan li respon que no, que prefereix quedar-se aquí. Jo li dic que si vol podem anar-hi tots dos, però Don Antonio em diu que no, perquè allà hi ha l'empresari i expresident de la CEOE, el Gerardo Díaz Ferrán, i de moment no volen que ell i jo estiguem junts per temes mediàtics.

No puc pagar els impostos

Truco a la Marta i em diu que en un primer càlcul dels nostres fiscalistes aquest any ens surt a pagar 1,2 milions d'euros d'impostos, però que no ens els deixen pagar! Això és el súmmum. I que ja hem rebut una carta del banc avisant-nos que no estem pagant les hipoteques, però és perquè no ens deixen, pel bloqueig al qual ens han sotmès! Em poso com una moto! La jutgessa Lamela no em deixa pagar les hipoteques ni pagar els impostos! Però si els impostos són també per pagar-li a ella el salari, el cotxe oficial i tota la despesa que genera!!! No entenc res.

Les targetes de telèfon

Comprem targetes de telèfon. N'agafem vint de 5 euros, perquè aquesta setmana hem estalviat uns 100 euros entre tots dos. Uns 100 euros en trucades que volem donar al pare Paulino, perquè les regali a qui vulgui, a gent que les pugui necessitar i que no en té ni per comprar-ne.

El Joan renta les quatre coses que tenim per no haver d'enviar la roba a la bugaderia de la presó, perquè quan te la tornen, t'hi posen quatre o cinc grapes mal grapades per peça amb el número de cel·la, i la roba acaba plena de forats.

Ens toca anar a la infermeria a fer-nos les analítiques. En arribar, ens trobem amb diversos nanos amb qui vam coincidir el primer dia a la presó. Un es baralla amb els funcionaris perquè diu que no vol donar més sang, que li n'han tret massa. Un altre diu que ara tenen el nostre ADN i mostres de sang per posar als llocs dels crims i fer-nos-en culpables. Aquest comentari em fa pensar en els bitllets que em van posar a casa el dia de la detenció.

Visites d'amics

Tenim visita al locutori. M'afaito, em dutxo i em vesteixo bé. És molt important donar una bona imatge, de salut, de net i polit. No volem que es preocupin els que ens venen a veure.

Al locutori hi ha la Marta, el meu nebot Jaume, el Beto Agustí, gran amic, antic cap meu al COOB'92 i president del Reial Club de Tennis Barcelona, i el Tomás Martínez-Bordiú, que m'han vingut a veure a mi, i l'Andreu Ramos, el Jordi Besolí i l'Aser Pernil, amic i excompany meu a Nike i un home del qual pots aprendre a ser humanista, que han vingut pel Joan. L'Andreu i l'Aser van canviant de locutori, cosa que no es podria fer si els funcionaris fossin estrictes. És bestial que els amics vinguin a veure'ns des de Barcelona o Andorra per quaranta minuts. Bestial! Són collonuts, quina família i quins bons amics que tenim.

Quin *subidón* veure la gent que estimes. L'expressió de les seves cares reflecteix l'impacte d'estar per primera vegada en una presó i, a més a més, visitant un amic. Fins i tot amics íntims tan divertits com el Pepito Navarro els ha costat mantenir el bon humor quan han vingut.

Parlem amb el Jordi Pujol Júnior per felicitar-lo, perquè sembla que li han posat una fiança de 3 milions per sortir. Diu que no sap qui pagarà.

Juliol del 2017

Vint-i-quatre anys de casats

Avui és 2 de juliol i fa vint-i-quatre anys que ens vam casar la Marta i jo. A la tarda li trucaré per felicitar-nos. L'any passat no ens vam recordar ni l'un ni l'altre de fer-ho. Quin canvi! Ara ho recordo tot, especialment les dates assenyalades de les persones que estimo. Aquí tinc temps per recordar. A la tarda, quan li truco i la felicito pel nostre aniversari, em diu: «Felicitats, per què?». I li contesto. «Perquè és el nostre aniversari». Però ella no se'n recordava. Em deixa una mica fet pols.

Fiança en metàl·lic

Els caps de setmana són el pitjor, perquè a fora no passa res, i aquí el que vols és que passi alguna cosa. Hem sabut que la fiança del Jordi Pujol Júnior ha de ser en metàl·lic, no en avals.

Escorcoll a la cel·la

Avui ha tocat escorcoll a la cel·la. Periòdicament en fan per veure si hi troben alguna cosa que no es pugui tenir. Molts interns diuen que és per culpa nostra i del Jordi Pujol Júnior, per protegir-nos, per si algú té una càmera oculta per fer-nos fotos, perquè es veu que aquestes imatges a fora valen pasta. Ens fan sortir a tots al pati i entrem d'un en un. Jo entro i em fan buidar la motxilla. Trec el llibre que estic llegint, les cartes, els papers, els sobres i les vint targetes que tenia «estalviades» per donar-les al capellà. Quan el funcionari veu les vint targetes em diu que no ho puc tenir. Jo li dic que les he comprat totes, però ell diu que no puc tenir més de cinc targetes. Llavors li pregunto per què me les venen si no les puc tenir, i quina diferència hi ha entre tenir targetes o segells. És una contradicció més. Arriba el cap i diu: «No le abriremos un parte porque nos creemos la buena fe de que no lo sabía, pero le confiscamos quince tarjetas, que las tendrá el funcionario responsable del módulo».

Després descobreixo que molts interns tampoc ho saben, que només es pot tenir un màxim de cinc targetes. Ningú t'ho diu en entrar, com tampoc et diuen moltíssimes coses d'ordre intern que ells pressuposen que ja aniràs aprenent. Una llista de normes quan entres no estaria gens malament, però m'imagino que deu ser complicat d'aplicar; molta feina burocràtica.

Al cap d'una estona ve el cap funcionari del mòdul, i em torna les quinze targetes que m'han requisat. «Ten, Rosell, las quince tarjetas...». Per sort, hi ha molts funcionaris que fan servir el sentit comú, que com tots sabem és el menys comú de tots els sentits.

Anem a missa i ens estan esperant la Reyes Martínez-Bordiú, amb la María Becerril i el capellà Paulino, amb el cap de l'escorcoll. Quan arribem, la Reyes em diu: «Me acaba de decir el funcionario jefe que te ha salvado de un parte». En fi, sense comentaris. Quan se'n va ens quedem la Reyes, la María, el Paulino i jo. Els explico que eren per al Paulino i li dono les quinze targetes perquè les doni a qui ell consideri oportú. Parlem amb la Reyes i la María: «¿Lo ves? Intentando ayudar, así recibo, ¡así funciona este país! Si intentas ayudar, te joden».

1,3 MILIONS

A la tele diuen que el Jordi Pujol i família van retirar a través d'un xofer 1,3 milions d'euros d'Andbank el 2003. La informació és de fa molts anys, però ho treuen ara perquè la gent es confongui i sembli que, dels 3 milions d'euros que han de posar en metàl·lic, 1,3 milions d'euros els van treure ahir. Quina manipulació. És fastigós! Com sempre, quan hi ha una notícia «a favor» de l'acusat, com era la fiança dels 3 milions, apareix de seguida una filtració de la fiscalia per menystenir l'acusat, o s'esbomben notícies dolentes encara que siguin inventades o mal interpretades.

Baralla de matinada

Avui quan ens llevem ens diuen que dos interns que compartien cel·la, cap a les tres de la matinada, s'han estovat fort. Un fill d'un tunisià i una espanyola que va fer un atracament a algú pel carrer a Londres amb força, i un marroquí. S'han colpejat al cap amb els pals d'escombra i amb el pal de fregar fins que un funcionari ha obert la porta i se'ls han emportat a aïllament.

Primer «NO»

El 4 de juliol al matí rebem la visita dels advocats. Bomba!, la Sala ens ha dit «no» al recurs de llibertat. Les advocades del despatx Molins a Madrid ens expliquen que els arguments són pitjors del que es podien imaginar. Tots agafats amb paper de fumar. No s'aguanten per enlloc. No s'ho han llegit. Sembla que ara el perjudicat no és la Confederació Brasilera de Futbol (CBF), sinó l'empresa saudita ISE, i que el delicte inicial no importa si s'ha comès o no.

Segons recull la interlocutòria, «resulta ponderado el temporal sacrificio de los derechos procesales referidos a la defensa y de acceso al expediente del apelante a fin de prevenir una situación que pueda comprometer de forma grave el resultado de la investigación o del proceso». No entenc res. Això és idioma de marcians, però, a més, no quadra que no ens donin còpia de la causa abans de la declaració «porque compromete el resultado de la investigación», però sí quan acaba. És de bojos!

També assenyalen que la meva filla Joana va néixer al Brasil i que, per tant, hi ha risc que fugim al Brasil (?). En referència a la situació en què es troba el Genís, al·leguen que el Joan no va anar a visitar el seu fill i que, per tant, no li importava gaire el seu estat, i, segons ells, això vol dir que podria fugir, quan en realitat el Joan va anar cada dia a visitar el seu fill al Vall d'Hebron. Que bèsties escriure això! En fi, una animalada darrere una altra. És una absoluta bogeria! No ens creiem el que estem vivint. És un malson. Si els que han d'aplicar les lleis se les passen pel forro i les «interpreten» com els dona la gana, quan sortirem d'aquí? Ens hem quedat fets pols. Ens donen els documents perquè els llegim, però ens quedem sense ganes de res. Si no pots creure en la justícia (i en tenim moltes raons), en qui creus? En una teòrica democràcia pot fallar tot menys la justícia.

Truquem a la Carmen i a la Marta i ens diuen que ja ho sabien. Seguim treballant, però com? Si qui ha d'impartir justícia s'inventa els arguments, qui ens protegirà? La Marta em diu que comencem a treballar amb el següent recurs. Nosaltres ja ens veiem passant aquí l'estiu com a mínim. Horrorós! I ara comença la calor.

A més, la nostra advocada ens ha dit que el tema de Catalunya-Espanya està molt i molt tens, i nosaltres som al mig, o ens hi posen.

Parlem amb el capellà Paulino i ens diu que la justícia és una merda i que és normal que ens hagin denegat la sortida. «Es imposible que saquen a Pujol y a vosotros a la vez, esto demostraría debilidad. Esperarán a que pase un tiempo, para que no se solape».

Policies secrets infiltrats

En baixar, veiem que el José Antonio, el que esmorza, dina i sopa amb nosaltres, marxa de la presó. Diuen que per una *cunda*, «por conducción», que vol dir que el condueixen a una presó diferent. Però, per què?, es pregunta tothom. Tots els que en saben sospiten que era un policia secret, i que ara que marxa el

Pujol Júnior, ja pot fer-ho ell també. No deixa de ser curiós que entrés i sortís amb el Pujol Júnior. El Pujol es queda una mica preocupat, i m'ha dit que just abans de sortir li ha demanat: «Oye, José Antonio, no serás un policía encubierto, ¿verdad?». Li ha dit: «¡No, hombre, no!». Tothom aquí ara dubta. Si ho és, és un gran *teatrero*. Jo crec que no és policia.

Els comptes continuen bloquejats

Vam demanar a la jutgessa que informés La Caixa que se'ns havien bloquejat més diners dels que la mateixa jutgessa havia ordenat, i per tant li vam dir a la jutgessa que demanés a La Caixa desbloquejar-los. Increïblement, la jutgessa ha denegat la petició. Després de la nostra petició, la jutgessa ha passat de bloquejar els 15 milions d'euros inicials a tot el que tinc. Quina decisió tan bèstia! Cada decisió és més animal que l'anterior. Teòricament, la llei diu que quan fas una petició per millorar la teva situació, poden dir-te que no, però no poden fer-te encara més mal... Què està passant? Què hi ha darrere de tot plegat? Les decisions cada cop estan més contra la llei.

El cas del Tariq

Li donem la traducció a l'espanyol de l'escrit que ha preparat en Tariq, un pakistanès que treballava en una agència de viatges a Barcelona i que, per emetre un tiquet d'uns passaports i documents falsos, van detenir. Ens va demanar si li podíem traduir el que li vol dir al seu advocat, d'ofici, ja que l'advocat no parla anglès. Li donem la traducció del seu cas perquè l'hi doni. Aquest home, que es veu que no mataria ni una mosca, el tenen aquí o com a cap de turc, o per equivocació, o per desídia. El pobre tio no en té ni per una llauna de tonyina, i encara menys per pagar un advocat. Fa molt temps que està en presó preventiva i ningú se'n preocupa. Alguns advocats d'ofici van a la presó a veure durant cinc minuts el seu «client» per obtenir el segell de la presó conforme hi han anat per cobrar els 60 euros o els diners que siguin que reben per visita, per acabar gairebé sempre en acords amb la fiscalia, i evitar els judicis, que per als advocats d'ofici representa treballar i preparar els casos. Visites de cinc minuts a 60 euros que al final acaben amb pactes amb el «client», que accepta per la indefensió en què es troba. Per defensar-te també has de tenir diners i els que no en tenen han de resar perquè els toqui un advocat d'ofici que sigui una persona ètica, amb principis i que es cregui la seva professió.

El Jordi Pujol Júnior està molt fotut perquè no aconsegueix els 3 milions d'euros per pagar la fiança. No entén què passa. Està molt enfadat amb tot.

Les misses amb el Paulino sempre són extraordinàries. En acabar reparteix tabac a tots el que n'hi demanen. Un cigarret a cadascun. Avui hem arribat tard i ens ha dit: «¿La culpa quién la tiene? El funcionario del módulo 4, que os ha traído tarde. ¿No tenéis que decir nada?». I salta un i diu que el pitjor que et poden dir a la presó és que ets un *chivato*. No hi ha un insult pitjor! Només és pitjor ser un violador. En l'argot d'aquí un *chivato* també es diu *sapo*. Al nostre mòdul hi ha un violador, i tothom li gira l'esquena. Tampoc es pot assenyalar ningú amb el dit. Està molt mal vist.

El Joan parla amb la Urgell i li explica la trobada amb el president d'Andorra, el Toni Martí. La Urgell li ha plantat cara. Estem pensant que podria ser que el Martí hagi «venut» el Joan a Espanya.

Els NIS a la «Interviú»

Ens ve a veure el cap de seguretat de la presó al locutori i ens explica que els nostres NIS, el carnet d'identitat a la presó, han estat fotocopiats i publicats a la revista *Interviú*. Han publicat el del Joan, el del Jordi Pujol Júnior, el de l'Ignacio González i el meu, juntament amb un reportatge escombraria ple de mentides. Com sempre. Es mig disculpa i ens diu que han iniciat una investigació per saber si ho ha venut un intern o un funcionari; ens diuen que potser han cobrat entre 30.000 i 150.000 euros per filtrar-los. Em crec que paguin, però no aquestes xifres. Ostres, penso en conya, si és veritat que hi ha un passerell disposat a pagar tants diners per una tonteria així, potser ho podríem deixar filtrar i repartir-nos els beneficis. Ens explica que després de dinar ens vindran a veure dos investigadors interns per explicar-nos què estan fent. Sabem que el director del centre està molt preocupat pel tema. Jo, quan ha vingut el de seguretat mentre érem amb l'advocat, li he dit que s'ho miri bé, que compri *Interviú* i que miri si els podem denunciar perquè va contra el dret a la intimitat. És un escàndol.

Quan venen el cap de seguretat i els dos funcionaris investigadors ens porten les fotocòpies d'*Interviú* i fotos dels interns que treballen a l'entrada per saber si en recordem algun. Vagament, el Joan en reconeix dos de les fotos; jo també, però no dic res perquè ja ho ha dit el Joan. També porten fotos de tots els companys del mòdul per si dubtem d'algun. Diuen que ells miraran les dels funcionaris. Però no pinta que siguin funcionaris del mòdul, perquè el González és en un altre. És evident que el qui ha passat les nostres fotos és directament un funcionari. Ens comenten que buscaran qui ho ha fet i que ens n'aniran informant. En fi, un escàndol. A més, el de seguretat ens diu que segurament en el pròxim número de la revista sortiran fotos del nostre dia a dia. Sense comentaris!

El Dirk dona la cara

Truco a la Marta i em dona una gran notícia: mentre el José Ángel Cabello, del despatx Molins, era amb nosaltres, s'ha confirmat la declaració del Dirk, el director general d'ISE, per al dia 20 de juliol! I, a més, han localitzat el document que va signar i que justifica la realitat de la compravenda de BSM! Dues molt bones notícies! Esperem que la declaració que farà el Dirk, en què explicarà que els nostres negocis eren totalment reals, lícits i on tothom va quedar satisfet, serveixi perquè ens donin la llibertat. I també es demostra que la compra de BSM va ser real i no un muntatge, com diu la fiscalia.

A la tele surt la notícia a La Sexta reproduint el que ha publicat *Interviú*. Quasi tot mentida i inventat, excepte les fotos dels nostres NIS, que són reals. Quin escàndol de sistema. El funcionari de seguretat ens ha canviat els carnets del NIS.

El millor del món

Quins nervis! Avui toca vis-a-vis familiar. Entro a la sala de visites. M'assec a la sala amb una aigua i espero. Per fi arriben, ja em pensava que havien perdut l'avió. Els quinze o vint minuts que m'he hagut d'esperar m'han semblat una eternitat. M'expliquen que avui els han passat el gos a totes les visites per detectar si algú porta droga amagada, i això ha provocat el retard. Entra la Juju (la Joana), la Maria, la Marta i el Sergi. El millor del món: un minut seguit d'abraçada un per un, l'un darrere de l'altre. No hi ha res millor que una forta abraçada als qui estimes. I a les nenes, no té preu! Primer parlem de feina, dels advocats, de decisions empresarials, de gestions que s'han de fer, inspeccions d'Hisenda, de consells, etc.

Després les nenes expliquen què han fet fins ara i què faran a l'estiu. La Maria i la Joana volen que els expliqui anècdotes. Els explico coses dels nanos d'aquí i de com han d'anar en compte amb el món exterior. Elles també em diuen que molta gent està amb nosaltres i que el Risto Mejide ha escrit un article defensant-nos, dient que és amic nostre. Sempre m'ha agradat molt el Risto, és molt llest. Altres articles encara minoritaris es pregunten qui és el més perjudicat en el nostre cas. Ningú ho sap. Després li dic al Sergi que parli amb el papà i la mamà, que els digui que els estimo i que estic bé! El papà ha fet un escrit dins el consell de l'empresa familiar FAR, genial!

El vis-a-vis s'ha acabat. M'ha passat volant. Torno a abraçar les nenes, amb tota la meva força. I també la Marta i el Sergi. M'han alegrat el dia. El pitjor vindrà demà. L'endemà de les trobades familiars en vis-a-vis, on ja no els pots abraçar, són sinònim de buidor. És horrorós, i hem de fer un gran esforç emocional per passar el dia, que passa molt i molt lent.

Olor de perfum

M'han portat tasses noves amb nansa, ja no ens cremarem els dits. Una gran adquisició! A la bossa també hi havia samarretes noves, ruixades de perfum. Avui el *chabolo* fa molt bona olor! És un gran truc: com que el perfum està prohibit, quan et porten roba te la ruixen amb perfum i així pots fer bona olor fins que rentes aquella peça. I com que la cel·la és tan petita també serveix per desprendre bona olor a l'ambient.

Carta oberta al soci

A mitjan juliol acabo la carta oberta al soci que he estat escrivint els últims dies. L'he de fer arribar al Sergi, que em digui què en pensa. Només la publicaré si el Pau Molins m'ho autoritza. El Joan quan la llegeix em diu: «Hosti, serà molt fort quan es publiqui!». Li dic que tranquil, que fins que no ho digui el Pau Molins, no publicarem res.

Em venen a veure els advocats Ignacio Ayala i Rafa Alcácer i m'expliquen que van parlar amb algú de la Sala abans que ens deneguessin la llibertat i la resposta va ser: «Aún no, es muy pronto y los americanos aprietan mucho». Visca la justícia! Quin escàndol. Ens castiguen encara que estiguem injustament tancats sense llibertat i, a més, han de fer el que diguin els americans?, o tapar-se amb l'excusa dels americans! I què tenen en contra meu els americans? Que vaig treballar la campanya de màrqueting del Mundial 2022, amb IMG (empresa americana per cert), del «Qatar, why not?»? Ostres cada dia fa més por tot plegat.

Al Joan, el ve a veure el Rodrigo i li explica que l'agència de viatges per a discapacitats està tirant endavant, per la qual cosa el Joan podrà traspassar la gestoria a l'Anna Solé. Han donat un premi a l'agència, de la Ciutat Vella de Lleida, per ser una empresa que cuida els discapacitats. Això els motiva molt a continuar com ho fan. El Rodrigo ha de contractar una persona perquè l'agència creix.

Truco a la Marta i em diu que han arribat noves inspeccions d'Hisenda a TOC i TEC, dues empreses patrimonials que són meves. És una persecució inacabable. Que bèstia tot plegat! Això deu ser únic a la història d'Espanya. Suposo que si preguntéssim als responsables de l'Agència Tributària ens dirien que aquestes inspeccions són «aleatòries».

La «chicha»

Uns interns ens expliquen com fan la *chicha*, la beguda alcohòlica de dins la presó, que òbviament, com que és alcohòlica, no és permesa. Primer posen arròs en una ampolla d'aigua —l'arròs se l'emporten del menjador el dia que hi ha arròs blanc de dieta—, després la molla d'un xusco de pa, un got de sucre, poma a daus petits sense llavors i al final aigua. Es barreja tot ben barrejat i cada dia en treuen el gas que genera. Als deu o quinze dies ja està fermentat i amb alcohol! Ecs, quin fàstic! T'ha d'agradar molt l'alcohol o has de necessitar molt evadir-te del lloc on ets per prendre't una beguda tan fastigosa.

Mentir per sortir

Em venen a veure el Pau Molins i l'Andrés Maluenda, que és un advocat jove del seu despatx de Barcelona i que s'incorpora a l'equip de defensa, i em pregunten per dates i contractes. Avui tenen una reunió a fiscalia. Al final l'Andrés em diu que si el fiscal està tan obsessionat amb el fet que la venda de BSM no va ser real, que podríem considerar admetre-ho, perquè això no és delictiu, i potser trauria pressió al cas (o sigui, que la venda de BSM va ser un muntatge, com diu l'escrit del fiscal), encara que la xifra no quadri. Li dic que ho accepto si és per treure'ns de la presó, però que no és veritat. O sigui que em demana que mentim perquè així ens puguin acusar d'alguna cosa i puguem sortir.

Sempre li he dit al Joan que el nostre cas acabarà amb un xantatge, i ja en comencem a veure la punteta. També els explico la conversa amb l'Ignacio Ayala i els dic que li preguntin al fiscal què volen de mi, on volen arribar, que si volen que menteixi i m'autoinculpi que m'ho diguin i ja ho valoraré... És obvi que no ho vull fer, però vull saber fins on poden arribar.. Quin joc més brut!

Jo crec que avui el Pau, després de la reunió amb el fiscal, sabrà si sortim o no abans de l'agost, però ho veig negre, ja que la jutgessa hi està en contra, i molt influenciada per no sabem qui ni per què.

El Joan es reuneix amb l'Anna i li explica que presentarà l'arxiu a Andorra la setmana vinent amb tres noves proves (el certificat de la Confederació Brasilera de Futbol, l'auditoria de KPMG i la declaració del Dirk de dijous). L'Anna ens diu: «Sou presoners polítics de guerra!».

La Marta ha parlat amb el Pau després de la reunió amb el fiscal i li ha dit que encara no li pot dir si donarà suport a la nostra llibertat ja que ho ha de consultar amb el seu cap! Un altre escàndol! Encara ha de declarar el Dirk, encara han de veure els documents, però això no importa. La veritat no importa. Per decidir-ho, n'ha de parlar amb el seu cap. Tot és política. On és la justícia? Li trucaré demà al matí, que ja sabran més coses! Estem fotuts per la resposta del fiscal. Pinta malament!

Vis-a-vis familiars vs. íntims

L'educador, Don Antonio, ens pregunta si sabem o pensem quin funcionari pot haver estat el que ha filtrat els NIS. Li diem que no direm res perquè no en tenim proves. Que és millor no dir noms! Nosaltres, que som les víctimes, hem de ser els que resolguem el problema? Ens torna a preguntar si emprendrem alguna acció legal contra la presó pel tema de les filtracions dels NIS. Encara no, però potser interposarem alguna denúncia per protegir-nos per si en el futur algú utilitza les nostres empremtes dactilars. Li demanem, encara que soni a negociació, si el

Joan, el Jordi Pujol Júnior i jo podem canviar el vis-a-vis íntim pel familiar, perquè els vis-a-vis íntims són un pèl depriments, no gaire romàntics. Ho preguntarà. Al cap de dos dies, ens confirma que podrem fer aquest canvi i ens concerta els vis-a-vis familiars per a l'agost: seran els dies 11 i 25. Esperem que ja no els haguem de fer servir, perquè això voldrà dir que som fora.

Detenció del Villar

Ens assabentem que han detingut el president de la Federació Espanyola de Futbol, l'Ángel María Villar, el seu fill, el vicepresident Padrón i més gent de la federació. Li imputen la típica llista de quatre delictes d'aquests que ja coneixem: administració deslleial, falsedat documental, corrupció entre particulars i apropiació indeguda. Fa temps que el busquen. Jo crec que al darrere, a més dels seus enemics locals, hi pot haver la pressió dels Estats Units, perquè el Villar és un dels que va votar-hi en contra en el Mundial de Qatar. Sembla que dormirà al calabós de Las Rozas.

La declaració del Dirk

Ens ve a veure l'advocat José Ángel Cabello i ens explica que la declaració del Dirk, d'ISE, ha anat molt bé. Que ha confirmat tota la veritat; segons ell tot és legal i no hi ha cap relació entre Uptrend i BSM, en contra del que pensa el fiscal. Ho confirma tot, a favor nostre i contra les tesis de la fiscalia. Demà al matí presentem de nou un escrit sol·licitant la llibertat. Veurem si prospera; si no, l'escàndol serà magistral. No hi ha cas, ni perjudicat, ni blanqueig, res de res, i tot es va fer amb diners privats. Li agraïm que hagi vingut per donar-nos bones notícies. Al contrari del que es pugui pensar, ni el Joan ni jo estem eufòrics. Ens hem tornat incrèduls. Hauríem d'estar molt eufòrics i optimistes, i no ho estem. Fa cinquanta dies que som a la presó.

Ens confirmen que Villar pare, el seu fill Gorka i el Padrón venen a la presó. Els posaran tots tres al mòdul 1, amb l'Ignacio González.

Samarretes del Barça per al cardenal

Avui toca missa amb Don Carlos, el cardenal de Madrid. Ens fa una xerrada en lloc de la missa. A nosaltres ens segueix agradant més el Paulino. Al final de la missa, el Paulino ens presenta el cardenal i li diu que li donarem una samarreta del Barça. Sembla un home simpàtic.

Pèrdua de visió

Un intern colombià ens diu que sempre que pot surt del mòdul, perquè amb el temps perd perspectiva a la vista, a causa dels murs de ciment. No sap veure les distàncies, i quan surt acluca un ull i l'altre per enfocar diferent. Es veu que molta gent que passa temps aquí, quan surten, es maregen perquè els ulls ja no saben calcular les distàncies.

Canvi de testament

Al vis-a-vis la Marta em posa al dia de tot plegat: hipoteques, lloguers, masia... Estem preparant un contraatac per si no sortim. La Marta m'explica que les proves del pare, de l'ELA, han sortit negatives. Estàvem preocupats perquè fa no gaire el meu oncle Benet va morir víctima d'aquesta malaltia. Quan vaig compartir aquesta preocupació amb el Joan, em va comentar que el seu pare també havia mort d'ELA. La Maria, la meva filla, m'explica que s'ho està passant molt bé aquest estiu: ha anat a Bilbao, Sevilla, l'Algarve i Marbella, i després a la masia i Eivissa. S'ho mereix perquè ha tret molt bones notes. La Juju m'explica que va anar al Barcelona Beach Festival amb les amigues, que ara es vol quedar a Barcelona i que del 4 al 17 d'agost anirà a Anglaterra amb el seu nòvio, el Tom, i després aniran a la masia i a Àger, a fer caiac i parapent. Que bé que s'ho passin molt bé!

Els meus pares han canviat el testament; ho donaran tot a les meves filles, per si els passa alguna cosa, i em treuen a mi de la seva donació, perquè si al final els que m'han de jutjar inventen una condemna i hi ha conseqüències econòmiques, encara s'emportaran també el patrimoni dels meus pares. És una molt bona decisió.

El millor és l'abraçada que ens fem amb cada una d'elles. És el que més trobo a faltar. Quan marxen és horrorós. És una doble sensació: per un costat, tinc el cor encongit, però, per l'altre, el tinc ple.

Les visites d'amics

Agraeixo molt que em vinguin a visitar els amics per veure'm només quaranta minuts al locutori, especialment perquè per a ells és dedicar-hi tot el dia, ja que la majoria venen des de Barcelona. A més, els que venen em donen records d'altra gent. Tots estan al dia de tot el cas i es mostren indignats. Em pregunten com estic aquí a la presó i els explico en detall què fem cada dia i algunes anècdotes.

Els amics m'animen a explicar tot el que estic passant quan surti, perquè, si no ho expliquem i lluitem contra el sistema, mai s'arreglarà i sempre hi haurà casos com el nostre o encara de pitjors.

Uns dels amics que m'ha vingut a veure és l'Ignasi Ricou, CEO de GB Foods (antigament Gallina Blanca). Al seu fill li encanta el cine i m'ha dit que algun dia li agradaria fer una pel·li del que ens està passant al Joan i a mi.

Segon «NO»

La jutgessa ha rebutjat la nostra llibertat. Al Joan l'hi ha dit la seva dona Carmen. La notícia ens cau com una megabomba. Per què? Quins arguments farà servir aquest cop?

Truco a la Marta, molt nerviós. De dotze a una del migdia, li truco quinze vegades, però no em respon. Estic fotut, decebut, emprenyat.

Després de dinar, li torno a trucar i ara sí que em respon. Em diu que al matí s'havia deixat el telèfon a casa mentre era al despatx paint la mala notícia.

M'explica els arguments per rebutjar la nostra llibertat: «Rosell no hizo ninguna gestión (por el contrato CBF)», diu l'escrit del fiscal. *Ninguna gestión*? Si vaig estar treballant un any com un animal. Tampoc no es creuen el Dirk Hollstein, el director d'ISE, ni confien en el certificat de la Confederació Brasilera de Futbol. Brutal! Ja no saben què dir. El pitjor és que no respon a cap dels nostres arguments. Continua argumentant que tots dos tenim risc de fuga. «Rosell no tiene un especial arraigo en España», diu el fiscal. Si no tinc *arraigo* jo, qui en té? També assenyala que els sap molt greu el que li ha passat al fill del Joan, però que si el Joan surt, fugirà. Sense comentaris! Aquest escàndol creix.

Els advocats vindran per parlar del que hem de fer. Ara tenim cinc dies per presentar recurs contra la denegació de llibertat. Però m'ensumo que ens tornaran a dir que no. És tot tan absurd i mai responen als nostres arguments. Surten amb excuses que ni ells es creuen. Hi ha molta merda al darrere! Què volen?

La mala notícia ens deixa fets pols, perquè cada dia tot és més incomprensible.

Ens ve a veure l'advocat José Ángel Cabello, del despatx Molins, i ens dona els escrits de la jutgessa i del fiscal. Anem punt per punt, un cop més desmuntem els nous arguments que ha fet servir la jutgessa per no donar-nos la llibertat. Tots els punts són falsos i dèbils, i els arguments, molt estúpids.

La resolució de la jutgessa assenyala que «no es este el momento para discutir sobre la calificación jurídica de los hechos que constituyen el delito o delitos fuente». I quan serà el moment? Això és extremament greu perquè el que diuen els meus advocats és que no hi ha delicte font. No es tracta de decidir entre un delicte o un altre, és que no n'hi ha. La jutgessa hauria de pronunciar-se ara, no? A més, fa referència a una comissió del Senat brasiler com si fos oficial, quan no ho és, i quant als arguments del Joan, diu que «únicamente se hace nuevamente alusión a la lesión medular de su hijo de 20 años de edad». Que inhumans!

Responem un a un tots els arguments. La jutgessa o bé ens odia perquè tenim una «immensa fortuna» (com diu textualment en aquesta resolució), o bé té ordres que venen de dalt. El que més ens preocupa és la sensació que tenim que ningú a l'Audiència Nacional s'està llegint els nostres escrits. El que no sabem és si és desídia o, ben al contrari, que directament no els interessa llegir-los. El que és clar és que per algun motiu ningú respon els nostres requeriments, les nostres proves, els nostres arguments. Suposo que algun dia ho sabrem. Com diu el meu amic Xavi Bosch en el seu llibre *Se sabrà tot*. Boníssim, per cert.

Mans a l'obra

Li exposem al José Ángel que hem de fer una estratègia que no només estigui basada en recursos. Una estratègia judicial, política i mediàtica. Per exemple, podem posar en el recurs que no s'entén com l'Audiència Nacional dedica diners públics espanyols a atacar un espanyol per defensar una entitat privada brasilera, com és la Confederació Brasilera de Futbol, quan la mateixa entitat no demana ser defensada, ni ha estat perjudicada, sinó tot el contrari, perquè han doblat els ingressos pels partits, i totes les transaccions han estat fetes amb diners privats. Ens posem a treballar. Tenim cinc dies.

Els Villar ja marxen

Ens assabentem que a l'expresident de la Federació Espanyola de Futbol, Ángel María Villar, li han imposat una fiança de 300.000 euros; al seu fill Gorka, de 150.000 euros, i a Juan Padrón, de 300.000 euros. Se'n van demà. Quin escàndol de greuge comparatiu cap a nosaltres! Ells estan acusats d'administració deslleial, apropiació indeguda, falsedat documental i corrupció entre particulars, i només hi han estat una setmana, a la presó. Ens n'alegrem per ells, perquè crec que tot plegat és un muntatge, però ells al cap d'una setmana ja són fora i nosaltres ja fa més de dos mesos que estem aquí tancats. Quin escàndol! Les comparacions són odioses, ho sé, però en el suposat cas que del que a ells se'ls acusa fos veritat, que en tinc molts dubtes, i en el suposat cas que del que se'ns acusa a nosaltres fos també veritat, que evidentment no ho és, la desproporció de les mesures que ens han aplicat a nosaltres són estratosfèriques comparativament parlant. El que més ens impacta és que nosaltres estem aquí tancats per fets ocorreguts fa dotze anys al Brasil, per la qual cosa no té gaire sentit estar-hi com a presos preventius, i a ells, en canvi, els investiguen per fets actuals a Espanya. La decisió del seu jutge és la correcta, la incorrecta és la nostra.

Estem enfadats però contents per ells, molt contents pel Villar, perquè després de tants anys de coneixe'l li he agafat estima. I ara els nostres advocats han de veure com utilitzar aquest greuge comparatiu a favor nostre.

Agost del 2017

Rogatòria d'Andorra

Els advocats ja han preparat el recurs per presentar a la Sala. I també ens informen que s'ha tramitat una nova rogatòria a Andorra sol·licitant documentació i que volen que l'Andreu, el Joan i jo declarem a Andorra pel cas. No sabem si és per iniciativa pròpia d'Andorra o perquè Espanya els ha trucat per buscar merda (que no n'hi ha) i per allargar més els arguments per mantenir-nos a la presó. Si és iniciativa d'Andorra, creiem que podria ser bo, però si ho ha demanat l'Audiència Nacional, és per allargar el cas i tenir l'excusa per dilatar la nostra presó preventiva, perquè és evident que a Espanya estan enfadats amb l'informe original d'Andorra (en el qual, a més, van fer un «copiar i enganxar»). És preocupant pensar que Andorra fa tot el que Espanya li mana. Però és així. Penso que Andorra és a Espanya el que Espanya és als Estats Units.

Llegim el recurs que han preparat els nostres advocats. És espectacular; en una democràcia seria impossible que no ens donessin la llibertat, però aquí, a Espanya, amb els dubtes que hi ha a la justícia i, en concret, a l'Audiència Nacional, ja no hi confiem gens. A més a més, sembla que l'altre dia el Jaume Roures de Mediapro, en una declaració a TV3, va dir que jo estaria un temps llarg a la presó. Com ho sap? Qui l'hi ha dit? Per què ho ha dit? Deu saber coses sobre el nostre cas que a mi se m'escapen? I si les sap, per què les sap?

Parlo amb la Marta sobre la masia. Hem deixat constància material que volem pagar les hipoteques, però que no ens ho deixen fer, perquè els bancs no les executin i es quedin les nostres propietats. Per aquesta qüestió, s'ha reunit tota la família. Els bancs no ajuden gens, malgrat que els executius d'un dels nostres bancs de referència, el Bankinter, estan ajudant tant com poden dins de la llei, és clar, i estan demostrant que són humans.

El Neymar

Sembla que es confirma la sortida del Neymar del Barça. Quina decepció, després de l'esforç i la il·lusió que vam posar per fitxar-lo i les conseqüències judicials que va comportar el seu fitxatge perquè un altre equip el volia. Finalment, es van obrir dos temes (un per delicte fiscal i un altre per falsedat documental) amb la peculiaritat que tots dos són contradictoris. En un diuen que una quantitat corresponia a retribució del Ney (i que s'haurien d'haver pagat impostos per renda) i en l'altre diuen que aquella mateixa quantitat era prima de fitxatge (i que s'hauria d'haver pagat més al titular dels seus drets federatius)! No s'aclareixen ni ells. El més curiós del cas és que el fiscal acusatori és la mateixa persona... Quina casualitat, penso. Amb la seva sortida, ens queda el consol que el Barça ha guanyat un calerada històrica. Pel traspàs, el Barça ha ingressat 222 milions d'euros. Rècord mundial.

Ressò mediàtic

Hem començat a preparar un pla de comunicació per si no sortim. No tenim cap altra opció, encara que sabem que hi haurà represàlies. En aquest país no agrada que diguis la veritat. Donarem el pla al meu germà Sergi perquè se'l miri.

Hem d'impulsar una estratègia de comunicació al setembre si no sortim. Si llegeixo l'última resolució de la jutgessa, crec que no sortirem. M'impacta perquè fa servir opinions sense fonament ni proves, opinions arbitràries, com que tinc diners a fora o que fugiré, però en canvi no es pronuncia sobre fets clars, com ara documents o testimonis que hem aportat a la causa, només perquè van a favor nostre. Tant de bo m'equivoqui, però crec que darrere el nostre cas hi ha un escàndol enorme.

L'optimisme de la Reyes

Anem a missa i ens trobem amb la Reyes. També hi van el Gerardo Díaz Ferrán, l'Ignacio González, el Jordi Pujol Júnior i nosaltres. La Reyes ens espera, com cada diumenge. La María Becerril no ha pogut venir, ha anat a Pontevedra a veure la mare. La Reyes ens explica que tothom està al·lucinant amb el tema. Ens diu que té bones sensacions. Nosaltres li diem que no ens expliqui res per no fer-nos il·lusions. La missa com sempre ha estat molt entretinguda, i el Paulino, un animalot parlant, però fantàstic.

Em requisen el Mini

La Marta m'explica per telèfon que avui la Guàrdia Civil ha vingut a casa a buscar el meu cotxe, el Mini de la Maria (que està al meu nom), i que se l'emporten per fer-lo servir tant com vulguin, per fer «seguiments de delictes de blanqueig». És increïble que l'Estat pugui fer servir els nostres actius per la cara només per estar investigats, perquè, mentre no es demostri el contrari, som innocents. Això és un escàndol, un robatori! L'Andrés li ha dit a la Marta que el més greu és que la Guàrdia Civil li ha dit a la jutgessa que volen utilitzar el cotxe per evitar que es depreciï perquè és al dipòsit municipal! I és mentida! També s'enganyen entre ells. Era al garatge de casa meva. On és el límit?

Canvien el fiscal

La Marta m'explica que canviaran el fiscal del cas perquè es veu que l'actual se'n va a Brussel·les, però jo ja no em crec que res sigui casualitat. Seguim esperant que es resolgui el nostre recurs.

L'efecte presó

El Joan li ha anat molt bé el vis-a-vis amb la família. El seu germà Marcel està arreglant la seva empresa i endreçant el magatzem, ordenant-ho com mai abans ho havia fet. És l'efecte presó del seu germà. A més, hi ha hagut un apropament profund dels tres germans Besolí. L'efecte presó millora molt o empitjora molt les relacions externes. Per al Joan i per a mi, de moment, millora.

Ens han portat una bossa de Nike, una per a cadascú. Amb les voltes que fem cada dia al pati, ja portàvem més de 700 quilòmetres amb les altres i tocava renovar-les. També hi ha uns guants per fer pesos, malgrat que mai a la vida n'hem fet, ni ens agrada, però aquí tothom en fa, i samarretes i tovalloles petites.

Debut del Neymar al PSG

El Neymar debuta de titular amb el PSG i el Barça juga contra el Madrid. Les televisions de Madrid aprofiten la marxa del Neymar per ridiculitzar el Barça. Quin fàstic! El Barça acaba perdent per 1-3. Sense el Neymar la defensa se centra en el Messi i mata l'últim passi al Suárez. S'han carregat la davantera. Tothom sap que no cal posar dos defenses per cobrir el substitut del Neymar i se centren en el Messi. Avui tenia tres defenses en triangle per a ell. Es trenca la creativitat que tots tres junts aportaven.

L'informe del fiscal

Ja tenim l'informe del fiscal, on diu que no ens deixin en llibertat, que som molt dolents i que tenim un alt risc de fugir. El Pau Molins està acollonit i diu que mai ha vist res tan injust. La Marta creu, i jo també, que hi ha alguna cosa molt gran al darrere! Els Estats Units? Però què volen? Si jo mai he fet res als Estats Units. Li dic que aquí no és una qüestió d'advocats. Tot és polític. Hem d'actuar políticament. Quin escàndol, tot plegat!

La Marta també està acollonida per tanta injustícia. Diu que ha parlat amb el director de la presó i que val més que en Barto (Josep Maria Bartomeu, president del Barça) no vingui a veure'm de moment. Ell vol venir, però lògicament farà el millor per a nosaltres.

Canvi de sala

Ens informen que la sala de guàrdia de vacances de l'Audiència Nacional que havia de resoldre el nostre recurs se'l treu de sobre i el trasllada al setembre a la Sala Tercera, la mateixa que ens va dir que no al juliol. Fins al setembre no sabrem res. I la sala que queda de guàrdia ha considerat que no era un tema urgent. Si la Secció Tercera s'hagués llegit el nostre cas (uns dos mil folis) i fos necessari aquest coneixement per avaluar la nostra situació, ho entendria. Però tinc la sensació que no s'ho han mirat mai. Per tant, per què cal que siguin ells qui decideixin sobre el nostre tema?

Atemptat a Barcelona

El 17 d'agost a la tarda ens avisen que hi ha hagut un atemptat terrorista a Barcelona, a les Rambles. De moment hi ha tretze morts i molts ferits. Estem pendents de les notícies de Barcelona. Sembla que a la una de la matinada també hi ha un altre atemptat a Cambrils, de moment sense morts. Si us plau, que cap tertulià utilitzi l'atemptat políticament. De seguida apareixen el Rajoy, i altres polítics. Tots parlen de la unió del poble, la unió de tots, la unió, la unió...

Al cap d'unes hores, l'atemptat ha estat reivindicat per Estat Islàmic a través de l'agència de notícies Amaq.

S'ha sabut que el dia abans de l'atemptat es va produir una explosió en una casa abandonada als afores d'Alcanar, que els terroristes, de Ripoll, utilitzaven com a magatzem i centre de preparació dels atemptats. Van morir dues persones en l'esfondrament i diverses hi van resultar ferides.

Víctima d'un xantatge

Vaig a córrer sol una hora pel poliesportiu. Després se m'uneix un dels interns responsable del poli. M'explica el seu cas: li van fer un xantatge que ell va acceptar i per això li van caure dos anys. Al seu soci, que no va acceptar l'acord, li van caure cinc anys. Si no l'acceptes, et cau una pena més alta. També li van agafar el cotxe, un Audi Allroad nou. Ell va donar de baixa el permís de circulació a Trànsit per evitar que el fessin servir, però em va explicar que el tinent del cas el va fer servir per a les seves vacances i els seus fills. Li va fer arribar al seu advocat que quan surti que es prepari, perquè anirà per ell!

El detingut pels atemptats

Ha entrat a Soto del Real un dels detinguts pels atemptats a Barcelona i es veu que només d'entrar tots els altres interns han començat a escridassar-lo i a dir-li violentíssimament que a la mínima que puguin el mataran. S'ha muntat un merder tan gran que la direcció de Soto del Real ha decidit treure l'única dona que hi havia a aïllament de dones, tornar-la al seu mòdul i posar el suposat gihadista a aïllament de dones, separat de la resta, perquè no paraven d'amenaçar-lo de mort i el xaval estava cagat i no parava de plorar.

Sense rancúnia?

Al vis-a-vis la Los ens aconsella que quan tot això s'acabi ens n'oblidem, sense rancúnia ni venjança. Li dic que té raó, però que tot té un límit. La Maria i la Joana m'expliquen el seu estiu. S'ho han passat molt bé.

Al locutori, el Txema, Josep Maria Mercadé, el meu soci al càmping d'Àger, m'explica que al càmping ja no devem ni un euro a cap banc. Quina bona notícia! I que a la meva casa a Àger (el poble de tota la vida de la meva família paterna) hem decidit seguir fent de tant en tant les obres, sobretot per acabar el teulat. I els dic al Txema i a l'Andreu, que també m'ha vingut a veure, que un cop per setmana vagin a veure el papà i que vagin a dinar plegats. Sé que al meu pare li encanta parlar amb ells.

Cortines noves

Ens han regalat unes cortines de roba de color verd. Les nostres eren de plàstic fetes de bosses d'escombraries negres. No volíem fer canvis a la nostra cel·la per no semblar que ens estàvem acomodant al lloc. No el volíem personalitzar com si semblés casa nostra. Érem reticents a fer millores per no haver d'admetre que som aquí «per sempre». D'una banda, vols millorar la qualitat del *chabolo* i, de l'altra, no ho vols; és com admetre que t'hi estaràs un temps. I mira que les cortines de plàstic negres eren curtes i a la nit hi passava l'aire fent un soroll que no deixava dormir. Les hem canviat i les noves de tela verda queden molt bé.

«Mejor que no pase»

Caminem 10 quilòmetres donant voltes a la piscina de 25 × 15 metres que està buida, perquè no es fa servir des de fa anys. Ara està buida i al fons hi ha un pam de merda. Se'ns hi uneix l'Ignacio González i ens explica que el persegueixen políticament. Diu que s'ha filtrat un sopar a casa del Jaume Roures amb el Pablo Iglesias i amb l'Oriol Junqueras. Aquest Roures està a totes les amanides! Ens explica també que un dia li va preguntar al Rajoy què passaria «si los independentistas sacan la urnas», i ell li va respondre: «Mejor que no pase».

Visita de l'advocat

Ens reunim amb l'Andrés per analitzar l'estat de la situació. Li donem les nostres reflexions sobre què cal fer si ens diuen que no. L'Andrés diu que des d'un punt de vista jurídic és impossible que ens diguin que no, però que no se'n refia, perquè l'últim cop ja era impossible i tampoc ens van deixar sortir. Ens explica que el fet que la sala de vacances no hagi volgut resoldre el tema indica que la Secció Tercera no vol perdre el control de la nostra situació, sigui per a bé o per a mal. El Joan i jo no ens en fiem. No ho veiem clar. L'Andrés diu que, si ara ens diuen que no, seria un megaescàndol. El Joan i jo agraïm a l'Andrés la visita, però sortim pitjor de com hem entrat. No per l'Andrés, sinó perquè estem molt enrabiats amb la situació. També li dic a l'Andrés que comenci a mirar el cas del Joan sol, perquè si el meu és un escàndol, el del Joan és pitjor, perquè la jutgessa, a parer meu, no té cap jurisdicció sobre el Joan (pel tema d'Andorra, perquè no ha dut a terme cap intervenció a Espanya), i el Joan no és espanyol, és andorrà.

Més de 1.300 euros per una setmana

Ha sortit en llibertat un intern que havia entrat fa una setmana per no haver pagat una multa de 1.300 euros que li van imposar per conduir begut. Avui li han acceptat pagar la multa. Fa una setmana va voler pagar-la i no l'hi van deixar per un tema d'un recurs de l'advocada. L'Estat ha perdut temps i diners, i ell, una setmana a la presó. El cost que ha suposat per a l'Estat (policia, detenció, internament, fiscal, papers, procés i set dies a la presó amb roba, menjar, dormir) segur que és més de 1.300 euros. Quin sentit té tot això? Des d'un punt de vista econòmic, no té cap sentit.

Les presons de Noruega

Parlo amb el Fran, que em cau molt bé. És seguidor de l'Atlètic de Madrid i responsable de l'economat. Està condemnat a vuit anys de presó per tràfic de drogues. Ja en va passar dos a Noruega. Diu que traficava allà i guanyava més diners. Que la presó a Noruega és collonuda: cuina, nevera, tele amb DVD, jocs, videojocs, etc. Però que el van expulsar a Espanya. Va seguir fent el negoci aquí i el van tornar a agafar. Llavors el van condemnar a vuit anys.

Ja portem 100 dies tancats entre reixes.

Setembre del 2017

Pla de comunicació

La Marta m'explica que li agraden molt els que estan ideant el pla de comunicació. Li explico que els hem de pagar segons el resultat, que ja sé com va això. Amb advocats, consultors, comunicació, o vas segons el resultat o a vegades són ells els que volen allargar-ho. El Santi Nolla ens està ajudant. És molt bon amic, i molt bon professional, un crac!

D'amagat de casa

L'Iván, un colombià, ens explica que ha trucat a casa i ha parlat amb la seva mare i la seva padrina, que viuen juntes. Es veu que només la seva mare sap que és a la presó. La padrina es pensa que està treballant a Espanya i no li vol dir que està tancat perquè la padrina té càncer i li fa por que l'afecti. Hi ha molts nanos sud-americans, la majoria acusats de tràfic de drogues, que no expliquen a les famílies que són a la presó i allarguen la mentida. Un fins i tot ha explicat a la família que està fent un màster. Té raó, perquè això de la presó és com un màster, un màster molt bèstia.

Estratègia més enllà

Em ve a veure el meu advocat, el José Luis M. Maluquer. Li explico que necessito que fem estratègia no només d'advocats. Això és un cas polític. Hem de conèixer millor els passadissos de l'Audiència Nacional i buscar qui ens ha portat fins aquí per saber què vol de nosaltres. Li dono una llista de recursos i querelles que hauríem de posar per deixar de ser bons minyons i començar a contraatacar.

Males sensacions

Tenim visita del Pau Molins. Ens diu que pinta malament, molt malament, i que no s'ho pot explicar i no ho entén des d'un punt de vista legal. Que la Cadena SER ahir va avançar que no sortiríem, i que normalment la Cadena SER té la informació abans que els interessats. Com l'aconsegueixen? Qui des de l'Audiència Nacional els la filtra? Que l'argument és que hem de declarar a Andorra alguna cosa de destrucció de proves. En fi, animalades. Parlem amb ell per saber quins són els pròxims passos? Estem perduts perquè no els interessen totes les nostres proves d'innocència.

La mà negra

Just després de la visita del Pau, tenim vis-a-vis. La mamà està molt emocionada. Ens abracem. Parlem amb els germans i la resta de què podem fer, de quin camí hem d'agafar, com ens hem de defensar. Quan passen les dues hores, ens acomiadem amb plors, perquè ja sabem que ens diran que no i encara no ens han passat els documents de resposta. Ja fa dos o tres dies que ho sabem, abans de llegir el recurs!

Necessitem saber qui és la mà negra. Tenim alguns candidats. Un amic nostre de la Policia Nacional, molt ben informat, creu que ve per la via del fiscal i que la jutgessa està enganyada i influenciada per la fiscalia. N'hem d'estar segurs, jo no ho veig clar, crec que la jutgessa n'està al corrent! Trobem que el fiscal fa molt cas de la Policia, la jutgessa del fiscal i la Sala Tercera de la jutgessa. Total, que tothom es fia de l'anterior, però ningú s'estudia el cas ni revisa la feina de l'altre. Caldria unes normes per tal que alguns jutges i fiscals fossin més diligents.

Tercer «NO»

Truco a la Marta i em diu que ja ha rebut oficialment el «no» a la llibertat, quan ja fa tres dies que ho sabíem. Quin escàndol!

A la tarda, quan arriba l'Andrés, ens porta la resolució de denegació de llibertat. La llegim i no ens podem creure el que llegim. És un insult a la intel·ligència. Els arguments ara han tornat a canviar. Ara ens diuen que el perjudicat no és la Confederació Brasilera de Futbol, sinó que hem estafat ISE, malgrat que ISE va guanyar molts diners i que el Dirk va declarar a favor nostre. Això em recorda aquesta famosa frase de Groucho Marx: «Aquests són els meus principis, però, si no li agraden, en tinc d'altres». Segons la Sala d'Apel·lació, el perjudicat és ISE, tot i que l'empresa no ho sàpiga, i per la jutgessa el perjudicat és la CBF, tot i que aquesta diu que no n'és pas. El món al revés. En resum, l'Audiència Nacional espanyola s'erigeixen com a defensora de dues entitats estrangeres privades, amb versions contradictòries entre la jutgessa i la Sala, que expressen que no volen ser defensades, i acusa un espanyol i el posa a la presó. Tela!

Podem pagar la hipoteca

Els advocats ens porten el resultat de les mesures econòmiques. Els magistrats de la Sala ens deixen pagar la hipoteca, algun sou i els impostos, en contra del que deia la Lamela. Ens hem de reunir per decidir els passos següents.

Accident de la Carmen i el Genís

El Joan truca a la seva dona, la Carmen, i contesta el Genís, que li explica que acaben de tenir un accident al peatge de Manresa. Plovia molt i sembla que les rodes han relliscat quan han frenat. Per sort, tots dos estan bé. El Genís té una mica de mal a l'esquena, però està bé. El Joan es cabreja per la mala sort que estan tenint. No s'ho mereix.

Truco a la Marta i li dic que prepari una habitació a casa nostra per acollir el Genís els mesos que serà a Barcelona, que arregli una habitació per a ell, perquè el 15 d'octubre surt de la Guttmann.

L'Álex, un intern, em diu una frase del seu avi: «La cárcel es un mal lugar donde puedes llegar a tener buenas experiencias». Molt bona! «Experiencias espirituales», s'entén!

El referèndum no s'atura

El referèndum per la independència de Catalunya segueix. Li foten collons i el govern espanyol tanca webs i entra a impremtes. Han començat a detenir càrrecs polítics i han intervingut la Conselleria d'Economia, buscant paperetes. El Puigdemont diu que tot tira endavant, malgrat que el Rajoy i el seu equip no es cansen de repetir que no hi haurà referèndum. La Guàrdia Civil s'ha desplegat a Catalunya.

La visita del Genís

Ha vingut el Genís a la presó. Des que havíem entrat a la presó, el Joan i ell no s'havien vist. S'abracen i es fan petons. Ploren emocionats. El Genís li ha ensenyat al Joan tot el que ha après des de la cadira de rodes. Quina trobada més maca!

Males praxis

Parlem amb el Colo, al locutori, del perquè som aquí. M'he assabentat que abans de la seva declaració davant la jutgessa li han fet llegir una transcripció d'una conversa, punxada per la policia, que vaig tenir jo amb un grandiós amic comú, el Juanjo Rovira, en què criticàvem el Colo, només per provocar-lo. Sort que els nostres amics són amics de debò i saben com parlem entre nosaltres, i quan ens caguem en algú del grup, sempre ho fem amb missatges que abans ens hem dit a la cara, i sempre amb carinyo.

La Joana, major d'edat

És 11 de setembre, i avui fa 18 anys va néixer la Joana a Rio de Janeiro, mentre vivíem allí. Com que va néixer per cesària, vam poder decidir la data de naixement, dins d'un marge, és clar, i òbviament no vam tenir dubtes: la Diada Nacional de Catalunya era el millor dia. Avui no podré celebrar amb ella la seva majoria d'edat. Això ja mai ningú m'ho podrà tornar...

Homenatge al Paulino

Fa dies que estem preparant un homenatge per al Paulino. I ha arribat el dia. Com cada diumenge, a les dotze comença la missa, però avui hi ha autoritats i gent convidada. També ve el cardenal de Madrid.

Li regalem al Paulino la samarreta i la pilota del Barça signades i un caganer. Ens demanen a la presó que l'hi donem el següent diumenge en petit comitè, i no davant de tothom, perquè ningú pugui xiular o dir res pel tema català (?).

L'homenatge ha estat molt emotiu, tot i que la missa l'ha fet el cardenal i no tenia res a veure amb les que fa el Paulino. Un pres veneçolà ha cantat espectacularment bé.

En acabar la missa el director de la presó ens ha vingut a saludar i ha estat carinyós amb el Joan preguntant-li com havia anat la visita amb el Genís. També ens ha preguntat com ens tracten i ens ha dit que si necessitàvem res l'hi féssim saber. Les autoritats miraven amb morbo l'Ignacio González.

Desanimats

No veiem una solució a curt termini, hi ha massa incògnites per resoldre i no tenim clar quina hem de seguir. Amb l'Andrés parlem dels pròxims passos. Podem presentar un nou recurs a la jutgessa, però també tenim pendent decidir si tirem endavant l'estratègia mediàtica i si demanem el trasllat a Catalunya, però fer-ho també seria admetre que sabem que estarem a la presó una bona temporada, i no ho volem.

Parlo amb l'Andreu i la Marta. Cada dia tenim més clar que l'Audiència Nacional està fent el que diuen els Estats Units o algú altre. La Marta segueix treballant totes les opcions.

També ens preguntem que si teòricament hem blanquejat diners, com que tots estaven banqueritzats a l'Andbank, per què l'Audiència Nacional no ha imputat Andbank, com va passar amb BPA, quan el govern andorrà va rebentar la Banca Privada d'Andorra per presumpte blanqueig dels clients, i com a conseqüència l'Estat espanyol va rebentar el Banco de Madrid a Espanya? Tots dos bancs, BPA i Banco de Madrid, eren propietat dels germans Cierco, l'Higini i el Ramon (Tito). Com va passar amb BPA, Andbank hauria d'estar com a mínim com a investigat. Però si consideren que no ha d'estar-ho perquè tot és correcte, per què seguim, doncs, a la presó, nosaltres? Per què es protegeix Andbank?

Octubre del 2017

El referèndum

És 1 d'octubre i a Catalunya se celebra el referèndum per la independència. Anem una mica abans a missa i li donem al Paulino la pilota i la samarreta del Barça signades i el caganer personalitzat que va fer el Jordi Pujol Júnior, ja que ens van dir de donar-li un altre dia. Li ha encantat i s'ha emocionat molt.

Seguim el referèndum per la tele i veiem les càrregues policials. El Barto, segons el meu criteri des d'aquí i a falta d'informació, ha pres una bona decisió: el Barça juga, però a porta tancada. El Carles Vilarrubí i el Jordi Monés han dimitit perquè no estaven d'acord amb la decisió; els conec bé i també entenc la seva decisió personal. El Piqué i el Xavi han sortit a defensar el referèndum.

Quan truco a la Marta m'explica tota una altra cosa des de Catalunya. La versió del que ha passat als mitjans espanyols comparat amb la versió que donen els mitjans catalans són dues històries completament diferents. Més de dos milions de catalans han votat. Les imatges de la tele són vergonyoses, els cops de porra que ha repartit la Policia Nacional als col·legis electorals contra catalans pacífics i desarmats són lamentables. Crec que el tema se li ha anat de les mans al Rajoy.

Al final hi ha hagut vuit-cents ferits per les càrregues policials, i un d'ells ha perdut un ull per l'impacte d'una pilota de goma. El dia del referèndum diuen que hi ha hagut vuit agents ferits de la Guàrdia Civil i la Policia Nacional; l'endemà el Ministeri de l'Interior diu que en són quatre-cents!

Reunió amb el fiscal

L'Andrés ha tingut una altra reunió amb la fiscalia. La nova fiscal és una dona, i ens diu que ha estat una reunió molt freda. Sembla que abans que presentem el nou recurs ja sap que dirà que no. Seguim pensant que les ordres ja estan clares i tant ella com la jutgessa ens volen considerar uns criminals. Presentarem un altre recurs, però ja sabem que no importa el que justifiquem. L'Andrés ens explica que som els primers que estem tancats en presó preventiva durant tant temps per un presumpte delicte econòmic privat, sense perjudicat ni denúncia, en la història d'Espanya.

Presentarem un recurs al Tribunal Constitucional, però aquesta via és molt lenta i, a més, el Constitucional està molt polititzat.

La situació a Catalunya

El Banc Sabadell, La Caixa i Gas Natural han decidit traslladar la seu a Alacant, València i Madrid, respectivament. El Tribunal Constitucional considera il·legal la sessió del Parlament en què suposadament es vol fer la declaració unilateral d'independència (DUI), i la Forcadell ja ha dit que no es pot cancel·lar per avançat una sessió parlamentària si encara no han donat l'ordre del dia. El Barto declara que el Barça pot ser que jugui a porta tancada per continuar denunciant l'actuació policial que hi va haver a Catalunya el dia del referèndum, però aclareix que no dona suport a la DUI.

Qui hi ha darrere la fiscalia

Ja sabem qui va autoritzar el cas des de la fiscalia: el Javier Zaragoza, que és el que va donar llum verda a la investigació, que ara és al Tribunal Suprem. Sembla que la nova fiscal és molt amiga del José Perals, fiscal del cas Altsasu, que «casualment» també tenia la Lamela com a jutgessa instructora. El Perals també és el fiscal en els casos Ney 1 i Ney 2 —en el cas Ney 2 ens han dit que hi havia dos fiscals inicials que no van voler acceptar el cas Ney 2 perquè no tenia sentit—. Tot segueix sent molt casual, és clar.

Cada dia veig més lluny que ens donin la llibertat. No estic gens animat. Ja fa 150 dies que som entre aquests murs.

Un «NO» premeditat

Amb l'Andrés redactem els papers amb la seva plantilla; hi ha tantes coses per fer que porta un excel i cada setmana repassem tots els punts i els comentaris que tenim preparats. Ara preparem una nova petició de llibertat. Crec que pot quedar molt ben argumentada, tot i que penso que ens tornaran a dir que no perquè la decisió ja està presa. Sembla que la fiscalia té molt clar el que ha de fer. Després parlem de les accions que podem emprendre a Andorra. Ens coordinem amb l'advocada del Joan per demanar que arxivin el cas a Andorra.

Absolts al Brasil

L'Andrés em dona, per fi, una bona notícia: que he estat absolt d'un procediment que tenia obert al Brasil. Després de set anys amb el cas obert allà, sense que ningú demanés presó a ningú, per fi el jutjat del Brasil ens ha absolt! Una bona notícia per a l'estat de desànim i la indignació que tenim. I tot per una persecució política, perquè anaven pel governador de Brasília, localitat on es va jugar el partit, i a nosaltres ens va agafar al mig com a danys col·laterals. Pensava que la justícia brasilera seria menys garantista que l'espanyola, però, de moment, la brasilera ha funcionat.

El Romario

També sembla que la fiscalia ha demanat al Romario de venir a declarar en contra nostre, perquè ara és senador al Brasil i va fer un informe sobre la corrupció al seu país. Ho volen fer mediàtic! Quina credibilitat té un tio a qui no li vaig voler pagar des de Nike un contracte d'ambaixador que em va demanar i al fill del qual tampoc vaig fer entrar al Barça B quan ho va intentar? Casualment va fer una entrevista en contra meu.

El Dia de la Hispanitat

Trompeta. Foten a tot drap per megafonia l'himne espanyol per despertar-nos! El de la cel·la del costat, el Juan, que és colombià, s'ha llevat de cop espantat. «Pensaba que nos estaban atacando», diu. També se senten els helicòpters que van cap a la desfilada de la Hispanitat a Madrid. Que bo, entre l'himne i els helicòpters, el Juan s'ha pensat que ens estaven atacant. Abans de baixar a esmorzar han tornat a posar l'himne.

Els drets de TV dels mundials

Sembla que la justícia suïssa està processant el Nasser (el president del PSG i president de Bein TV i Al Jazeera TV) per haver subornat suposadament el Jerome Valcke pels drets de televisió dels mundials 2026 i 2030. Expliquen per la tele que han escorcollat les oficines de Barcelona i que al mig hi pot haver «un conegut empresari de drets audiovisuals espanyol». S'entén que és el Jaume Roures, però cap notícia no en diu el nom. Ni TVE, ni Telemadrid, ni Antena 3 ni La Sexta. Acollonant! Té controlat tothom? És per treure's el barret, per com té de controlada la comunicació a tot l'Estat espanyol. Recordo que fa temps va sortir en roda de premsa l'anunci de la fusió de televisions i com el govern va diluir les dures condicions que la Comissió Nacional de Competència va imposar en l'operació d'absorció i/o fusió.

Ningú va entendre la defensa de dita fusió per part de la vicepresidenta Soraya Sáenz de Santamaría que va justificar l'operació «por razones de interés general». I qui en va sortir beneficiat? Doncs el Roures i Mediapro, com sempre, tot i que no conec la relació entre ell i la Soraya...

Estira-i-arronsa entre el Puigdemont i el Rajoy

El Puigdemont demana al Rajoy de dialogar, però el Rajoy li respon que li dona fins dijous a les deu del matí per rectificar com a últim avís. Si no, aplicarà l'article 155 de la Constitució. Avui declara el Trapero davant la Lamela, casualment la Lamela de nou en un tema català.

Pedra al ronyó

Vaig a fer un pipí i em quedo acollonit. Faig pipí amb sang, completament vermell. Ostres! El pitjor que et pot passar a la presó és posar-te malalt. Començo a pensar en el pitjor. Ronyons, pròstata, càncer de pròstata, infecció urinària... Aquí et tornes paranoic. De seguida l'hi dic al Joan i al funcionari. Avui per sort hi ha Don Guillermo. Immediatament truquen a infermeria i vaig cap allà. Només d'arribar em donen un pot per fer-hi pipí. En puc fer una mica. Surt vermell com la sang, i Don Guillermo, quan veu el pot, es queda acollonit. El metge i la infermera es queden el pot i el metge em dona cops al ronyó. Em diu que és sorra o una pedra i que és al conducte cap a la bufeta, que quan la pixi farà molt de mal. Li dic: «Caramba, ¡qué ánimos me da!». Em recepta Buscapina, tres al dia, i em diu que em quedi a l'habitació quaranta-vuit hores sense fer esforços. Torno al mòdul. M'està esperant el Joan. Fem la migdiada i jo em quedo tota la tarda sol a la cel·la.

Aprofito per escriure dues cartes i veure les notícies. El fiscal demana presó incondicional i sense fiança per al Trapero. La jutgessa li ha decretat llibertat, amb la mesura cautelar de presentar-se cada quinze dies. També li ha tret el passaport perquè no fugi.

A la Marta no li explico el tema de l'orina per no preocupar-la. Ja em trobo bé. Si em trobés molt malament, molt malament, l'hi diria.

Els Jordis a la presó

Als dos Jordis, el Jordi Sànchez, de l'ANC, i el Jordi Cuixart, d'Òmnium Cultural, els decreten presó sense fiança a Soto del Real! Ostres! També la Lamela. Això ho hem de pair en calma!

Ens canvien de mòdul

Ens criden per avisar-nos que ens canvien de mòdul. Anem al mòdul 10. De seguida lliguem caps. Porten els Jordis al mòdul 4 i, per tant, ens volen fora perquè no estiguem junts. Efectivament ve Don Antonio i ens ho confirma. Pugem a fer les bosses. Déu-n'hi-do les coses que hem acumulat en quatre mesos i mig. Els humans som així, acumulem coses innecessàries, fins i tot a la presó.

Ens acomiadem de la gent del mòdul 4. En el cas de Don Antonio el comiat és sincer. Ens fem una forta abraçada, emotiva, i li dic: «No olvidamos a las personas que nos han tratado bien». Tothom s'ha quedat sobtat. Creiem que els Jordis les passaran putes.

Al mòdul 10 ens fan una gran rebuda. Ja coneixem molts interns del poliesportiu i la missa. Aquí hi ha el Gerardo Díaz Ferrán, l'Ignacio González, el Ricardo Prades, etc. Un altre nivell, més tranquil, menys gent. També hi ha els que estudien alguna carrera a la UNED. Ens instal·lem provisionalment a la cel·la 101.

Al mòdul 10 també ha vingut l'Álex, el colombià del 4. Abans de marxar també hem aconsellat a l'Iván i al Pocho que demanin el trasllat. A l'Iván li hem regalat les sabatilles Nike de futbol i ell ens ha lliurat una carta molt maca.

Hem parlat amb el Lucas, un intern que ens diu que ens portarà pizza i ous ferrats el dissabte, perquè els forners són del nostre mòdul i tenen accés al menjar que es fan els cuiners per a ells mateixos. També ens portarà arròs amb llet amb panses. Se'ns ha fet la boca aigua només de pensar-hi. Com trobo a faltar els ous ferrats, un dels meus menjars preferits.

He conegut els Jordis al locutori a través del Jordi Pina, el seu advocat. En els seixanta segons que ens hem vist al locutori, els hem aconsellat que s'apuntin a tots els esports i que vagin a missa, encara que no siguin creients.

Nou despatx de Madrid

Considero que és millor que l'equip del Pau i l'Andrés es reforci amb un despatx de Madrid, per treure's l'etiqueta de despatx català, que creiem que ens va en contra. El Pau i l'Andrés ens expliquen la reunió que han tingut amb el nou despatx i sembla que de moment ha anat bé.

El colombià cuiner

El Polo, un colombià collonut que és un dels cuiners-pastissers, ens ha portat una mica del menjar que els cuiners es fan per a ells, un pollastre amb verduretes tipus wok que ha fet al forn. Quin sopar! Brutal! Hi hem sucat pa! Quin pollastre amb verduretes més bo. Per fi, he pogut menjar amb gust.

El detall del Cuixart

Al vis-a-vis ve la mamà, el Sergi, la Marta i la Juju, que ha arribat directament de Londres. La mamà com sempre està fantàstica. Quina força que té. Demana que amb qui s'ha de parlar per dir-li que tot és una injustícia! És tot cor. Treballem amb el Sergi i la Marta sobre el que hem de fer. Els dono les llistes de coses per fer que he escrit per al Pau i l'Andrés perquè se les llegeixin. La Juju vol que acabem de treballar per explicar-me com li va tot. Em diu que el Tom li ha enviat un ram de flors pels deu mesos que fa que surten. I que el ball li va molt bé i les classes de *business* també. És un amor. Tota l'estona em diu que m'estima molt. Buf!

La Marta m'explica que, quan ens van bloquejar els comptes, va trucar a Òmnium per deixar de pagar, que qui va respondre va ser el Jordi Cuixart personalment, i que, en saber que era jo, li va dir que cap problema i que ens tornarien l'última quota. En saber-ho, el papà ha dit que ni parlar-ne, que la quota d'Òmnium s'ha de seguir pagant, sí o sí.

Em donen molts records de moltíssima gent. També del José Luis i del José María Núñez, fills de l'expresident del Barça. Molt bona gent, els Núñez. M'envien molts records i força. La Marta m'explica que va sortir per la tele el Genís en una entrevista a la Guttmann jugant a tenis amb el Toni Robredo.

Al locutori em venen a veure el Gerry (Gerard Guiu), que va ser el meu cap de gabinet al Barça, i el Pepe Costa (la meva mà dreta mentre vaig treballar a Nike i ara «germà» del Messi). Molt carinyosos. Els explico el cas i, com tothom, flipen. Li dic al Pepe que li doni molts records al Messi i que li digui que gràcies als seus gols aquí estic mantenint l'orgull culer rodejat de madridistes.

La Mariona també ha vingut al locutori. Li dic que és la millor i es posa a plorar. És una passada de germana.

Amb el pal de fregar

El Manolo, el cap del mòdul, ens fa netejar una sala a mi i al Joan! Sobretot a mi, perquè el funcionari em vol veure netejant com tothom. Volen que agafi el pal de fregar davant de tothom. Cap problema. Ho faig i punt. Ja estan contents. Demà vol que netegi els vidres dels funcionaris. Cap problema. Demà ho faré i tots contents. Condició humana.

Els tàpers del Polo

Després de sopar pugem a la cel·la, on ens espera un tàper del Polo, el cuiner, amb carn guisada amb verduretes i macedònia de fruites amb iogurt. Boníssim! Acabem sucant-hi pa! Amb Buckler. Això és un senyor sopar, cuina casolana com a casa! Brutal! Hem sopat de collons! Sempre estem desitjant que al Polo li sobri part del seu menjar. Si no, només ens alimentem amb algun *potaje* i productes de l'economat. A més, avui, per fi, hem aconseguit un flexo. Tenim doble llum per sopar, i llegim i escrivim millor. Cada dia estem més ben instal·lats. Bona i mala notícia alhora.

Neteja de la sala

El Manolo, el cap del mòdul, continua fent-nos fer feines davant de tothom, perquè els interns vegin que no som diferents, cosa que em sembla molt bé. Freguem i netegem a fons la sala d'escorcolls personals, plena d'escarabats, i tots els vidres del mòdul que estan en contacte amb les sales dels funcionaris. En menys d'una hora ho fem tot.

Article 155

El Rajoy anuncia que s'aplicarà l'article 155 de la Constitució. A Barcelona hi ha hagut una manifestació amb 500.000 persones, segons TVE, però segur que n'hi devia haver més d'un milió. Això acabarà com el rosari de l'aurora. La setmana vinent el Senat aprovarà el 155 i destituiran el president Puigdemont i tot el govern. Tot es gestionarà des dels ministeris de Madrid. Quina bogeria!

El Barto avui, a l'assemblea de socis, ha fet una declaració en contra de la decisió d'aplicar el 155. Amb dos collons. Així mai ens entendrem. Mai per la força. El diàleg és imperatiu. Es pot parlar de tot, però parlar!, i entendre'ns.

Més neteja

Al matí, quan som a la biblioteca escrivint cartes, ens ve un intern molt maco, el Joaquín, que és gitano, i ens diu que hem d'anar a netejar papereres. Ens aixequem i anem a netejar per tercer dia consecutiu. Molts altres interns es revelen i ens diuen que no ho hem de fer per ser qui som (?). Acollonant.

El Cuixart, a missa

Anem a missa i ens hi trobem el Jordi Cuixart. Ens saludem. Al sermó el Paulino fa una pregària pel Genís! Brutal! A l'hora de donar-nos la pau, vaig fins on hi ha el Jordi. Està sol. En sortir parlo amb ell, li dono ànims i li dic que no entri en cap provocació, que escrigui tot el que li passi i que enviï cartes. Se'l veu molt bon tio. En sortir vaig a veure el Flaco, el cap del mòdul 4, que coneixem bé, i li demano que el cuidi.

Discreció als lavabos

Mentre faig *spinning* (amb unes bicis molt atrotinades), la Bruna, un transsexual del nostre mòdul, es troba amb el seu nòvio del mòdul 9. Entren al bany del poliesportiu i fan les seves coses. Molt graciós i bèstia alhora. La veritat és que hi ha molt de respecte pels gais i els transsexuals. Molt bé. I és sorprenent, perquè a les pel·lícules de presons sempre es mostra el contrari.

Col·laboració amb els advocats de Madrid

L'Andrés ens explica que ha tancat un acord de col·laboració amb un despatx de Madrid. Repassem les llistes de tasques que li vaig passar. Els dic que se centrin en Andorra i en el tema mediàtic.

Nova cel·la

Ens canvien de *chabolo*. Anem al 105, que és una autèntica merda. Brut de cagades d'ocell i de tot. Sembla que l'ocupant anterior tenia un ocell que havia adoptat des que havia nascut. Se'l va trobar en algun lloc de la presó i el va alimentar des de petit, i aquest ocell vivia amb ell a la cel·la, i és clar, també s'hi cagava. Quina merda! Parlo amb el Manolo, el Washim i el Lucas, els companys que manen al mòdul. Demà hi buscaran una solució, perquè aquesta cel·la és fastigosa. Hi portem les nostres bosses i ens diu que a la nit ho hem d'arreglar perquè el funcionari no vol que ho fem ara.

L'endemà un paraguaià ens diu que ens canviem al seu *chabolo*, el 223, que dona a les muntanyes i al pantà. Li pregunto si la funcionària n'està informada i em diu que sí. Pugem i traslladem les coses de la cel·la 105, on només hi hem passat una nit, a la 223. Ho traslladem tot i ho deixem tot per endreçar al migdiada. Però llavors ens ve la funcionària, Doña Donata, una gran persona, i ens fot una bronca de collons. Que com ens hem atrevit a canviar de *chabolo* sense dir res. Li he dit que crèiem que ella ho sabia i ens diu que el cap del mòdul tampoc ho sabia. En fi, aguantem la bronca i li demanem perdó. És fàcil demanar-l'hi perquè té bon cor. No tenim cap responsabilitat, només ens hem fiat del paraguaià.

Doña Donata ens fa tornar a canviar de *chabolo*, del 223 al 214, perquè el cap de seguretat diu que no podem tenir un *chabolo* que miri a l'exterior per seguretat, per si ens fan alguna foto a distància. Per tant, ens canviem al 214, que dona al pati interior i que està net. Tornen a canviar-ho tot! Collons, tres trasllats en dos dies!

Els casos al Brasil

Em ve a veure el meu advocat de capçalera, el José Luis M. Maluquer. M'explica la situació dels casos al Brasil, perquè vaig tenir empreses allà i hi ha temes per tancar, i com va el cas d'aquí. Ningú s'explica el que ens passa, ni ell ni ningú, però seguim aquí. Segons ell, la pressió de l'FBI és la que provoca tota la situació. I jo li dic que, si això fos cert, on és la sobirania nacional espanyola? Li dic que hem de canviar l'estratègia dels advocats, que s'ha fet molt bé fins ara, però que a partir d'ara cal que tinguem més mala llet.

El mòdul 4 sense nosaltres

Caminem una hora i mitja pel pati del mòdul per primera vegada, perquè no hem pogut anar al poli ja que els funcionaris hi feien classe d'autodefensa. Parlem amb el funcionari Don Alberto del mòdul 4. Diu que ens troba a faltar. Porta cent cartes al Cuixart, però com que la majoria són postals sense remitent, no les entreguen a la persona i les donen a seguretat. I han de fer la llista d'entrada. Una feinada! Ens fem una abraçada.

Es declara la República

Al Parlament es vota en secret i, amb setanta vots a favor, es declara la República catalana. Molta gent plora d'emoció. Després el Senat aprova l'article 155, es dissol el Parlament i es convoquen eleccions per al dijous 21 de desembre.

El Javi Faus

Em ve a veure el Javi Faus, vicepresident econòmic al Barça quan jo era president. Quan entra se'l veu impressionat de trobar-me tancat entre reixes. Diu que no cal que li expliqui res perquè ja sap que no hi ha cas. Li responc que amb els seus contactes hem de saber qui va iniciar l'acusació des de la fiscalia. M'explica que el seu fons d'inversió podria veure's molt afectat per la situació de Catalunya. El Javi Faus podria presentar-se per a president del Barça. Li dic que l'ajudaré, si puc, però que tal com estic ara, més que ajudar el perjudicaria. Li agraeixo molt que hagi vingut.

Noves amistats

Reflexionem amb el Joan sobre la gent tan collonuda que coneixem aquí, com els colombians, el Lucas i el Polo. Fora no els podrem veure ni comunicar-nos perquè t'arrisques que et tornin a tancar sense motiu. Ja coneixem molts casos en què per una foto, un sopar, una reunió o un whatsapp hi ha gent tancada en preventiu i alguns acusats i penats sense tenir res a veure amb el delicte, només per informes acusatoris, sense proves més enllà del que diu la poli.

«¡Robadle el abrigo de visón!»

A missa, el Paulino ens diu: «Si una señora sale de misa y no ayuda a los pobres, podéis, debéis, ¡robarle el abrigo de visón!». Evidentment el Paulino parla en sentit figurat, però aquí la gent aquest missatge se'l prendrà literalment. Avui, li dono tres targetes al Paulino. Saludem tots els excompanys del mòdul 4. Demano pel Cuixart, però no ha vingut. Em diuen que fa dos dies que està fotut. Deprimit. Molt sol. Pobre tio!

El Jordi Sànchez

Ens trobem el Jordi Sànchez. El saludem. El criden per dir-li que té un vis-a-vis anotat per a aquell mateix matí. Els diu que, com que l'hi havien aprovat el dia abans, la seva família no ha pogut venir des de Barcelona. Pobre tio! S'ha quedat sense vis-a-vis familiar de l'octubre.

Li pregunto com veu la notícia que el Puigdemont hagi marxat a Bèlgica. És estratègia? Ell em diu que està desconcertat, que no entén res.

Em trobo el seu company de cel·la, un asturià. Em diu que ja no estan junts i que ara l'han posat amb un català de setanta anys a qui li falta un cargol. Que el rumor que l'han canviat de cel·la perquè el Jordi Sànchez parlava tot el dia d'independència de Catalunya no és veritat. Un cop més, visca la premsa!

Avui rebo una carta molt maca del Santi Callís, un bon amic. Em diu que vol que jo sigui un dels padrins de la seva boda amb la Gogo quan surti. Hòstia, quina dosi de bon rollo m'ha donat. Això sí que ajuda a passar els dies aquí dintre. Li escric una carta per agrair-li molt la proposta.

Els advocats de Madrid

Ens visiten els advocats Íñigo Segrelles i Mario Blanco, del nou despatx de Madrid amb el qual ara col·laborem. Llegim l'escrit demanant la llibertat que ens han fet, però conceptualment no m'agrada gens, perquè fan hipòtesis sobre el fet que una possible condemna només podria comportar una pena de presó de dos o tres anys, per la qual cosa la preventiva és desproporcionada. Per a mi és com agenollar-se, per això no m'agrada. Però així és com es funciona a Madrid, i especialment a l'Audiència Nacional. No només és guanyar-te per la força, és humiliar-te! Tàcticament l'escrit sí que m'agrada; entenc que ens hem d'empassar la bilis i abaixar el cap. La justícia aquí va així.

Aquest matí han presentat l'escrit. Segurament presentaran aquesta setmana un certificat que acredita que l'única empresa que tinc a fora d'Espanya, que tenia com a objectiu treballar en la formació de futbol a les escoles de la Xina, no té recursos econòmics, ja que encara no havia ni començat a treballar, perquè no puguin dir que tinc diners a l'exterior. Un cop més hem de demostrar la innocència.

Quan sortim, ens trobem el Jordi Cuixart, que s'està barallant amb els funcionaris perquè no li deixen passar un paper amb instruccions a la seva advocada Marina Roig. Intenta explicar que és referent al seu cas, però li diuen que la normativa no ho permet si no són oficials. A la resta ens les deixen passar, les llistes fetes a mà. És allò d'«als enemics», la legislació vigent.

Novembre del 2017

El nostre microones

Tinc vis-a-vis amb la Marta, la Maria, la Joana i la Mariona. Ens abracem. Quina il·lusió estar amb elles. Avui els explico moltes coses d'aquí: la «pizza» que ens fa el Polo, el nostre microones (cubells d'aigua calenta coberts amb una tovallola), el perfum, l'anècdota de la Bruna i el seu nòvio, els parlo dels Jordis... M'expliquen que l'Andrés està preparant molts escrits amb les anotacions que li vaig passar. Veig la Maria i la Joana molt bé, que continuen fent les seves vides amb la màxima normalitat, com ha de ser, malgrat la nostra situació.

El cas a Andorra

Ens avisen que ha arribat l'Anna, l'advocada d'Andorra. Ens explica que presentarà una petició d'arxiu. De nou se centra en el fet que no hi ha res d'il·legal amb les proves i les lleis andorranes. En quinze dies màxim presentarà l'escrit perquè la batlle (jutgessa a Andorra) ha demanat la nostra declaració per al dia 11 de desembre a l'Audiència Nacional. La batlle vindrà a Madrid. Si això passa, Andbank hauria d'estar molt preocupat, perquè hauran d'explicar que tot es va fer per indicacions seves, i per tant, els haurien d'imputar en la causa, encara que per a nosaltres tot és legal, i no hi hauria d'haver ningú imputat per res.

Estan preocupats els d'Andbank, o no els cal estar-ho? És com si estiguessin protegits per Espanya, i, per descomptat, per Andorra. Però si és així, per què?

El govern a la presó

Mentre caminem ens assabentem que de nou la jutgessa Carmen Lamela ha enviat a la presó l'Oriol Junqueras i els consellers que han anat a declarar a l'Audiència. Quina «casualitat» que tots els catalans tinguem la mateixa jutgessa. No els porten aquí: les dones van a Alcalá Meco, i els homes, a Estremera. Quina bomba! És brutal. Ens quedem atònits amb la decisió. Això portarà moltes reaccions incontrolades.

Al vespre s'emet un missatge des de Brussel·les del Carles Puigdemont molt dur.

L'endemà, el Santi Vila surt de la presó, però els altres s'hi queden. L'actuació del Santi Vila el dia 1-O ha creat controvèrsia, però a mi, personalment, el Santi m'agrada molt com a polític. L'Audiència Nacional nega la llibertat als Jordis. La jutgessa Lamela també ha enviat una ordre de detenció internacional pel Puigdemont i la resta dels consellers que són a Bèlgica.

Acudit del Paulino

A missa, el Paulino diu que l'infern no existeix; si no, ell hi aniria. I aleshores explica un acudit: un tio que va a l'infern però que també pot anar al cel, baixa i en arribar es troba un amic seu assegut en un sofà com un rei, amb una ampolla de whisky a la mà i una dona rossa espectacular asseguda a la falda, i li diu a l'amic: «Me quedo en el infierno contigo, whisky y rubia», i l'altre li respon: «Cuidado, piénsate esto de no ir al cielo, pues la botella tiene un agujero abajo y la rubia no tiene agujero debajo!».

La Carmen ha baixat el Genís a casa nostra. La Marta m'explica que ja el tenen a casa, que el cuidaran molt. El Joan parla amb el Genís i troba que ha madurat molt.

Llibertat sota fiança per a l'Ignacio González

Ens assabentem que el fiscal i el jutge han decretat llibertat sota fiança de 400.000 euros per a l'Ignacio González! Cada dia entenc menys què hi fem, aquí. Tot un escàndol! És collonut per a ell, perquè amb el temps li hem agafat carinyo, malgrat que és molt introvertit. Però és escandalós per a nosaltres comparativament!

Amb l'Andrés seguim treballant en el cas. Ell també al·lucina amb la llibertat del González, perquè està imputat per presumpta corrupció i per fets recents, que són, si són certs, molt pitjors que els nostres. Però ell surt i nosaltres seguim a dins. L'escàndol no és que ell surti, l'escàndol és que nosaltres seguim a dins. També li demano la llista de totes les cagades i els abusos de poder que ha fet la jutgessa. Estem fent un arxiu paral·lel que l'Andrés va guardant.

Al poliesportiu fem l'últim partit de ràquet amb l'Ignacio González. Hem jugat molts dies junts. Hem jugat tot el matí, l'últim matí amb ell. Tenim una sensació agredolça. Dolça perquè ens n'alegrem per ell, i agra per la comparació amb nosaltres.

L'Ignacio González ens regala la seva ràdio. Parlem amb ell de com creiem que ha de sortir: no ha de dir res a la premsa i somriure. Ni rient ni seriós. Diu que així ho farà. Hi ha molta premsa a fora esperant-lo.

Presó sota fiança per a la Forcadell

El Tribunal Suprem ha ordenat presó sota fiança de 150.000 euros per a la Carme Forcadell. La resta de la mesa del Parlament tenen una setmana per pagar una fiança de 25.000 euros si no volen entrar a la presó. Crec que és molt bo per a tots els que estan sota el poder de la Lamela, ja que es desautoritza sola amb les seves decisions. El Tribunal Suprem i la Lamela fan una interpretació diferent dels mateixos fets. De tota manera, la Forcadell i companyia han dit, o els fan dir, que acaten el 155 i que la declaració unilateral d'independència va ser simbòlica.

Atletisme

Anem a fer atletisme per primer cop al camp de futbol amb Don Fernando, un funcionari atleta que treu temps lliure seu per entrenar interns. Prepara un entrenament de cinc minuts molt suau, deu minuts d'escalfament més fort i sis sèries de quatre minuts. A cada sèrie fem quasi 1 quilòmetre. Molt bon ritme. Entre sèrie i sèrie fem dos minuts de recuperació. Hem aguantat. El Joan està com un tigre; avui ha fet el tram més ràpid de la seva vida. En acabar, hem fet cinc minuts de recuperació final. Ens ha encantat. A més a més, el camp de futbol és de terra i es veuen les muntanyes a la llunyania. Tens més sensació de llibertat.

Quart «**NO**»

Ens diuen que el fiscal i la jutgessa han denegat de nou la nostra llibertat. En cinc minuts la jutgessa ha ratificat la presó. Brutal! Sembla que ha fet un «copiar i enganxar» d'altres autes tan descarat que fins i tot s'han equivocat de nom d'intern i ens han posat: «procediendo en consecuencia a denegar la petición de libertad deducida por Don Francisco Javier C. B.», en lloc de posar el meu nom. Això em recorda Mortadel·lo i Filemó: primer riem i després ens espantem.

El despatx de Madrid

L'Íñigo i el Mario, els advocats de Madrid, ens porten l'escrit de la fiscal i la resolució de la jutgessa perquè el llegim i dimecres hi afegim els comentaris per preparar el recurs a la Sala conjuntament amb l'Andrés. Ells havien començat molt confiats, creient que amb la seva entrada les coses millorarien ràpidament, però també estan sorpresos amb la resposta de la fiscalia i la jutgessa. Com més coses saben del tema, més al·lucinen; no hi veuen cap delicte. Com tothom, no es creuen el que està passant, i encara menys el tema de la presó preventiva. Ens diuen que veuen esperances al nou recurs que posarem a la Sala.

Per evitar el fred

Per no passar fred ens han explicat un truc semblant al que feien servir els nostres avis. Cal omplir ampolles d'aigua supercalenta i posar-les dins el llit per escalfar-lo. Quina diferència. Ara els peus estan calentets! Diuen que algun d'aquests dies hem arribat a menys deu graus. No sé si és veritat, però fot un fred de collons.

Registre a Mediapro

Amb l'Andrés repassem els comentaris que hem de posar al recurs. Per primer cop, sabem que el 2015 van arribar dues comissions rogatòries dels Estats Units a l'Audiència Nacional. En una primera els ianquis demanaven informació sobre tres ciutadans espanyols i per a dos d'ells el bloqueig dels seus comptes. A qui va investigar l'Audiència Nacional? Al tercer, que era jo. Mesos més tard, va arribar la segona petició dels Estats Units, que va consistir en una entrada i un escorcoll a Mediapro dirigit per dos agents de l'FBI per haver pagat presumptament suborns a dirigents de l'Amèrica del Sud. Sabeu què va fer l'Audiència Nacional? Doncs arxivar el tema de Mediapro aquí, a Espanya, com si no hagués passat res, i seguir un procediment en secret contra mi amb informació falsa que algú els hauria facilitat. Qui? Ho tinc clar, però no en tinc proves.

Amb l'Andrés, fem un repàs de tots els punts. Inclourem el tema dels Estats Units en el recurs perquè sàpiguen que ja intuïm per què ens tenen tancats.

Venen els advocats Iñigo i Mario, del despatx de Madrid. Els donem tots els nostres comentaris. En acabar ens pregunten si acceptaríem sortir si ens obliguessin a residir a Madrid. No entenem el perquè d'aquesta pregunta, ni tampoc que la jutgessa ho pugui decidir, però li diem que sí, és clar, estem desesperats. En llibertat viuríem a Madrid i a on ens diguessin.

Els vots de Qatar

Em venen a veure la Marta i els meus germans, la Mariona, la Laura i el Sergi. Ens fem petons i abraçades. Com sempre comencem pels temes pendents. Comentem l'animalada que ha dit un dels detinguts a Nova York del cas FIFA, en declarar que Qatar va pagar vots per ser la seu del Mundial de Futbol 2022, que és fals. Amb l'objectiu d'aconseguir que la FIFA torni a fer la votació per al mundial del 2022 i que la guanyin els Estats Units. Crec que volen i busquen la meva declaració final per ratificar aquesta falsedat, però jo no vull mentir i vendre Qatar, quan és mentida que van pagar per tenir vots. Pel que jo sé, malgrat tot el que s'ha dit, almenys amb els quatre membres de la FIFA que jo conec (Gorondona, Leoz, Teixeira i Villar) del comitè que va decidir la votació, no van cobrar un sol euro dels de Qatar pel seu vot. Tot el que s'ha publicat fins ara on es deixa veure que van cobrar per votar, insisteixo, quant a aquestes quatre persones, és completament fals. Fins on sé jo, és clar!

La Marta m'explica més detalladament la diferència del tracte entre Mediapro i el que em van donar a mi quan es va rebre la mateixa comissió rogatòria internacional (CRI), de la mateixa rogativa. És brutal! Tots els documents i les decisions de la jutgessa van en contra meu i a favor de Mediapro. Per què?

El tema comença a ser mediàtic. El Josep Anton Duran i Lleida en una entrevista es recorda de mi. «No ens podem oblidar del Sandro Rosell». Collonut!

Visita del Colo

Em venen a veure al locutori la meva germana Mariona i el Josep Colomer. Al Colo li explico les conclusions a les quals hem arribat: m'estan fent creure que hem entrat aquí, cent per cent, pel tema dels Estats Units i Qatar, provocat per algú d'aquí que ens volia fer mal (algú que fraudulentament controla les institucions de l'Estat). Un altre tema és que, un cop ens han tingut aquí, ens han aplicat un escarment per haver estat president del Barça o bé per ser català. Si és veritat, és un escàndol que els espanyols ens tinguin retinguts seguint ordres dels Estats Units. Per què es tracta de manera diferent el meu cas i el de Mediapro quan pels fets investigats hauria de ser al revés? Per què sembla que l'FBI protegeix Mediapro? Mediapro deu estar pactant amb l'FBI per evitar que el món conegui les investigacions per suborn que tenen als Estats Units?

El Colo diu que Qatar començarà a presentar queixes diplomàtiques davant el tracte dels Estats Units. Jo li dic que presentin un advocat per fer una defensa conjunta, perquè als documents oficials de la policia i fins i tot de la fiscalia deixen Qatar com si fos culpable de corrupció, quan jo sé que, pels fets que jo conec directament, no és veritat. Que es posin les piles. M'han d'ajudar perquè s'expliqui tota la veritat.

Intent d'assassinat a missa

Som a la biblioteca del mòdul 10 escrivint cartes quan arriben la Reyes i la María ben espantades. Acaben de presenciar a la missa anterior a la nostra un intent d'assassinat entre dos dominicans. Es veu que un li devia diners a l'altre, i llavors li ha clavat cinc ganivetades amb un ganivet de plàstic amb fulles d'afaitar enganxades. Es veu que hi havia sang pertot arreu. A missa també hi era el Jordi Sànchez, perquè al que li han tallat el coll era del mateix mòdul 1. Se l'han emportat en helicòpter. Sembla que sobreviurà.

Cigarrets de teranyines

M'expliquen una altra manera que fan servir els drogoaddictes per col·locar-se a la presó: fumen un cigarret cargolat amb teranyines. Penso: «Ostres quina mandra buscar teranyines arreu», i imagina't la quantitat de teranyines que has d'acumular per fer un cigarret amb una certa consistència. És veritat que a la presó hi ha molts escarabats i poques teranyines. Suposo que si els escarabats es poguessin fumar, tampoc n'hi hauria.

També m'assabento que, quan els presos han d'anar a fer un reconeixement facial per saber si eren els que van cometre el delicte de robatori, agressió sexual, etc., el dia abans es depilen les celles i es punxen amb agulles les galtes, les celles i la barbeta per fer que s'inflamin i la cara es desfiguri. Així no els podran reconèixer. Se les saben totes!

Sempre esquitxant el Barça

Una tele espanyola, després de donar la notícia de la nova signatura del Messi, de seguida treu que a la primavera hi haurà el judici de Neymar 2 i que demanen vuit anys de presó al Barto. Quina manipulació mediàtica! Les bones notícies a can Barça s'han de tapar com sigui.

El judici del Ney, sense data

Em ve a veure l'Ignacio Ayala i m'explica que efectivament no hi ha data per al judici de Neymar 2 i el que va dir la tele l'altre dia després de la notícia de la signatura del Messi era evident que era per fer mal al Barto i al Barça. També m'explica que Mediapro el volia contractar com a advocat per defensar-los en la rogatòria dels Estats Units. Però quan van saber que em defensaria a mi amb el tema Neymar 2, li van dir que no volien treballar amb ell. L'Ayala em diu que ens ajudarà a demanar que ens apliquin la llei i deixin de saltar-se-la. Però, com?

Preparem la declaració a l'Audiència

Venen a veure'ns els advocats per preparar la declaració que farem l'11 de desembre a l'Audiència Nacional pel cas a Andorra (que és el mateix que aquí). Preparem una llista de preguntes i respostes per entrenar-nos, però bàsicament el que hem de transmetre és credibilitat, per si serveix d'alguna cosa. Repassem els conceptes que hem de tenir en compte. El Pau ens ha portat un escrit del fiscal del recurs a la Sala que confirma la presó. Un altre cop l'escrit és ple d'irregularitats.

Desembre del 2017

La cunyada

Arrenquem el desembre amb un vis-a-vis. Em venen a veure la Marta, la Mariona, el Sergi i la Natàlia, la meva cunyada, que està molt carinyosa i emocionada. M'escriu unes cartes meravelloses.

Els Jordis no surten

Han deixat sortit els membres del govern, menys l'Oriol Junqueras i el Joaquim Forn. Jo crec que el Llarena no els deixa sortir perquè ha de mantenir la decisió de la Lamela per no deixar-la del tot amb el cul a l'aire. Si la Lamela no hagués posat ningú a la presó, i simplement els hagués pres declaració i posteriorment a la instrucció hagués obert judici, la història seria molt diferent. Però un cop més es demostra que la Lamela no actua correctament i començo a pensar si ho fa de manera conscient o inconscient. Els que no han sortit són els Jordis. Pobre Cuixart, estava il·lusionat de sortir, i amb el fill de sis mesos... Quina decisió més bèstia. No ens ho imaginàvem.

Truquem per saber si hi ha novetats del nostre cas, perquè avui la Sala delibera, però no hi ha notícies. Mal senyal! Quedem una mica desanimats pensant en el pitjor.

El meu pare

Em ve a veure l'advocat Eduard Rosich, que treballa des de fa molts anys amb nosaltres a l'empresa patrimonial. Parlem del no-cas i del meu pare, de com està i del fet que hi ha gent que no entén per què no em ve a veure. El meu pare i jo ho entenem perfectament per què no ve i no cal afegir-hi res més. No cal ni vull que vingui, fins que ell estigui segur que vol venir, o més ben dit, que pot venir. No cal veure'ns per estimar-nos. Amb el meu pare, sense parlar-nos, ja ens entenem. Li explico que estic bé, i ell diu que em veu bé.

Manifestació a Brussel·les

Unes 45.000 persones s'han manifestat avui a Brussel·les per reclamar l'alliberament dels presos polítics empresonats. Amb el lema «Europa, desperta't! Democràcia per a Catalunya», la manifestació s'ha desenvolupat de manera pacífica i exemplar.

Amb la vista posada en la declaració

Continuem preparant amb l'Anna Solé i la Gemma Martínez, les advocades d'Andorra, i l'Andrés la declaració que hem de fer a l'Audiència. Baixarà la batlle amb el fiscal andorrà per prendre declaració. Després de nou anys, ara, quan Espanya els ho ha ordenat. Quina indefensió, perquè no tenim ni les dades, ni els comptes ni les comptabilitats, res. Fem llista de preguntes possibles. Ens imaginem que les preguntes del fiscal andorrà les està preparant la fiscalia espanyola. Amb el Joan els proposem canviar l'estratègia: no declarar i només fer una manifestació. Truquem al Pau Molins, ho aprova, i a tots els sembla bé.

Cinquè «NO»

Mentre estem reunits arriben l'Íñigo i en Mario amb males notícies: la Sala ha dit que no a la llibertat, però només a mi, no parlen del Joan. Veurem com ho argumenten. Però per primer cop deixen la porta oberta a negociar la fiança, és molt estrany. La resolució diu: «Las objeciones al recurso podrían haberse visto minoradas con un ofrecimiento económico que afiance la disponibilidad plena del recurrente de modo que el quantum podría dar lugar a modificar la situación, lo que no es desdeñable en atención a la previsibilidad penológica». Per entendre-ho, ho hem hagut de llegir deu vegades, i no sé si ho hem entès. És clar que la justícia escriu un idioma propi que no entén ningú, segurament ni ells mateixos.

Sembla que diu que hem de ser nosaltres qui proposem la fiança. Nosaltres? Em diu l'Íñigo que és la primera vegada que ho veu. És tot molt estrany, com tot el nostre cas. La sala també ha assenyalat: «Añadimos que resultó un perjudicado, la empresa que compró los derechos». Una altra vegada tornen a insistir en el fet que el meu client, ISE, va resultar perjudicat! Però si va rendibilitzar els drets audiovisuals per a la seva plataforma televisiva ART (Arabian Radio and Television) i va acabar revenent alguns partits amb beneficis! I, anys més tard, va renovar el contracte amb la CBF. No conec ningú que resulti perjudicat en un contracte i el renovi.

L'escrit del Joan encara no ha sortit. També és estrany. Creiem que dirà el mateix que en el meu cas. Ja fa 200 dies que dormim a l'ombra.

«Ahora sí»

Veiem la Reyes i la María a missa i ens diuen: «Ahora sí, pero no digas boca hasta que esté en la boca». Sembla que els han arribat rumors que sortirem.

La Marta i els pares també estan esperançats. Se'ls veu contents, i el papà diu que està preparat per fer-ne un llibre. Li dic que el necessito fort per fer un bon escrit, que pensi en l'equip. Pugem i el Mauri i l'Álex, dos interns colombians del negoci del *polvito* blanc, venen al *chabolo* a resar perquè demà tot vagi bé. «Que el corazón de la juez se ablande y decida por las buenas personas su libertad», diuen. Resen amb nosaltres i marxen. Són molt macos. Després el Joan i jo preparem la declaració que farem l'endemà pel cas d'Andorra. Assagem l'un davant l'altre. El Joan fins i tot plora i cau. Li dic que demà sigui ell, i si cau i plora, que caigui i plori! Cap problema. Ens examinem l'un a l'altre.

Declaració per la causa d'Andorra

Ja ha arribat l'11 de desembre, el dia que anem a l'Audiència Nacional a declarar per la causa d'Andorra. A les 6.45 hores sortim cap a ingressos. Allà esperem una hora i marxem amb un furgó cap a l'Audiència Nacional. El furgó és més nou que el que ens va portar aquí fa quasi set mesos. Arribem a l'Audiència i ens porten al calabós. Em criden i, quan pujo, ja veig la batlle Canòlic Mignorance (la jutgessa d'Andorra), la jutgessa Carmen Lamela i el fiscal andorrà, l'Alfons Alberca, que sembla que ens té molta mania. No sabem per què, però és així. Tot i que la declaració és sobre Andorra, la batlle, com un estaquirot, no diu res de res. Ho porta tot la Lamela. En fi, es veu que Andorra està totalment entregada! Jo faig la meva declaració dient que som innocents, que no hem fet res il·legal. Ho diuen tots els advocats. Explico que el problema és que la hipòtesi inicial és errònia, perquè el fiscal ens acusa d'uns fets que no van passar, però que, a més, si haguessin passat tampoc serien delicte. Acabo. Després és el torn del Joan, que demana parlar en català, perquè és l'idioma oficial d'Andorra i la declaració és per un cas andorrà. La Lamela diu que no pot ser perquè s'hauria d'haver demanat un intèrpret per a ella (però si ella només està cedint les instal·lacions per fer la declaració, però ni la forma ni el contingut van amb ella!). Ni la batlle ni el fiscal andorrà obren la boca, i accepten les ordres de la Lamela. El Joan ho ha fet molt i molt bé. Més humà, no ha estat tècnic com jo. Diu que Andorra l'ha abandonat, que no entén què hi fa, aquí, ni per què en set mesos només ha vist el seu fill una vegada. Explica que el Genís està en cadira de rodes i que el necessita com a pare en aquests moments tan difícils de la seva vida. Com si sentissin ploure.

En acabar, parlem amb l'Anna, la Gemma i l'Andrés pel locutori, i ens diuen que ho hem fet molt bé. L'Andrés es queda amb l'Íñigo a discutir quina quantitat hauríem de proposar com a fiança. Tornem als calabossos, que fan 3,5 × 2 metres. És fosc, com un búnquer de ciment sense finestres. L'estada al calabós és probablement la pitjor experiència de totes fins ara, perquè, a part d'estar sol, només hi ha ciment pertot arreu, amb un forat per a les necessitats, i on abans d'entrar et fan treure tot el que portes a sobre. A més, et treuen qualsevol cordill, especialment els cordons de les sabates, per evitar que et puguis suïcidar. Això fa mal psicològic. No pots entrar ni un llibre per llegir i fer passar el temps. I, com que no tens rellotge, perds la noció del temps; és horrorós. Tampoc pots dormir perquè no hi ha matalàs, només una manta per, si tens fred, tapar-te una mica. I, com és d'esperar, es tracta d'una manta reutilitzada pels presos que han passat per allà abans que tu.

Ens traslladen a Soto del Real i en arribar truco a la Marta. M'explica que no hi ha cap novetat. Diu que l'Íñigo creu que la jutgessa no posarà cap fiança, i per tant, haurem d'esperar quinze dies més. Com sempre, ens tornem a esperar el pitjor.

El feminisme mal entès a la presó

En una tertúlia amb els funcionaris els pregunto si, de la mateixa manera que pel nostre mòdul de vegades passen dones funcionàries i ens veuen en calçotets o en pilotes, també hi ha homes fent el recompte al mòdul de les dones. Em diuen que, malgrat que la llei ho permet, no ho fan per evitar denúncies de dones a funcionaris «per haver-les mirat malament». On hem anat a parar? El feminisme mal entès està en auge; anem d'un costat a l'altre, som una societat pèndul. Amb el Joan ho veiem als anuncis de la tele. Ara hi ha alguns anuncis de perfums en què surten dones tocant el cul a homes o abaixant-los els calçotets. No m'imagino un anunci on un home li abaixés les calces a una dona. O en els anuncis de cotxes, on sempre condueix una dona, excepte al de Peugeot, perquè la dona està prenyada. No sabem parar al mig. Anem d'un extrem a l'altre.

Fiança de 400.000 euros

Ja està decidida la xifra de la fiança pels nostres advocats: proposarem una fiança de 400.000 euros a la Lamela, que és la més alta que s'ha donat en els últims temps (igual que la que es va imposar a l'Ignacio González). El més probable és que la jutgessa no accepti la nostra proposta i haguem de tornar a recórrer a la Sala. Encara no sabem la resposta de la Sala a l'anterior escrit del Joan.

Els senyals

Amb el Joan comentem que aquí, a la presó, el tema de l'esperança és brutal, i qualsevol cosa que passa és un senyal que la llibertat ja està a prop. Per exemple, neva, doncs és un senyal; que s'acaba la pasta de dents, és un senyal; que és l'aniversari de la filla, és un senyal. I així han passat set mesos. Senyals i més senyals, però cap no ha funcionat. Comencem a perdre confiança en els senyals.

De vint-i-quatre a quatre anys

Al Wilson del mòdul 4, el Tribunal Suprem li ha reduït la pena de vint-i-quatre anys, que li havia posat l'Audiència Nacional, a quatre. Visca la justícia! És brutal com dos jutges poden decidir la vida d'una persona de manera tan dispar. Dels quatre imputats, n'hi havia un que es volia suïcidar. Encara sort que no ho va fer. Com que ja fa tres anys que estan en presó preventiva, ara sortiran. Alguna cosa està malament en el sistema judicial perquè les sentències siguin tan personalitzades i dispars en funció de la persona que et toca perquè et jutgi. Suposo que en el futur la justícia seran algoritmes que resoldran ordinadors superpotents que no tindran en compte els ideals ni els sentiments dels que han de jutjar. I estic segur que les sentències seran menys injustes, però la pregunta aleshores serà: qui posa les dades a l'ordinador perquè s'activin els algoritmes? La persona que ho faci serà qui tindrà el poder. Ara el poder és dels jutges. Com m'explicava un amic, un jutge conegut seu sempre li deia: «No sabes el poder que tengo, pues tengo las llaves de la prisión». La de vegades que he recordat aquesta frase des que soc aquí!

El llibre

Quan surti escriuré un llibre. Quan ho comento a la presó hi ha interns que em demanen de sortir-hi. Com el William Manzo, medalla d'or de boxa quan era molt jove, que em va demanar que hi sortís el seu nom sencer. Rebo una carta del papà en què em dona indicacions de com hem de plantejar el llibre.

Les opcions

Em venen a veure la mamà, la Mariona, el Sergi i la Marta. Parlem de les opcions que tenim, tot i que no ho veiem gaire clar, perquè hi ha coses que no ens quadren. Veurem si la resposta de la fiança que hem ofert de 400.000 tira endavant, malgrat que tots pensem que la jutgessa dirà que no i serà la Sala la que haurà de decidir.

Al vis-a-vis el Joan i la Carmen miren pressupostos per adaptar la casa d'Andorra, amb rampes, plataformes elevadores i un ascensor. No els queda cap altra opció que fer canvis arquitectònics a casa per adaptar-la al Genís. Una despesa inesperada i necessària que arriba en el pitjor moment, quan el Joan no pot generar recursos per pagar-la, però que s'ha de fer sí o sí.

Més incongruències

Ha sortit la resposta a la petició de llibertat del Joan. La sala diu que no, igual que a mi, però sense deixar clara la possibilitat d'oferir una fiança, perquè és andorrà. A més, expliquen que li poden demanar més anys de presó a ell que a mi. Més anys de presó? Ens expliquen que a la Sala hi ha una jutgessa que diuen que és millor que no et dicti les resolucions després de dinar, i que va en contra meu, tampoc sé per quin motiu.

Emprenyats i decebuts

Després de llegir la resposta de la Sala a la petició de llibertat del Joan ens hem quedat emprenyats i decebuts. Estem desorientats perquè no entenem com està actuant l'Audiència Nacional. Des del principi, tot ha estat absurd i contradictori, però aquest cop encara més. Diuen que el cap i el cervell de tot ara és el Joan. Va començar sent el Ricardo Teixeira, l'aleshores president de la CBF, després jo i ara el Joan. És surrealista! Creiem que ho fan per posar-li pressió per vendre'ns, però el problema és que no hi ha res a vendre. Tant de bo tinguéssim alguna cosa per oferir, tant de bo haguéssim comès algun petit error, un delicte menor, per poder-nos declarar culpables i arribar a un acord. Però no hi ha res. Es pensen que tenim diners fora, però no tenim res fora del que ja hem declarat a Espanya. Ells van perduts, o ja els va bé, i nosaltres estem ben fotuts.

Canvi de sentència per al Polo

El Polo, el cuiner que sempre que pot ens porta menjar al *chabolo*, quan n'hi sobra, estava a punt de sortir en llibertat i el seu advocat li ha dit que hi ha hagut un canvi: li han allargat la condemna de sis a set anys i mig! Quin advocat més inútil! A més, li diu que li ha de pagar 2.000 euros per presentar el recurs al Suprem. Quins collons! Està desesperat! No té els diners.

El Lucas ens explica, tornant del permís de quatre dies, que ha tingut la síndrome d'Estocolm, que se li ha trencat l'horari, l'ordre i la rutina que et dona la presó. Que bestia! Ha trobat a faltar la seva vida a la presó. Que fort!

No ho havien vist mai

L'Íñigo i el Mario ens expliquen que és la primera vegada a la vida que com a advocats veuen que som nosaltres els que hem de fixar la quantitat de la fiança per poder sortir. És increïble tot plegat, sobretot quan sabem que tots dos som innocents, però el Joan encara ho és més. És un dany col·lateral pel fet de ser amic i soci del president del Barça. Ells mateixos, els advocats, diuen que al·lucinen amb l'escrit de la Sala del Joan. Tots dos tornem a estar molt decebuts, jo sobretot pel mal que li estan fent. Al Jordi Pujol Júnior finalment li rebaixen la fiança a 500.000 euros.

Eleccions a Catalunya

Som 21 de desembre i a Catalunya se celebren les eleccions que va convocar el Rajoy arran de l'aplicació de l'article 155. Les seguim per la tele. C's guanya les eleccions, però el bloc independentista (Junts×Cat, ERC, CUP) manté la majoria. El PP queda últim; han estat sens dubte els grans perdedors. El 155 li ha anat fatal, al PP! Encara no han après que no pots governar donant l'esquena a Catalunya. Segurament el Puigdemont serà president. Ha dit que, si és investit president, tornarà a Catalunya des del seu exili a Waterloo; per tant, podria ser detingut només d'arribar a Espanya i anar a la presó. Quina situació! Ha estat la participació més alta en unes eleccions a la Generalitat.

El funcionament dels permisos

Fem un cafè a l'economat amb Don Antonio i ens explica com funcionen els permisos amb la gent que està condemnada. Hi ha la part política i la funcionarial. Quatre funcionaris fan l'informe del penat i el polític quasi sempre diu que sí, a partir del compliment d'un quart de la pena. Abans mai.

L'informe el fan tres funcionaris i un jurista, que és qui diu si s'acompleix o no la llei. Si, per exemple, ja ha complert un quart de condemna, aproven la decisió i la passen al quart funcionari perquè hi doni el vistiplau final, que sempre és afirmatiu. El director de la presó el nomena el secretari general d'Instituciones Penitenciarias, un càrrec polític designat pel govern espanyol. Ara ho és l'Ángel Yuste, del PP. Don Antonio diu una frase amb la qual estic cent per cent d'acord: «Lo peor de las prisiones és la incertidumbre». Una incertesa que té lloc sobretot amb la presó preventiva.

El Jordi Pujol Júnior semblava que havia de marxar ja, però es veu que no ha trobat els 500.000 euros, i per tant, no podrà sortir fins d'aquí a uns dies. Ens sap greu, perquè no podrà passar el Nadal a casa, i ja ho tenia coll avall.

Sisè «NO»

La jutgessa ha refusat la proposta de 400.000 euros que hem fet i de seguida hem presentat recurs a la Sala segons el pla previst. No me'n refio gaire. Massa frustracions anteriors i massa mentides de l'Audiència Nacional. Veurem com va. Ens tornen a decebre tant la jutgessa com la fiscal. Totes dues afirmen, tot i que hem dit que els diners els posarà el meu pare, que el fet d'oferir aquesta suma tan elevada evidencia la gran capacitat econòmica que tinc. Quina animalada! Sembla que el «no» ara és per l'existència d'un contracte d'una empresa meva que va signar un acord amb Aspire (l'acadèmia esportiva de Doha) a principis del 2017, un contracte que ara he perdut per culpa de la presó i que ja hem acreditat documentalment! Quina bestiesa! Un cop més es demostra que, o bé no es llegeixen el que escrivim, o bé tot és un tema personal contra la meva persona. Si la Sala accepta el recurs, tenim un argument més per demanar responsabilitats a aquesta dona, demostrant que totes les decisions que ha pres contra meu han estat viscerals o arbitràries, i no jurídiques. Fins ara tot el que li hem demanat que havia de ser un sí, ha estat un no. Tant jutgessa com fiscal diuen que hi ha risc de destrucció de proves, quan segons la llei aquesta finalitat només pot perdurar sis mesos, i ja en portem set!

Segons la jutgessa, «la precariedad alegada no concilia con la cantidad de 400.000 euros que ofrece como fianza», malgrat que qui va oferir la fiança va ser el meu pare. I afegeix a la resolució: «También existe el riesgo de destrucción de pruebas», malgrat que han transcorregut els sis mesos màxims per esgrimir aquest argument.

Revolució culer

A la tarda hi ha el Barça-Madrid i els culers donen cops a les portes de ferro dels *chabolos*. Queden 0-3 a favor del Barça, amb gols del Suárez, el Messi i l'Aleix Vidal. Els passadissos de la presó hi ha un bon enrenou per part dels culers. Els merengues estan que trinen i el funcionari em diu que em traurà la manta, de broma, és clar. Amb el fred que fa, només tenim dues hores de calefacció per aire, de manera que l'escalfor se'n va cap amunt i et peles de fred.

Preocupació pel Joan

Arriba el Paulino i li dono quatre targetes. Cada diumenge n'hi porto unes quantes perquè les reparteixi entre els interns que no les poden comprar. Em quedo parlant amb ell a soles. Li explico la nostra situació i la meva preocupació pel Joan. Les estranyes decisions de la Sala han provocat que potser jo sí que podré sortir amb fiança però el Joan no. El Paulino diu que, si fos així, que tranquil que ell s'ocuparà i es preocuparà del Joan. Li dic que jo vindria a veure'l cada setmana i parlaria amb ell.

Passem una bona estona amb el Paulino recordant tots els gols del Madrid-Barça i el repàs que els hem fotut.

L'endemà, a missa, el Paulino fum canya als merengues i es posa la bufanda del Barça, enmig de la cerimònia.

Escoltem una conversa entre un gai i un colombià. El colombià es posa les mans al paquet i li diu: «Aquí está el chorizo», i el gai li contesta tocant-se el cul: «¡Y aquí está el refrigerador para que guardes tu chorizo!».

Regal de Nadal

El Jorge, un company del mòdul, ens ha fet una felicitació de Nadal i ens ha regalat un panetone embolicat amb paper com si fossin ampolles de whisky de Cardhu. Molt detallista. Li hem donat les gràcies i l'hem abraçat fort.

Primer Nadal a la presó

A missa només hi ha la María Becerril, que ens desitja bon Nadal. Increïble que hagi vingut el dia de Nadal. Ha portat una bossa de llaminadures de torrons per a cada un dels interns que hem anat a missa. La missa de Nadal ha estat molt xula. Amb plantes vermelles a l'altar, les mateixes que regala la mamà cada any. També ens regala un ninot molt *hortera* que troba al mercat de Galvany, d'aquells que es mouen amb una cançó de Nadal. Ja és una tradició familiar. Per a la meva mare Los el mercat de Galvany és com la seva segona família. Hi ha parades on fa dècades que hi compra, com a la polleria Elena, on el Joan i la Marisa donen suport a mort a la Los, i per extensió a mi, i li han donat un llibre perquè me'l fes arribar a la presó.

Truco a la Marta i les nenes, que encara són a casa, a punt de marxar cap a casa de la Los. Parlo amb totes tres. Tot és estimació. La Joana diu que la família del Joan ha fet pancartes per Nadal per donar-nos suport.

A la Marta li dic, emocionat, que transmeti a la família el següent: 1. Bon Nadal a tothom. 2. Gràcies a tota la família pel suport incondicional. 3. El més important és la família. 4. La família sempre unida, forta, orgullosa. 5. Felicitats al papà i la mamà per haver creat aquesta família. 6. La família Rosell més cunyats és la millor, per a mi, és clar. 7. Us estimo molt. 8. Un brindis per la família, i a gaudir molt. Els explico que jo estic passant un altre tipus de Nadal amb molta gent que no té la nostra sort i que estan sols i sense gaire res a la vida.

La Marta em diu que han posat una foto meva i el meu caganer (amb la meva imatge) que em va fer l'empresa de Banyoles especialitzada en la producció de caganers, quan era president del Barça, a la taula amb una espelma! Caram!

És una tarda més a la presó, encara que sigui la tarda de Nadal!

Sant Esteve

Truco a la Marta i m'explica que estan celebrant el Nadal a casa de l'Anna, la seva germana. Aquest any el Pep, un gran cunyat, ha fet el dinar, molt bo. Parlo amb la Maria Antònia, la meva sogra, però no pot parlar perquè està emocionada. Jo tampoc puc. Li demano a la Marta que els digui a tots que els estimo molt. I que li digui a la Maria Antònia que collonut que hagi cuinat el seu gendre preferit, el Pep, perquè sempre fem la broma que volem ser el gendre preferit. Ara bé, sempre guanya el Pep.

Per primer cop

Al vis-a-vis venen la Marta, la Maria i la Joana, i parlem dues hores i mitja de nosaltres. Sense mòbils, és clar. Penso que ja és trist que hagi de ser a la presó per poder parlar més de dues hores amb les meves filles sense que el mòbil ens interrompi la conversa... Els dic que ens hem de fixar que és la primera vegada a la nostra vida que estem tots quatre sols, parlant dues hores i mitja sense interrupcions ni mòbils. M'expliquen el Nadal a casa la Los i a casa de l'Anna i el Pep. Em confirmen que el dinar fet pel Pep, espectacular.

Quan surto em deixen entrar a la sala del Joan i puc abraçar tota la seva família, l'últim, el Genís, a qui faig una abraçada molt forta amb dos petons. Molt emotiu! El funcionari s'ha portat molt bé amb el Genís perquè ha deixat sortir el Joan l'últim i ens ha volgut posar a tots dos a la banda del sol de la presó, perquè les sales de reunió al costat del sol són millors, més optimistes i positives. A mi al final no m'ha pogut posar al costat del sol.

La Maria i la Joana m'han preguntat si era normal que el meu pare no vingués a veure'm i els he dit que ho entenc i ho comparteixo. No vull que vingui, perquè a ell l'afectarà moltíssim veure'm aquí dins. És més forta la mamà que el papà.

El Jordi Pujol Júnior marxa

El Jordi Pujol Júnior marxa cap a casa. A la tele veiem imatges d'ell sortint de la presó i com es dirigeix cap a l'Audiència Nacional per anar a buscar les indicacions de la seva llibertat provisional.

La situació a Andorra

Ens venen a veure els advocats andorrans: el Jesús Jiménez, l'Anna i la Gemma. Pregunto a en Jesús si, tal com em va dir fa temps, no cal que em preocupi perquè no hi ha res il·legal, i em diu que ho manté. En fi, que no hi ha res de res a Andorra il·legal, ni fet sense voler. El Joan es queda tranquil. «Hi ha alguna cosa més al darrere que no sabem què deu ser», diu el Jesús. Els diem que ara que ja hem presentat l'arxiu, la jutgessa andorrana (la batlle) ens dirà que no i que ho hem de preparar tot per al Tribunal de

Corts, que és la nostra aposta, perquè ells seran neutrals i justos. Mentrestant, per treure el Joan, cal fer recursos a manta a la batlle i pensar en el tema de la comunicació, especialment si jo surto, explicant la comparativa escandalosa de sortir jo i ell no. Després el Joan segueix donant indicacions del traspàs de la gestoria i de les demandes de defensa al Genís al propietari de l'hípica on va tenir l'accident per falta de mesures de seguretat amb els empleats.

Sort del meu pare

Arriba l'Andrés i jo em poso en un altre locutori. M'explica que el Constitucional ha denegat el recurs que vam interposar fa temps contra la presó i que, en paral·lel, la jutgessa ha denegat la petició de poder disposar de 1.500 euros per pagar les necessitats bàsiques de la família. Si ho tinc tot bloquejat i no tingués família ni amics, fa mesos que la Marta i les nenes no tindrien ni un euro. Com pagarien el menjar, la llum o ara el gas per no passar fred si no els ho pagués tot el meu pare? Quin escàndol. Aquesta Lamela ens ho ha bloquejat tot, al cent per cent; no ens deixava pagar els impostos, ni les hipoteques, i ara no ens deixa ni disposar de 1.500 euros per comprar el pa i pagar l'aigua, la llum i el gas?

Després, l'Andrés em proposa una idea: anar al jutjat a declarar voluntàriament per explicar en què va consistir la meva feina per assolir el contracte de la selecció brasilera, perquè es pensen que va consistir en una comissió sense fer res. Vam treballar durant més d'un any, vam fer desenes de viatges i reunions, i ens vam enviar milers de mails. Ho anirem preparant, però abans vull saber si surto o no en funció de la decisió de la Sala. A més, li dono una llista de coses per preparar: aconseguir certificats de la Confederació Brasilera de Futbol, un informe del catedràtic de Dret Penal brasiler de la Universitat de São Paulo, etc. Per preparar un altre escrit de llibertat per al Joan o per a tots dos si a mi també me la deneguen. Saludem el Jordi Sànchez, que està amb el seu advocat, el Jordi Pina, als locutoris.

Visites d'amics

M'han vingut a veure gent molt estimada: el Juanjo Castillo, el Javi Faus i el meu nebot, Jaume Colomer. Quina sorpresa que hagi vingut el Faus, de nou! Em diu que s'ha llevat a les sis a Vaquèira, ha anat fins a Lleida i ha agafat l'AVE fins aquí. Em dona records de molta gent. Hem parlat del tema de la conspiració que hi ha al darrere. L'escàndol de tot plegat. Els dic que em faig por a mi mateix, del cabreig que porto a sobre i perquè no sé com reaccionaré. El Faus em diu que calma, molta calma, i molta intel·ligència. Té raó, però jo no sé com reaccionaré.

Cap d'Any

Per fi ha arribat l'últim dia del pitjor any de les nostres vides, de moment el pitjor any de les nostres vides. Esperem que els pròxims siguin millors. Juguem a parxís tota la tarda.

El Joan truca a la Carmen i li explica que no ens menjarem els dotze grans de raïm perquè diuen que, si te'ls menges, els pròxims anys també te'ls menges aquí dins. Aquí et tornes molt supersticiós, si no ho eres ja. Jo m'hi vaig tornar bastant, de supersticiós, quan vaig viure al Brasil. Ara, aquí, encara més.

Demà marxa de permís el Gerardo Díaz Ferrán i li demano que, si jo no hi soc quan torni, que protegeixi molt el Joan, i em respon que no tingui cap dubte que serà així. Ens cau bé el Gerardo, és molt intel·ligent, i amb la seva edat està fent una carrera universitària a distància, i treu molt bones notes.

Fem un sopar especial comparat amb el dia a dia i ens abracem tots desitjant-nos llibertat a tothom. Abraçades fortes i sinceres. El Joan i jo regalem el raïm, per si de cas.

Gener del 2018

Bon any 2018

Comencem l'any sense poder trucar a les famílies, perquè els telèfons de la presó no funcionen. Just avui no podem trucar... Tothom està molt frustrat. Esperem que la Carmen i la Marta es truquin entre elles i s'imaginin que hi ha hagut algun problema.

Enyorat de les filles

Em venen a veure la Marta, el Jaume Colomer, el meu nebot i fillol, la meva germana Mariona i el meu cunyat Carles. Tenia l'esperança que la Maria i la Joana vinguessin al final, encara que els vaig dir que fessin el que volguessin. Però ara el fet que no hagin vingut em deixa trist, encara que elles pensaven que sortiria amb fiança aquesta setmana. És difícil, ho sé, però és clar que no és el mateix per a mi que vinguin o no, estant aquí dintre. Si estigués a fora no m'importaria gens.

Al vis-a-vis parlem de la quantitat de gent que no entén res i ens dona suport. Tothom creu que hi ha algú al darrere molt potent, algú ens diu que podria ser algú que mana molt en el govern espanyol. Quan em diuen això, de seguida penso amb la Soraya Sáenz de Santamaría o algú del seu entorn; ningú té més poder que ella avui dia; és la vicepresidenta i controla el CNI.

Després penso que no deu ser veritat perquè seria molt fort que ella estigués al darrere de tot plegat.

La Marta em diu que les nenes volen venir dissabte al locutori, però jo m'hi nego. No les vull veure a través d'un vidre. Ara començo a entendre allò que deien els veterans de renunciar al locutori, i em preocupo de pensar si m'estaré fent un veterà de la presó...

Reis

M'han vingut a veure al locutori la Mariona i l'Andreu. És increïble l'esforç que fa la Mariona per venir fins aquí i ser sempre tan positiva. També l'Andreu. Els he dit que, si dimarts la Sala decideix que surti de la presó, ens quedarem a Madrid per treballar el tema del Joan i veure com ho podem fer perquè ell també surti.

Els comptes en llapis

Els colombians ens expliquen que els comptes que porten dels seus negocis del *polvito* els fan en llapis perquè si et troben les notes amb llapis no són vàlides davant d'un jutge, perquè podrien ser esborrades i tornades a fer.

Al dentista

El Joan ha anat al dentista a fer-se una neteja bucal. Costa 60 euros i els hi cobraran restant-los del peculi general, no del setmanal. És una dentista que fa vint anys que ve. El Joan n'ha sortit content.

Desànim i neu

Truco a la Marta i encara no sap res de la decisió de la Sala. Com més dies passen, pitjor. La Marta m'anima: «Teniu salut i sabem que no hem fet res il·legal, estem junts i ens estimem. Això ens ajudarà a aguantar tot el que ens vingui!».

Ha nevat dos dits i el pati ha quedat tot blanc. Un company ha dibuixat un pista d'aterratge d'helicòpter per fugir! Genial! Amb un cercle i una H al mig! Els dic: «¡Guardadme un sitio ancho en *business class*!». Hem rigut. Però de seguida penso que, tal com està tot i com hem vist que inventen i manipulen les proves, no pots fer ni aquestes bromes, perquè si algun policia ho sap, farà un informe dient que vols fugir i, per tant, tindran arguments per justificar el risc de fuga... El Joan ha sortit a trepitjar la neu com si fos un nen petit.

Sospitem un altre «NO»

Al locutori em venen a veure la Marta i el Sergi i comentem que tot indica que ens tornaran a dir que no. Al Barto li ha arribat que és probable que ara diguin que no malgrat que ja m'havien obert la porta en oferir la fiança, perquè pensen que tinc diners a fora. Com puc demostrar que no tinc res a fora? Com es pot demostrar un fet negatiu? I això com afecta la preventiva? Per què hauria de fugir? Crec que la insistència per sortir i l'activitat dels meus advocats evidencia que em vull defensar, no fugir. Han canviat un dels tres membres de la Sala, la jutgessa que ens havia dit que sí a la fiança, i en canvi s'ha quedat la que allarga els dinars. Quina casualitat! Li dic a la Marta que, si ens diuen que no, haurem de fer un equip amb un *project manager* i fer una campanya de comunicació professional! No tenim cap altra opció. Sortim un cop més tocats. L'única bona notícia és que, si no surto en llibertat i em quedo, el Joan no es quedarà sol.

Més visites

Em ve a veure al locutori el Germà Gordó, amic de fa anys. Quan li comento que segurament no sortiré, em diu que és totalment incomprensible, però que la pròxima vegada sortirem, perquè el cas no s'aguanta per enlloc.

Regals

L'Ever, un altre colombià amb qui sempre coincidim al poliesportiu, ens regala dos canelleres Nike, perquè ens diu que vol que tinguem alguna cosa seva per recordar-lo. Bestial.

Advocats optimistes

Arriben la Marta, el Sergi, la Mariona i la Los al vis-a-vis. La Maria no ha pogut venir perquè tenia examen de francès. Estan contents per la reunió que van tenir ahir amb els advocats de Madrid, perquè els van veure molt optimistes. L'Íñigo diu que, tot i que tothom creu que la resposta serà negativa, segur que aquest cop sortirem.

M'expliquen que el papà està fent exercicis amb una fisioterapeuta a casa. Això és una bona notícia.

Setè «**NO**»

El Joan truca a la Carmen i li explica que el Pau Molins els acaba d'informar que la Sala li ha confirmat el que ja tothom sospitava, un altre «no». Increïble! Ja estava decidit i han enganyat de nou i per enèsima vegada els advocats, ara als de Madrid i, de retruc, la meva família, que ja venien il·lusionats que ara sí que sortiria. Una altra vegada! De nou frustració i al·lucinació. Cada dia ens donen menys explicacions, però el fet que canviessin la composició de la Sala i que traguessin l'únic membre que va escriure a favor nostre, ja era un senyal. Qui collons hi ha al darrere? Qui ha fet canviar l'opinió de la Sala?

Un cop llegida la resolució, tots ens quedem de nou sorpresos amb el que diu la Sala aquest cop: «Únicamente se constata por el Tribunal la falta de cooperación, colaboración y disposición del encausado a la acción de la Justicia. De igual modo podría haberse dicho que ni tan siquiera el recurrente había facilitado la investigación con indicación de los negocios, testaferros y empresas opacos no descubiertos aún en ella». Però, com es pot dir tal cosa? Això va en contra del dret de defensa! El que ens diuen és que, si haguéssim confessat i reconegut els fets falsos i haguéssim facilitat informació, podrien haver-nos deixat en llibertat. Els advocats al·lucinen. Com poden dir que encara no han descobert negocis, testaferros i empreses opaques? Doncs si no n'han descobert, és que no existeixen, no? Ja saben el que descobriran? Són déus que coneixen el futur? On és la presumpció d'innocència? No descobriran res, perquè no hi ha res, però un cop més el llenguatge que utilitzen és de cinquena categoria per justificar el que és injustificable. Això passa per la impunitat que tenen els que ho escriuen.

La Marta em diu que els advocats li han dit que en aquesta resolució hi pot haver prevaricació. Que dilluns faran una reunió per veure si s'activa el pla de comunicació per estudiar quin serà el pas següent. No ens queden bales. Una merda, tot. Intento animar el Joan, que està pitjor que jo, i mira que el «no» era referit a mi.

Més mentides del cas Neymar

Diaris de tirada nacional i Gol TV, entre d'altres, han tret que «la mà dreta del pare del Neymar» va presentar documents on quedava demostrat que el Neymar havia costat 200 milions d'euros al Barça quan jo era president del club, en contra dels 57,1 milions que va costar el seu *transfer*. Una nova manipulació. Per què ara? És per justificar que soc una «mala persona» i que per això la fiscalia i l'Audiència Nacional no m'han donat la llibertat? Després la lletra petita diu que en part d'aquests 200 milions estan inclosos els salaris dels quatre anys. Visca la informació ben donada! Cal saber quin és l'objectiu de la notícia.

L'escrit de la Sala

La Sala, per no donar-me la llibertat, ha al·legat, a més, risc de fuga per la conversa que vaig tenir amb el Ricardo Teixeira, expresident de la Confederació Brasilera de Futbol, que volia anar a Tailàndia amb la seva nòvia. Brutal. D'aquí en treuen que tinc molts contactes per marxar, que tinc diners fora, i que passen olímpicament dels certificats presentats en què s'acredita que no tinc diners als comptes que diuen ni ingressos de contractes als quals fan esment. Fins i tot es pregunten com pagaria els 400.000 euros proposats, tot i que els hem aportat un escrit del meu pare comprometent-se a posar-los de la seva butxaca. Tot increïble.

A la Marta li dic que expliquem la veritat i mirem que algú la comuniqui o ens estarem aquí dos anys. Quan els magistrats ja reinterpreten converses i informacions com volen, vol dir que estem cardats. Li dic que els advocats no han fet la feina que els vaig dir. Estic cremat i els dic que només han fet de picaplets, no d'estrategues. M'he passat de frenada, però és fruit dels no resultats. Per exemple, avui surt a la premsa que m'han dit que no perquè tenia previst fugir a Àsia. I ningú ha reaccionat dient que ho basen en una conversa del Ricardo Teixeira que diu que vol anar de vacances amb la seva nòvia a Tailàndia. Surrealista. A la Marta li dic amb qui ha de parlar per fer un pla de comunicació professional com vaig dir. La Marta ha parlat amb el Pepe Creuheras, president de Planeta i conegut nostre, perquè ens aconselli què podem fer. De comunicació, en sap molt, i jo sé que si ell pot, ens ajudarà.

Preparant l'estratègia

Truco a la Marta i li demano que a la reunió amb els advocats els digui que cal seguir una nova estratègia: en lloc de demanar la llibertat per a la presó preventiva, que vagin a l'origen un altre cop amb nous certificats per demanar l'arxivament de la causa. Que busquin quin és l'origen de tota aquesta investigació. Quins policies l'han iniciat? Amb quins indicis? Qui ha ordenat començar tot això? Per quins motius? Si no trobem el principi del nus, mai podrem desfer-lo.

La resolució del recurs

Ens venen a veure els advocats Íñigo i Mario. Diuen que dijous passat havíem de sortir, i que segur que la mà negra (ja ho reconeixen obertament) va trucar divendres al matí i la Sala va escriure l'animalada que va escriure. Els advocats ens afirmen que els magistrats de la Sala deuen tenir mala consciència pel que han fet. Ells creuen que tot ve dels Estats Units perquè diuen que a Espanya no hi ha ningú amb tant de poder per fer canviar una opinió als jutges en un matí. Jo crec que sí que hi ha algú del govern espanyol amb aquest poder amb certs jutges o jutgesses.

El Joan truca a la Carmen i li explica que la jutgessa ha dit que no li torna el cotxe. És un Jaguar molt vell i fet pols, però és un Jaguar. Enveja? Brutal.

Uns quants presos, fins i tot el Lucas, fan un curs d'entrenador a la Federació de Madrid de Futbol. Està molt bé! Pot ser una sortida laboral de reinserció.

Vaga de fam

El Washin va començar una vaga de fam perquè el consolat del Pakistan fa sis mesos que no li enviava el passaport, i tot per culpa de l'educador del mòdul 12. Ens ha explicat que en un dia es va aprimar un quilo i que llavors de seguida li van fer cas, i que en dos dies se'n va engreixar tres. Efecte rebot.

Una nova advocada

Em ve a veure la Nuria Rodríguez, una advocada de Madrid que em contacta perquè els dos germans colombians Pardo, companys de poliesportiu, li han parlat de mi. Sembla que aquesta dona, que té quaranta-set anys, té molta experiència i coneix molta gent de l'Audiència Nacional. Li explico el nostre cas des del principi i els «no» a la llibertat de presó preventiva. No entén res, flipa, i em diu que, encara que fos veritat, per blanqueig ja no hauríem de ser aquí. Que ella veurà si hi pot fer alguna cosa. Parlo amb el Díaz Ferrán i m'ofereix el mateix amb la seva advocada; també preguntarà què hi ha d'estrany en el nostre cas. Li agraeixo molt que s'hagi preocupat per nosaltres. Esperem notícies de les dues advocades.

Més passadissos

Em visita l'Andrés i m'explica noves accions per dur a terme. Jo li dic que serveix de poc que busquem certificats nous i més documentació, que el que han de fer és saber qui és la mà negra, qui ha organitzat aquesta conspiració i qui ha fet prevaricar presumptament els magistrats. Fins que no sapiguem això, ens podrirem aquí dins. Si creiem que és la fiscalia, que ataquin per aquí, que busquin qui i què vol de mi: diners?, declaracions?, acusacions?, vendre algú amb informació?

L'Andrés diu que no veu que puguem sortir abans de sis mesos, que miraran de traslladar-nos més a prop de Barcelona i que dedicarà encara més temps al nostre cas. Jo li dic que s'ha d'engegar la campanya de comunicació i que és ell qui ha de ser el director general del projecte. Sortim fotuts. Sis mesos? A més, sabem que això vol dir que serem culpables d'alguna cosa sí o sí. L'Andrés no ens aconsella que posem una querella per prevaricació, perquè, encara que tinguem raó, es venjaran i encara ens faran més mal. I la llei?

Investidura del Puigdemont

Encara no se sap si el Puigdemont es presentarà demà al Parlament. El Tribunal Constitucional ha dit que no se'l pot investir si no es presenta i el magistrat Llarena afirma que no hi pot anar. El Puigdemont demana empara al president del Parlament de Catalunya, el Roger Torrent. Ja està liada. A veure com acaba.

El Piqué renova amb el Barça fins al 2022 i diu que després de Rússia deixarà la selecció espanyola.

El Jordi Cuixart

El Roger Torrent ha ajornat la investidura del Puigdemont per sorpresa i el Puigdemont ha gravat un vídeo dient que no retirarà la seva candidatura a president. Ens trobem el Jordi Cuixart. Ell vol venir al mòdul 10, perquè veu que encara passaran temps aquí i que no els deixaran sortir fàcilment.

M'explica que té una empresa d'embolcalls per a pastilles. Se'l veu molt maco. Li explico que amb Òmnium vaig canviar el meu nom al català, quan la democràcia a Espanya ho va permetre (d'Alejandro a Alexandre) i em diu que Òmnium ja té 110.000 socis. Està preparant un pla directriu per al futur.

Empestat

Em ve a veure el José Luis M. Maluquer, el meu advocat de capçalera, i parlem del cas. Ell ho veu tot un escàndol, creu que aquí ens hi estarem temps, perquè aquí ens tenen tancats a disposició, creu ell, dels americans. Algun dia vindran i ens demanaran que diguem que vam matar Kennedy o el que els interessi a ells, encara que sigui mentida. Ens volen ben tous per dir el que calgui. M'explica que hi ha un comprador que vol adquirir totes les accions de Viagogo (empresa de compra-venda oficial per internet de tiquets de segona mà de concerts i esdeveniments esportius), menys les meves, encara que són molt poques, per la meva situació de presó. Qualsevol que es troba en una situació com la meva passa a ser un empestat encara que estigui patint una injustícia. És la força de l'Estat. El Maluquer va contestar al potencial comprador de Viagogo que, si hi havia discriminació, emprendríem accions legals, i s'han cagat, perquè als americans (compradors) la paraula «discriminació» els fa acollonir molt. Però per no perjudicar el meu amic i soci, l'Ian Todd, i els altres socis fundadors, deixarem que facin l'operació abans, i nosaltres reclamarem el nostre dret després, informant-ne el jutjat, és clar.

Abans de marxar, el Maluquer em diu que podem estar-nos aquí dos anys tranquil·lament, que tot és aberrant. Estic molt desanimat.

Febrer del 2018

El full de ruta

Començo el febrer amb un vis-a-vis amb la Marta, la Maria, la Laura i el Sergi. M'expliquen com veuen la situació i el full de ruta. Que tindran una reunió amb el Pau Molins per discutir el full de ruta. Que els advocats volen contractar advocats dels Estats Units, però jo els dic que no cal, ni parlar-ne. No traurem res en clar i només serà una altra despesa, i els advocats americans són experts a crear casos d'on no n'hi ha per facturar. Jo dic que no, que tot ha de ser responsabilitat seva. La Maria em promet que estudiarà i que farà més cas de la Marta. M'expliquen també que al papà li costa més caminar.

«Pau processal»

Em ve a veure la Nuria Rodríguez, l'advocada que em va oferir els seus serveis, amb el Roberto Rodríguez, el seu soci. M'expliquen que ja han tingut reunions. Que la feina que han fet fins ara els anteriors advocats no ha estat la correcta (en petit comitè un advocat mai parla bé d'un altre advocat). Que la fiscal està farta dels meus advocats i que el que vol ara és «pau processal». Quins collons! Què vol dir que una fiscal i una jutgessa volen «pau processal»? Que parem de defensar-nos? Que a mitjan març ens podrien deixar sortir quan rebi resposta de les comissions rogatòries (sol·licituds d'ajudes entre països). Que si ho fa ella, com a advocada designada, i fem el que ens diu, ens traurà segur d'aquí. Li dic que parlin abans amb la Marta. El que m'agrada és que abans de negociar ja han començat a fer feina. Ha vingut amb el seu soci, que sembla que es va estar trenta dies a la presó per una acusació per blanqueig que després va acabar en no res.

Un pispa a les cel·les

Ens expliquen que al mòdul 12 han descobert un company que robava a les cel·les. L'han agafat entre uns quants i l'han apallissat. «Es que robar aquí entre compañeros que estamos jodidos es muy feo, otra cosa es robar fuera que todo está ok, pero aquí no», diu un.

M'assabento que hi ha el Quique Pina, l'expresident del Granada FC, a ingressos, acusat de blanqueig de capitals derivat del traspàs de futbolistes. Fins dilluns no arribarà al mòdul. És una putada entrar divendres perquè et passes el cap de setmana amb el *mono* blanc a ingressos, fins que no arriba dilluns l'educador per dirigir-te al mòdul.

Ressò mediàtic

Ens visita l'Andrés i ens explica que abans de recórrer al Tribunal Constitucional presentarà un recurs de queixa a la Secció Tercera per l'escàndol de l'última resolució. És un requisit previ al recurs d'empara i que serveix també d'avís del fet que ens podem querellar contra els magistrats. I això que m'havien parlat bé del seu president, el senyor Guevara, molt de l'Atlètic de Madrid, que era garantista. Parlem de la Nuria Rodríguez i del fet que algú ha de fer alguna cosa, que no podem esperar sis mesos més. No podem ser conformistes amb la corrupció judicial i hem de treballar a fons en el cas. Abans s'ha de seguir lluitant perquè sortim de la presó, ja que seguir aquí dintre es fa cada dia més insuportable. L'Andrés també m'explica que ha fet gestions a Institucions Penitenciàries de Catalunya i de Madrid per iniciar els tràmits per traslladar-nos a una presó de Barcelona.

Reunió amb la Nuria

La Marta al final no ha pogut assistir a la reunió a l'aeroport de Barajas, l'únic lloc on podien quedar amb l'Andrés i la Nuria Rodríguez, però m'explica que, com ens imaginàvem, a l'Andrés, d'entrada, no li ha agradat la Nuria. Però jo li dic que ja està bé que no els agradi, i que si no la volen «utilitzar», llavors alternativament vull un pla B per sortir, no per analitzar el cas. Ara per ara a mi sí que m'agrada, la Nuria. De moment! Només volem demanar que els responsables judicials es llegeixin els escrits perquè sembla que no ho fan!

El Quique Pina l'envien al nostre mòdul, el 10. Quina sort que ha tingut, directament al mòdul de respecte. Li oferim el que necessiti, que ens ho demani.

Picabaralla entre advocats

La Nuria i el Roberto Rodríguez venen per explicar-nos que ahir l'Andrés els va ofendre i que creuen que amb el Pau i l'Andrés no anem enlloc. Que ells aconseguiran que surti segur. Els dic que la Marta els passarà els documents i que facin una reunió dissabte després del locutori només amb ella.

Truco a la Marta i l'hi explico. A ella no li agrada quedar amb els Rodríguez sense comunicar-ho a l'Andrés. Li explico que l'Andrés ja ens va dir que no comptéssim a sortir abans de sis mesos; per tant, si ara apareix una possibilitat de sortir abans, l'hem d'aprofitar. Li demano a la Marta que em faci cas, i que si vol l'hi expliqui a l'Andrés. El Joan no té dubtes. Vol que juguem la carta de la Nuria encara que no funcioni. És un fil d'esperança, i aquí t'agafes al que calgui.

«Sotogoverno» a Andorra

El Joan truca a la Carmen i li explica que amb l'Anna Solé, la nostra advocada andorrana, han visitat el Xavier Espot, ministre de l'Interior andorrà, que les ha rebut amb molta educació i interès. Creiem que no servirà de res, però com a mínim li han pogut explicar a algú del Govern andorrà com han deixat tirat el Joan. La Carmen diu que el fiscal, l'Alfons Alberca, ja ens ha sentenciat fa dies, i que ens odia, tot i que no el conec de res. Diuen que l'Alberca és qui mana de debò a Andorra, qui mou el *sotogoverno*.

Filtracions falses

Ve el director de la presó amb algú a visitar el mòdul. Resulta que surt a la premsa que estic en condicions infrahumanes, que passo fred i que els metges de la presó són un desastre perquè pixo sang i no em curen. Li dic al director que no faci cas d'aquestes filtracions, perquè jo no he dit res de tot això, malgrat que sí que és veritat que passem fred, i que es tracta d'un tema polític i que ens volen fotre al mig perquè no sembli només un tema polític. Em diu que d'acord, que un dia vindrà a parlar amb mi. Fan fora del nostre mòdul quatre espanyols que traficaven amb droga dins del mòdul.

Al locutori em ve a veure la Marta i, per sorpresa, la meva filla Maria! Resulta que va venir ahir a Madrid amb unes amigues i s'hi quedarà fins demà. La Marta i jo parlem de l'opció de la Nuria i li explico que ens agafarem a qualsevol petita esperança. Li demano que es reuneixi amb el seu soci, el Roberto —la Nuria està de viatge—, aquella mateixa tarda per parlar amb ell i que comencin a treballar. Li dic que parli amb l'Andrés perquè col·labori i no posi bastons a les rodes. Em confirma que ja ha començat a fer-ho. No entenc com els de fora no entenen que per a nosaltres és fonamental tenir una esperança i un pla B, sigui el que sigui, i amb qui sigui.

Després de quedar amb el Roberto, la Marta m'explica que és un «advocat fet al carrer» i que ho hem de provar.

Invitació per al Paulino

Li dic al Paulino que ja té reservats dos llocs a la llotja per al Barça-Madrid. Diu que li fa molta il·lusió i que hi anirà amb el seu nebot. L'aviso que s'ha de posar *traje* i corbata.

Ho donen tot per perdut

Fent *spinning* al poliesportiu em trobo el Jordi Cuixart. M'explica que sospiten que s'estaran aquí fins al judici. Que potser tancaran a més gent aquesta setmana. L'Artur Mas? La Marta Rovira? Que van a sac, i que ell també ha dit que des de l'ANC i Òmnium cal anar a sac per denunciar tot el que està passant. Que ja ho donen tot per perdut perquè van dir el que van dir davant del jutge, estovant-se i fent el paperot, dient el contrari del que pensen, i que no ha servit de res. El veig fort i li confirmo que segueixo insistint perquè els portin al nostre mòdul. Em diu que ell aguanta malgrat la família, que rep moltes cartes de gent molt jove. L'única confiança que té és en les noves generacions per tenir més del 60% dels vots a favor de l'independentisme, malgrat que sap que això només succeirà a llarg termini.

Surt el sol i sortim a carregar piles, per fi! Com necessitem el sol aquí dintre!

El Lucas està baix de moral. Li pregunto què li passa i m'explica que està malament amb la seva dona, una exmodel colombiana, que potser se separarà i que ell n'està molt enamorat. Amb ella té un fill de quatre anys. Però es consola dient: «Sandro, estoy mal, sí, però, de amor, uno no se muere».

Inspecció agressiva

La Marta m'explica la gran violència de la inspecció d'Hisenda que estem tenint. Per un costat, és una mala notícia, però, de l'altra, és bona perquè vol dir que no troben res de res per seguir amb la inculpació inventada, encara que seguiran! Buscaran el delicte fiscal sigui com sigui per poder imputar-me alguna cosa. Estic convençut que la fiscalia de l'Audiència Nacional i els inspectors de l'AEAT de Barcelona parlen de manera fluida entre ells.

Canya als advocats

Ens venen a veure l'Andrés, l'Anna i la Gemma. Només de començar els dic que no acompleixen els terminis de les coses que ens diuen, que ho van improvisant tot i que això no pot ser. Que ja hauria d'estar tancat el tema d'Andorra. Que escriguin al ministre de l'Interior, que presentem una sol·licitud d'arxiu a la batlle, i que si diu que no, recorrem al Tribunal de Corts, que és més garantista, d'una vegada per totes.

Després l'Andrés m'explica que va tenir una reunió institucional amb el fiscal en cap de l'Audiència Nacional, molt educat, i que diu que el nostre procediment és absolutament normal. Que ha rigut, se li ha escapat, quan li ha preguntat si els Estats Units estaven al darrere de tot plegat. O sigui que sí, o que volen fer veure que sí. L'Andrés també creu que no ens deixaran sortir fins que s'acabi la instrucció, mentre esperen la rogatòria del Brasil i la declaració del Romario, prevista per al març. Va dir que podria declarar al novembre, però la Lamela no l'ha citat fins al març, cinc mesos sense fer res amb dues persones a la presó. Una altra irregularitat processal de la Lamela. M'explica que les lleis del Brasil ens afavoreixen, totes explícitament diuen que les relacions entre la Confederació Brasilera de Futbol i els agents de màrqueting mai podrien ser delictives perquè no hi ha corrupció entre particulars.

L'Andrés m'explica totes les altres coses que estan fent, repassem la seva llista. Cada setmana treballem al locutori entre tres i quatre hores, però fa gairebé un any que no obtenim cap resultat.

Boira a la presó

No sortim al poli per la boira. Quan hi ha boira no es pot sortir del mòdul, perquè des de la torre de control no et poden veure. Caminarem pel pati. Arriba el director, el José Luis, amb visitants. Uns dels visitants és el cap d'infraestructures de presons del Ministeri de l'Interior, molt amic del cosí del Javi Bordas, amic de fa molt anys i company a la Junta del Barça. Em pregunta si tot va bé, si necessito res. Li dic que no, que tot va bé, i ho dic davant del director. Li explico al director que, en contra el que es va dir de les nostres condicions inhumanes, el nostre advocat ja ha explicat a TV3 que estem ben tractats. En acabar li pregunto al director quan vindrà el Jordi Cuixart al mòdul 10, i em respon: «Ya sabía que me lo pedirías».

Treball en equip

Al locutori la Nuria em diu que ha parlat amb l'Andrés. Li dic que nosaltres seguim endavant i que ella ha de fer equip amb l'Andrés, que ha d'aconseguir guanyar-se la seva confiança. Si aconsegueix que sigui ell qui em demani que ella ens ajudi, serà una crac. Que no aturarem la comunicació, que és ella la que ha de ser la «bona» davant l'Audiència Nacional. Han de fer equip!

Tracte diferencial

Tenim vis-a-vis. A mi em venen a veure la Marta, el Sergi, la Mariona i la meva neboda Carla. Els dic que hem de fer una campanya de comunicació a sac, que hem d'anar a tots els mitjans i obrir el nostre missatge a les xarxes. El Sergi ho farà. Els dic que passin ja l'escrit que farà l'Andrés per queixar-nos del tracte diferencial en l'actuació judicial respecte a Mediapro i nosaltres en la rogatòria dels Estats Units. Que diguem obertament que creiem que els Estats Units són al darrere de tot plegat, i si és així, on és la sobirania nacional? O és l'excusa que des de l'Audiència estan posant per cobrir el nostre expedient? L'Andrés farà gestions a l'ambaixada dels Estats Units per veure si realment existeix o no algun procediment obert contra mi. M'agradaria saber si ells van ordenar la meva detenció, i si és que sí, veure la seva reacció i saber el perquè. Demano al Sergi que parlin amb la Nuria i l'Andrés, que, per favor, siguin companys i treballin junts.

Li han tornat el Jaguar vell al Joan.

«Guerra mediàtica»

Don Jesús ha compartit amb nosaltres xoriç i formatge molt bons de casa seva per fer un vermut. Molt bé, Don Jesús. La Reyes ens diu que a l'*ABC*, a l'article sobre en Roures, s'explicava que la Lamela el va deixar anar i no el va investigar tot i estar en la mateixa rogatòria que nosaltres. Per què aquest tracte diferencial? Sobretot si es té en compte que Mediapro està sent investigada als Estats Units per suborn. Si algú ha de ser investigat, és Mediapro molt abans que nosaltres. És clar que només ens queda la guerra mediàtica, com diu el Díaz Ferrán. Per a ell no hi ha dubte que és el que s'ha de fer, que si ell hagués tingut diners, és el que hauria fet ell en el seu cas de Viajes Marsans. L'important és que arribi a la gent la veritat i que es pugui visualitzar el nostre missatge perquè la realitat no acabi deformada per les filtracions interessades.

Ja hi ha candidat per investir

Anem al poli a fer *spinning* i ens hi trobem com sempre el Jordi Cuixart. Em diu que la setmana vinent ja hi haurà pacte entre Junts×Cat i ERC amb un candidat per investir. Ens explica que la seva dona va fer una obra de teatre en què es representava un vis-a-vis amb ell. Molt interessant. Seguim pressionant perquè vingui al mòdul 10. Pateix per les penes que li demanen de rebel·lió i sedició.

L'Andrés ha anat a la SER i la Cope a fer entrevistes i han anat molt bé. El periodista Carlos Quílez, molt professional, també ha parlat del Joan a la SER.

Posada al dia

Quedem amb el Pau i l'Andrés, i ens exposen la situació i les últimes reunions. El Pau ha coincidit amb el fiscal que va iniciar el nostre cas, i que va deixar la fiscalia i ara és advocat defensor en un cas conjunt amb ell, i li ha estranyat quan el Pau li ha insinuat el que pensem dels Estats Units, però no ha volgut parlar del tema perquè se'l veia molt incòmode. Què deu saber que no ens vol explicar? L'Andrés ens diu que està fent totes les accions que hem iniciat: demanant certificats a ISE i la Confederació Brasilera de Futbol, preparant recursos per presentar a la jutgessa, sol·licitant el trasllat a Barcelona, etc. També els demano que presentin recurs o queixa dels diners trobats a casa, «posats» per algú dels que van venir a fer l'escorcoll. Que presentin tot el que puguin. Segueixen amb el pla de comunicació a sac.

La Nuria s'incorpora a la reunió i ens explica que tractarà de saber què és el que té d'estrany el nostre cas a l'Audiència Nacional, que quan explica el nostre cas la gent al·lucina amb la situació.

Anar a contracorrent

No podem anar al poli perquè no hi ha el funcionari, així que caminem al pati una hora i mitja. El Miguel, un banquer canari, ens proposa fer una plataforma mediàtica per denunciar l'escandalós sistema judicial espanyol. No és una mala idea, però és remar a contracorrent i contra el sistema, i anar contra el sistema és sinònim de perdre moltes plomes pel camí. Mentre caminem amb el Joan fem repàs de les classes d'anglès que li dona el Gonzalo, un tio collonut, i repassem totes les paraules que ha après. Ens passa l'hora i mitja a tota castanya.

L'optimisme de la Nuria

Em venen a veure la Nuria i el seu marit, l'Alejandro. M'expliquen que no han pogut tenir una reunió amb el fiscal en cap perquè hi havia molt merder amb el Trapero, que ara per ara deixen en llibertat sense fiança després de declarar davant la Lamela. Malgrat que el fiscal demanava presó, ha acabat amb una fiança de 50.000 euros. Em presenta el seu marit i em diu que estan entrant en el nostre cas i que no tenen cap dubte que som innocents. Els faig el tracte de pagar despeses, però si fracassen no els pagaré res més, i si sortim, els pagaré el que acordem, en funció del dia de sortida, la fiança i altres condicions; res de signar per signar. Després, si sortim, els faré una proposta per seguir amb nosaltres a la fase de judici, amb el despatx Molins.

El Miquelet dels Pirineus

Al mòdul arriba el Miquelet, un pres originari del Pirineu català que està tancat (sortint i entrant) des de l'any 1985. M'explica els problemes que va tenir quan robava bancs amb dos serbis i com se li va complicar la situació, perquè els va haver de pelar perquè els serbis li havien robat. Em demana de parlar en català perquè s'ha oblidat de la llengua. Li dic que sí, és clar. Després de xerrar cada matí a la tertúlia de l'esmorzar amb els Jordis, el Joan i el Gerardo Villalobos, un veneçolà que és una fantàstica persona, em quedo una estona amb ell perquè practiqui el català. Al Miquelet li agrada recordar la llengua.

El Jordi Sànchez, president?

Sembla que volen proposar el Jordi Sànchez com a president de la Generalitat. Parlem que ens agradaria que vinguessin al mòdul 10. El Cuixart em diu que cada dia escriu el diari, com li vaig aconsellar el primer dia. Que té molta feina perquè segueix preparant el pla de ruta per aconseguir 200.000 socis d'Òmnium Cultural. El veig cada dia més fort de cap.

L'Andrés ha anat a 8TV i sembla que ha estat bé!

El Quini

Avui, 27 de febrer, ha mort el Quini. Recordo el dia que el van segrestar i que, amb el trasbals, vam perdre la lliga. El Barça sempre sobrevivint a grans baralles internes i externes, segrestos, afusellaments, injustícies... Quina casualitat, tot plegat! És un miracle que el club segueixi sent un dels millors del món, el millor per a mi. Només s'entén que el Barça hagi sobreviscut perquè realment és més que un club; clarament és un sentiment que tens o no, que no es pot explicar.

Sense novetats

La Nuria m'explica els avenços. Li dic que el que ha de fer primer és conèixer el nostre cas en profunditat i aleshores parlar amb tothom que pugui perquè per defensar-nos és millor saber la veritat i és més fàcil defensar algú que no ha fet res. Ella em respon: «No, Sandro, a veces es más fácil defender a uno que ha hecho algo, porque, si van a por ti, la Audiencia Nacional va a saco». Que ja ens anirà explicant com evoluciona.

Vuitè «NO»

Un altre dia fatídic. Ens desestimen l'últim recurs presentat davant la Secció Tercera de l'Audiència Nacional. Ara ens diuen que per optar a la llibertat hauríem de presentar 75 milions d'euros i que a partir d'allà podrien valorar si deixar-nos anar o no. Literalment: «Como no puede desconocer la parte, una fianza que se quisiese proponer en términos de legalidad, no podría haber sido inferior a 74.866.640 € [...] en segundo lugar, de haberse propuesto una fianza en dicha cantidad o superior, ello no determina que por este Tribunal ni por la Magistrada a quo, matemáticamente o indefectiblemente, se tuviese por enervado, anulado o desaparecido el altísimo riesgo de fuga que en todas las anteriores resoluciones de forma expresa se puso de manifiesto al encausado». Al·lucinant! L'Andrés em diu que s'han tornat bojos i per primer cop surt d'ell la paraula «prevaricació». I a sobre diu en un altre paràgraf que ens posa una multa per haver recorregut, però que no ens la posa perquè no tinc diners (?). Però no deien que continuo a la presó perquè tinc una immensa fortuna? L'Andrés no sap què dir, no sap com defensar aquesta resolució. Tot i això, pensem que encarar-nos al Tribunal ens perjudicarà. Quin sistema!

Aquest escrit està fet per la jutgessa de la qual m'havien parlat. La que té fama de fer els dinars llargs. És evident que ho ha escrit ella després d'un dinar...

Març del 2018

El Barça com a altaveu

Parlo amb l'Andrés i li dic que se m'ha acudit utilitzar la web del Barça com a altaveu de queixa del nostre cas. Jo soc expresident i soc aquí per haver estat president del Barça. Evidentment no soc aquí per ser empresari; per tant, crec que és lícit que el club m'ajudi a demostrar la meva innocència i que es queixi de la injustícia que estic patint, que des del Barça ja es va ajudar els Jordis, i ells no són cap excàrrec del club... Igual que l'ANC i Òmnium ajuden els Jordis, per què el Barça no m'ajuda a mi? Reconec que això em desperta una mica de gelosia.

En un locutori hi ha la Marta Rovira visitant el Jordi Cuixart, al del costat el Joan i jo amb l'Andrés, i en un altre el Jordi Turull i el Josep Rull visitant el Jordi Sànchez. En sortir saludo la Marta Rovira i li dic al Jordi Sànchez: «President!». Riem, perquè l'han nomenat candidat de Junts×Cat a president perquè el Puigdemont ha fet un pas al costat.

L'ambaixador andorrà

L'ambaixador d'Andorra ha vingut a veure el Joan per segona vegada. Li agraeix el gest. Que hagi vingut per segona vegada és un punt a favor d'ell. El Joan li explica que ens han dit que tot l'intercanvi d'informació entre Andorra i Espanya va començar en un dinar al restaurant Paradis de Barcelona El Joan li diu a l'ambaixador que pregunti els detalls del cas als nostres advocats si té ganes de saber la veritat. L'ambaixador ha marxat dient que intentarà ajudar-lo i que quan baixi l'Anna, l'advocada, vol parlar amb ella. Li dic que nosaltres estem pensant a demanar que imputin Andbank com a entitat col·laboradora. Com pot ser que no imputin el banc mitjançant el qual es van fer totes les transferències, amb l'aprovació del seu *compliance*, durant més de deu anys seguits, deu anys amb un tracte exquisit envers nosaltres, i ara de sobte ells se'n renten les mans i ens giren l'esquena? Quins secrets guarda Andbank que estigui tan protegit pel govern espanyol? Ui, ui, ui.

El Baltasar Garzón

Al locutori el meu germà Sergi m'explica que es veurà amb el Baltasar Garzón per demanar-li opinió sobre el cas perquè ja no sabem a qui acudir. Li dic que em sembla molt bona idea perquè em pot ajudar molt en el tema mediàtic si ell l'explica en alguna televisió. A saber les relacions extrajudicials que hi ha allà dintre i el perquè de tot plegat.

Revisió en calçotets

Avui la revisió del matí la fa una funcionària i se m'encara perquè em diu que no puc anar en calçotets. Li dic que: 1. No han avisat que el recompte el feia una dona. 2. Que quan ve una dona cal que avisin. 3. Que més de cinquanta vegades he estat en calçotets i com que gairebé sempre són tios, mai ningú m'ha explicat aquesta norma, i li pregunto si puc quedar-me en bòxers o pijama. No ho sap! M'amenaça d'obrir-me un expedient. Li dic que, si ho creu convenient, ho faci. Tothom ha estat pendent de la nostra discussió, perquè aquí mai ningú discuteix per millorar la relació intercarceràia, per por o desídia.

Los Trinitarios

El veí del *chabolo*, ens explica que és el cap de la Nación, nom que ells donen a la banda de Los Trinitarios, que són uns dos mil a Espanya, dividits en grups de cent cinquanta. Ens explica que per entrar-hi tenen tot de normes, entre les quals n'hi ha una que diu que les noies que volen formar part de la banda se n'han d'anar al llit amb el cap, el segon, el subdirector i la mà dreta, és a dir, amb quatre caps.

M'expliquen com funcionen les bandes i les normes que tenen, encara que diu que ells no ho són pas, són una Nación. Diu: «Los Trinitarios no somos gánsteres, ni una pandilla, somos una familia, eso es patria, orgullo a tu nación y sobre todo patria».

El Cuixart, enfadat

Em trobo de nou el Jordi Cuixart fent *spinning*. M'explica que està molt enfadat amb Junts×Cat i ERC perquè no es posen d'acord i que ha fet un tuit en què demanava que per dignitat dels empresonats fessin l'esforç d'entendre's! Sembla que proposaran Sànchez, però la CUP no vol votar-lo. Sense els dos vots que són a Brussel·les, no pot sortir. Segueix dient que pressionem perquè puguin venir al mòdul 10. Li dic que no parem de fer-ho.

Em ve a veure la Conchita Lorente, la meva advocada fiscal interna. Li dono les gràcies per haver vingut i li demano que les hi trameti també a la nostra administradora, la Maria Bayona, per ajudar la Marta, que les necessita molt. Em diu que no pateixi, que l'ajudaran. M'explica que ho tenen tot controlat, considerant que Inspecció d'Hisenda va a sac, però que estem justificant totes les seves interpretacions forçades a la contra. Em posa al dia de tots els temes i totes les inversions, i em diu que tot segueix controlat més o menys.

Cinquanta-quatrè aniversari

És el meu aniversari, cinquanta-quatre anys. Ahir ja va venir el Paulino a felicitar-me perquè avui era el seu dia de descans.

Tenim vis-a-vis i ve la Marta, la Maria, la Los (mamà) i la meva neboda Berta. La Berta ja entra plorant, com la Mariona, la seva mare. La Maria sempre és més freda externament, més cerebral. La mamà també plora. A la Marta tenia moltes ganes de veure-la. La Los entra al bany i surt amb una caixeta i una bossa que havia amagat en algun lloc del seu cos. A la caixeta hi ha uns diplomàtics (nom de la pasta de full amb sucre) de la pastisseria Baixas i a la bossa dues espelmes i una capsa de llumins. La Marta li fot bronca, que això no ho pot fer. Ella diu que fa un mes que està pensant com entrar-ho i fins i tot s'ha posat una bena al braç per despistar perquè no té res al braç! És una passada, la Los. S'ho ha amagat no sé on. Que gran! És única, la Los, la mamà. «El meu fill bufarà espelmes el dia del seu aniversari, sí o sí», diu.

La Maria m'explica que tot va bé. Li dic que se centri en els estudis i que no es despisti perquè tot el dia fa coses per divertir-se o guanyar calerons, perquè ara no li podem donar setmanada. La Marta m'explica les últimes novetats que hi ha i que han posat en marxa un *hashtag* (#sandroetvolemacasa) en què està entrant molta gent. Ens acomiadem molt emotivament.

Extradició del Ricardo Teixeira

Si no hi ha cap novetat abans de l'1 d'abril ens querellarem contra la jutgessa, la fiscalia i la Sala Tercera, i intentarem contractar l'Elpidio Silva, el jutge calb que van inhabilitar, perquè ho faci ell. No crec que els Molins s'atreveixin a posar querelles, no són de posar querelles als jutges. Sembla que ara Andorra ha demanat l'extradició del Ricardo Teixeira i els germans Abraho. Per què? Evidentment deu ser per ordre de la Lamela o de la fiscalia espanyola, perquè la batlle no sap com, o no vol, arxivar el nostre cas a Andorra i està buscant com allargar-lo. A més, sap perfectament que el Brasil no ho acceptarà mai, és tot fum. Com pot demanar l'extradició del Ricardo Teixeira i no la del Joan, que és ciutadà andorrà? Quin contrasentit, un altre! Cada dia és més escandalós.

Al locutori l'Andrés i jo hem quedat amb el Michel Assef, l'advocat del Ricardo Teixeira, que ha vingut a veure'm aprofitant un viatge. Començo dient-li que un altre motiu pel qual potser som aquí és pel Ricardo Teixeira, perquè l'objectiu dels Estats Units podria ser ell pel tema del Mundial de Qatar del 2022, ja que va votar en contra dels Estats Units; que algú ens hi ha involucrat i ens ha volgut «vendre» però sense saber que no hi ha res a «vendre», i que crec que ja sé qui és aquest algú i per què ho ha fet. Ell em confirma que el Ricardo no té cap procediment relatiu a aquests fets nostres al Brasil i que els fets de què m'acusen són falsos. Aquí és on entra el fet que jo sigui president del Barça. Afirma que ja ho sap i que n'és conscient. Llavors li dic que, quan li truqui l'Andrés, respongui immediatament, que ens facin cas i no actuïn com els brasilers, que contesten quan volen, que mai tenen pressa, que les urgències no van amb ells. Que ara és diferent perquè estem tancats i cada dia que passa és un dia més de merda. Em diu que així ho farà. Li demano els documents que necessitem per seguir demostrant la nostra innocència. Em diu que ajudarà en tot i ens aportarà un certificat en què consti que el Ricardo Teixeira no té antecedents penals al Brasil ni cap procediment penal com el que tenim aquí. Li he dit també que es posi en contacte amb els andorrans per lluitar contra l'animalada de la decisió d'Andorra d'extradir el Ricardo Teixeira, i no el Joan. Li dic que, quan parli amb el Ricardo, primer li doni records de part nostra i, segon, li expliqui bé de què ens acusen i qui hi ha al darrere. Que la situació del Joan és greu, per inversemblant i encara més si hi sumen el tema del Genís. Que començaran a treballar ja per aconseguir els documents i per preparar la declaració del Romario. El Michel ens explica que el Romario s'ha ofert a la fiscalia per declarar i col·laborar en contra nostre perquè vol ser el pròxim president de la Confederació Brasilera i el nostre cas li va perfecte com a trampolí.

Festa sorpresa

L'endemà del meu aniversari, rebo unes quaranta cartes. Moltes són per felicitar-me. Les llegeixo i quan baixo, sorpresa! Em trobo un pastís de xocolata i cerveses 0,0 dels amics per celebrar l'efemèride. Es veu que em volien fer la sorpresa ahir, el mateix dia del meu aniversari, però com que va venir l'Andrés, ho van haver d'endarrerir un dia. Estic molt agraït i els dic que collonut, perquè ho han fet molt bé: cinquanta-quatre anys i un dia, que és com s'ha de celebrar l'aniversari a la presó, els anys més un dia! Tots hem rigut molt, i els he dit que no oblidaria aquest aniversari mai! «Aquí las cosas, todas, se magnifican», m'ha dit el Lucas. I té raó. Ha sigut un enorme detall de tots ells, molt emotiu. El Polo ha fet un pastís de xocolata boníssim. No sé d'on ha tret els ingredients, però estava boníssim.

Entrevista de la Marta

La Marta ha anat amb el Pau Molins a una entrevista de RAC1, amb el Jordi Basté. L'Andrés i un funcionari m'han dit que la Marta ho havia fet molt i molt bé a l'entrevista. N'estic molt orgullós i la felicito per telèfon.

Declaració del Romario

La Marta m'explica que la declaració del Romario va anar molt bé i molt malament. Molt bé perquè l'Andrés el va desmuntar i a la pregunta (cinc vegades!) de la fiscal de si la Confederació Brasilera de Futbol és pública o privada va respondre cinc vegades que privada. I només això ja els desmunta tota l'argumentació a la fiscal i la jutgessa. Pel contingut, va anar molt bé, però malament per la ràbia i l'actitud de la jutgessa i la fiscal. Estan encegades contra nosaltres. Com que és privada, els cauen totes les acusacions que ens volien fer. La declaració del Romario està basada en un vot particular i no en l'informe oficial del Senat brasiler. Per això interposarem una querella al Romario, per haver mentit a l'Audiència Nacional (encara que l'Audiència, en el nostre cas, vol que se li digui una mentida).

Al locutori, el Sergi m'explica la reunió que ha tingut amb l'exjutge estrella de l'Audiència Nacional. Diu que molt bé, que té moltes ganes d'ajudar i que tothom a l'Audiència sap que la Lamela és molt fluixa i que treballa poc, que fa el que li diu la fiscalia o qui sigui. El Sergi també m'explica que es reunirà amb el Barto per veure què pot fer el Barça i que el *hashtag* va molt bé.

«Person of interest»

Rebo el Gonzalo Boye, un advocat que m'ha recomanat el meu amic José Sanclemente, president d'*Eldiario.es*. Boye coneix molta gent de la FIFA i del món del futbol. Em diu que està en contacte directe amb el fiscal dels Estats Units pel tema de la FIFA i que no hi ha res contra nosaltres; només soc una *person of interest*.

Truco a la Marta i em diu que surt d'una reunió d'advocats on li han confirmat que tot ve dels Estats Units, quan ara ja sé que és tot el contrari... Jo crec que és una barreja de tot plegat; si no, per què hi ha el Joan a la causa? Li dic que anem amb compte amb els advocats, que molts només volen facturar.

Ens deneguen el trasllat

Ens donen un paper d'Institucions Penitenciàries en què se'ns informa que no ens admeten el trasllat a Catalunya perquè hem d'estar disponibles per a les diligències de la jutgessa! Però si no n'hem fet cap, de diligència! Si ets català, com que l'Audiència Nacional és a Madrid, lluny de casa nostra, et fots i estàs lluny de la família. Si ets de Madrid, a prop. Un altre greuge comparatiu! Don Antonio ens diu que el director està enfadat amb l'escrit presentat a Instituciones Penitenciarias per part dels nostres advocats, el que ens acaben de denegar i que ja fa una setmana van explicar a la SER, perquè en l'escrit el Joan i jo diem que estem junts a la cel·la, i això fa que reconeguem que la presó ens està donant privilegis, perquè, en altres casos, separen les persones d'un mateix cas, però en el nostre estem junts per humanitat i pel tema del Genís. No ho sabíem, i els nostres advocats tampoc. Però no sembla tan estrany; en absolut ho veiem com un privilegi. De totes maneres sabíem que dirien que no al trasllat. A tot, absolutament a tot el que hem demanat, la resposta de la Lamela sempre ha estat que no.

Ve la Nuria, que, després d'haver parlat amb gent, ja no té tan clar que ens puguin donar la llibertat. Aprofito per dir-li que, com li vaig dir, això no és segona divisió, sinó la Champions, i que aconseguir la nostra llibertat no és tan fàcil, perquè hi ha corrupció política i clavegueres de l'Estat al darrere. Ara també em creu. Que ella seguirà, i que la jutgessa i la fiscal odien l'Andrés. Per què és català? Jo crec que perquè professionalment les ridiculitza i perquè és català.

En Jordi Sànchez hi renuncia

Em trobo el Jordi Sànchez i m'explica que renunciarà a ser candidat a president de la Generalitat i ho serà el Turull. M'agrada el Turull, molt cerebral. És un perico ben parit. M'ensenya la resolució del jutge Llarena que no el deixa sortir i que diu textualment que un dels motius és perquè reincidirà. Com ho sap que reincidirà? Que és Déu i sap el que passarà o el que deu pensar el Jordi Sànchez? Un escàndol democràtic.

Una carpeta de Qatar'22

Em ve a veure el Gonzalo Boye, fem seguiment de les últimes notícies. La fiscalia dels Estats Units només té informació sobre algunes persones en una carpeta de Qatar'22, com a *person of interest*, com m'havia dit. Penso que podria ser que tota la informació falsa els l'hagués donat algú per salvar el cul als Estats Units?

Si aguantem, ens assegurem el triomf

El Gonzalo Boye és molt estratègic i ha tornat a parlar amb el fiscal dels Estats Units, que li ha dit que no hi ha res de res. Jo li explico que Espanya està utilitzant el nom dels Estats Units per mantenir-nos tancats. I que moltes respostes a preguntes complexes són a mans d'Andbank; ell ja sabia alguna cosa d'això. Però pensa que no és necessari demanar la llibertat ja, urgentment; potser és millor esperar i presentar escrits per tenir assegurat el triomf posterior; anar fent arxiu documental a favor nostre. Calma! Si aguantem més dies tancats, pot acabar sent millor. Ostres, quina paradoxa!

Surto content de la reunió. El Gonzalo Boye també té una trobada amb la direcció d'*Eldiario.es* per explicar-los el cas. Crec que és dels pocs mitjans independents que hi ha, que no depenen de la publicitat, ni de l'Ibex-35, ni dels diferents estaments públics. Viuen amb les quotes dels subscriptors i així poden publicar lliurement, sense pressions del poder econòmic o polític.

Arribo al *chabolo* i li dic al Joan que potser és millor no sortir en llibertat. Em mira com si estigués boig. Quan l'hi explico, ho entén. Ara ja fa 300 dies que estem tancats.

Expedient al Cuixart

Don Antonio ens explica que li han obert un expedient al Cuixart per un article que va fer a *El País* en què deia que estava bé amb els interns i els funcionaris. Han fotut bronca a la direcció de la presó perquè el Cuixart estava bé! I la presó li ha obert un expedient. Tela!

Aprofitem per demanar-li a Don Antonio un vis-a-vis extra trimestral per Setmana Santa aprofitant que les nenes són a casa. Pel que fa al trasllat, ell tampoc entén per què ens l'han denegat.

El pagament de BSM

El Pau i l'Andrés han anat a dinar amb el Baltasar Garzón. Han estat parlant de jurisprudència comparada, de jurisdicció, de sobirania i de la manca de competència que té l'Audiència Nacional per investigar el cas. Han compartit el que els catedràtics del Molins, ells mateixos i el Baltasar opinen de tot plegat; tots estan d'acord en l'animalada del cas. De moment, no caldrà la seva col·laboració. El Pau i l'Andrés ens comenten novetats en les inspeccions fiscals i que estan analitzant la compravenda de BSM des del vessant tributari. L'Agència Tributaria ha fet dos interpretacions contradictòries de la venda de BSM. Ja veurem com acaba.

El Gonzalo a aïllament

S'emporten a aïllament el Gonzalo, un intern que està empresonat per haver estat transportista en un cas de tràfic de drogues de la màfia italiana. L'ordre ve d'Instituciones Penitenciarias de Madrid. No sabem exactament per què. Quina putada, sobretot per a ell, és clar, perquè aïllament és la presó dins de la presó, horrorós, i també és una putada per al Joan, perquè és el seu professor d'anglès, i per a mi, perquè és el meu company de ràquet i és molt bon tio. Esperem que pugui tornar aviat.

Tots a la presó

El magistrat del Suprem Pablo Llarena ha enviat, per segona vegada, a la presó el Josep Rull; el Jordi Turull, que finalment no va ser escollit president de la Generalitat, i també el Raül Romeva, la Dolors Bassa i la Carme Forcadell. La Marta Rovira no s'ha presentat i sembla que ha fugit a Suïssa.

El Gonzalo Boye m'explica la conversa que podem tenir amb

el fiscal dels Estats Units per veure si interessa fer intercanvi d'informació, tot i que no tenim res a explicar. També m'explica com estan preparant la sortida a la premsa. Després de Setmana Santa sortirem a *Eldiario.es* i altres mitjans (diu que també a La Sexta). El Gonzalo Boye seguirà el cas perquè la premsa ho expliqui bé i continuarà parlant amb els Estats Units.

El Puigdemont, detingut

Don Guillermo ens avisa a mitja missa que han detingut el Puigdemont a Alemanya per requeriment de l'euroordre que va tramitar el jutge Pablo Llarena. El Puigdemont tornava a Bèlgica des de Finlàndia, on havia anat a participar en uns actes.

Arran de la detenció, hi ha hagut manifestacions a Catalunya. A Barcelona, la manifestació ha acabat amb càrregues dels Mossos.

El Puigdemont està tancat en una presó a Alemanya, on la rebel·lió està castigada amb condemnes que van dels deu anys a la cadena perpètua. Ara la decisió de si serà extradit a l'Estat espanyol ha quedat en mans de l'Audiència Territorial del petit estat federal alemany de Schleswig-Holstein.

Aprofitem la missa per demanar al Paulino que pregunti pel Gonzalo, que segueix a aïllament.

Es respira optimisme

Ens venen a veure l'Alejandro, marit i soci de la Nuria i també advocat, i el Roberto, i ens asseguren que segur que ens trauran si presentem l'escrit de llibertat, signat per la Nuria davant la jutgessa a la Sala. Ens expliquen que la Lamela odia l'Andrés i el despatx del Pau Molins, i jo els dic que és brutal que odiïn l'Andrés per haver dit la veritat i haver fet la seva feina. Diuen que tenim raó, però que l'Audiència Nacional funciona així: que els jutges volen que els facin la pilota i que la Lamela, m'asseguren, és superarrogant.

Truco a la Marta i em diu que avui els advocats han presentat un escrit desmuntant l'informe «fals» del Romario en què es diu que els ha enganyat a tots i que el que va dir l'exjugador era una opinió seva, i no, en canvi, un informe oficial del Senat, on ell és senador, com va voler pretendre. El Romario segueix actuant en la seva vida com jugava al futbol, enganyant el defensa, però en el futbol és el que s'ha de fer, i en la vida quotidiana, no.

L'hi explico tot al Joan malgrat que he estat a punt de no ferho per no donar-li falses expectatives, però al final ho faig, perquè crec que té dret a saber-ho.

El Puigdemont està en presó preventiva a Alemanya fins que decideixin si l'extradeixen o no. Al locutori he parlat amb el Sànchez, que està que trina amb el Puigdemont per haver-se arriscat tant quan no calia viatjant en cotxe des de Dinamarca. M'ha dit, desanimat, que segur que estaran tancats fins al judici, que si és ràpid serà a l'octubre. Males sensacions per a ells.

«Amb el punyal rovellat a les dents»

Em ve a veure l'Ismael Oliver, l'advocat de la Villalobos, que em va oferir coneixe'l per tenir una visió més del nostre cas. Entro a parlar amb ell. De seguida em cau de conya, amb molta empatia. Se'l veu un senyor de Madrid, obert al món, i molt intel·ligent. Li explico el cas i em diu que intentarà veure per què la tenen agafada amb nosaltres. S'interessa molt quan li dic que pensem que hi ha una conspiració d'alguns membres del CNI i privats en el cas, que no hi ha delicte font i que els han enganyat, o s'han deixat enganyar, amb l'informe fals del Romario. Em diu que els meus advocats són molt bons, però avui ser català és molt perjudicial, i que el Molins i companyia han sigut molt naïfs, massa bona gent. «A l'Audiència Nacional s'hi ha d'anar amb el punyal rovellat a les dents», diu. M'assegura que preguntarà també per què la Lamela i els jutges de la Secció Tercera sempre ens ho ha denegat tot. Creu que serà difícil que la Lamela permeti la nostra llibertat, perquè té molta pressió política. Pressió política de qui? Només penso en una persona amb tant de poder dins del govern d'Espanya.

Trenta-cinc anys tancat

Torno al mòdul i parlo amb el Miguel, financer. Diu que «los huevos, los que dejé en la entrada de la prisión, me los pondré de nuevo cuando salga». Parlo amb un intern que acaba d'entrar i diu que només s'estarà dues setmanes com a màxim, i un colombià, l'Héctor, li respon: «¿Dos semanas? Sí, dos Semanas Santas». Hem rigut molt.

Després hi ha hagut una petita baralla, entre el Miquelet i el Pepe, un merengue molt merengue que ens cau molt bé. El Joan li ha dit al Miquelet: «No val la pena barallar-se per quatre dies que serem aquí». I el Miquelet li ha respost que ell fa trenta-cinc anys que està tancat. Al Joan se li ha escapat, encara que són frase fetes, i li ha sabut greu. De fet, nosaltres mateixos ja fa que som aquí força més que quatre dies.

Qui signarà la llibertat?

La Marta em diu que els Molins no volen que la Nuria signi la llibertat perquè ja ens va anar malament amb el despatx de l'Íñigo i el Mario, i que fa mala impressió canviar cada dos per tres d'advocat. No entenc l'obsessió de tots els advocats per signar l'escrit de llibertat.

Al locutori he trobat el Cuixart, que ja veu que es queden aquí fins al judici. Estan una mica desanimats. Mentrestant, a Catalunya tallen carreteres i autopistes, i hi ha moltes manifestacions.

L'Ismael ha vingut a veure'm perquè té novetats. Es veu que la Lamela no coneix gaire el cas i per això és tan incongruent en les resolucions. Ell ha escampat per l'Audiència que jo vull posar-li una querella i que ell ho està frenant, però no sembla que això importi a ningú. En fi! Li dic que truqui a la Marta per saber qui ha de signar el document de llibertat. L'Ismael em diu que l'Andrés no, que l'odien, i això influeix en la no-llibertat. Que fort que si el signa un advocat o un altre hi pugui haver un resultat diferent! Que signin el Pau Molins i la Nuria, és la seva opinió. Li dic que el necessito per a la segona fase.

Més tard, la Marta em confirma que ha parlat amb l'Ismael i que han decidit que l'escrit només el signarà el Pau. Ja no discuteixo més.

Confessió col·lectiva

A la missa de Via Crucis, el Paulino com sempre ha estat molt bé. Avui ens ha fet fer una confessió col·lectiva; qui ho volia, podia escriure els seus pecats en un paper. Després el Paulino els ha tirat en un recipient i els ha cremat perquè diu que ell no n'ha de fer res, dels detalls dels pecats de les persones, no com abans, que els capellans sabien les vides de tothom, i això els donava més poder. La informació és poder.

Abril del 2018

Viatge a Londres

La Marta ha anat a Londres a veure la Joana perquè té una audició. La Joana ha estat acceptada en una escola per a l'any vinent a prop de Bath. La Marta em diu que va parlar amb l'Ismael i que li ha dit que s'ha llegit tots els escrits i que està indignat pel que ha llegit. Que ja té clar el que ha passat i com actuar, i que vindrà a explicar-m'ho.

El Joan té vis-a-vis amb el Genís, la Urgell petita, la seva filla Cèlia i la Carmen. El Genís es passa tota l'estona demanant que li compri el cotxe adaptat. El Joan li diu que si es porta bé amb la mare l'hi comprarà quan surti.

L'agressivitat del Llarena

Vaig a fer *spinning* i parlo amb el Jordi Cuixart. El veig fotut per l'agressivitat amb què està actuant el jutge Llarena i tot el que ha escrit sobre ells, i com justifica mantenir-los a la presó. Brutal! Jo li dic que segur que tard o d'hora Europa reaccionarà. No pot ser que estiguin anys tancats per res, només per pensar diferent. Li dic tenen dues guerres diferents: la de l'Audiència Nacional i el Suprem, d'una banda, i la presó, de l'altra.

Al Maluquer li demano que enviï un mail a l'advocat americà dient que ens han tractat malament pel tema de la venda de Viagogo. Ens toca fer-ho, ara que els meus socis han fet la venda i ja no els puc perjudicar, i explicar-los que estem sent discriminats envers la resta de socis.

Pel que fa al tema d'Hisenda, li dic que avisi la Conchita Lorente, la meva assessora fiscal, i que treballem el fons de la qüestió, i no tant la forma. Que no he desfalcat res de res! Però si sempre els dic als meus assessors que siguem molt escrupolosos amb Hisenda! El que és més fort és que Hisenda manté, en la mateixa inspecció, que jo no vaig arribar a vendre l'empresa BSM (i, per tant, els diners rebuts no ho són com a preu de l'operació, sinó com a dividends) i, alhora, li diuen al comprador que ell sí que la va comprar realment. Però, com pot ser això? Una cosa no pot ser i no ser alhora. És el que ja m'havien explicat els advocats de la interpretació contradictòria d'Hisenda. El Maluquer em diu que parlarà amb la Conchita.

Després estem d'acord que ens hem equivocat amb l'estratègia al cent per cent. Escrits massa bons i establint càtedra, que tenim massa raó i que estan ofesos perquè els escrits dels nostres advocats són massa bons. «L'excel·lència ens té a la presó», com diu el Joan, per la feina dels nostres advocats. Que no hem respost a les acusacions del fiscal, desgranant cada acusació amb una explicació. Ho hem fet molt malament per haver-ho fet massa bé, i perquè no hi havia estratègia. A més, el tema català no hi ha ajudat gens.

L'estratègia

Toca vis-a-vis i em venen a veure la Marta, la Joana, la Mariona i el Sergi. Ens abracem com sempre, sobretot amb la Joana, que feia dies que no veia. Els explico com funcionarem a partir d'ara. L'estratègia la marcarem nosaltres, perquè l'Andrés afirma que, si la jutgessa diu que no, no hauríem de recórrer a la Sala. Els dic que no, que sí que recorrerem a la Sala i que es farà com nosaltres diguem. La Marta ha de parlar amb la Conchita per donar-li força i suport en la inspecció, que està sent molt dura.

La Joana em posa al dia de les audicions que ha fet; vol continuar al Regne Unit tres anys més fent la carrera de ballet. Els dic a tots que crec que aquest cop sí que sortirem en llibertat.

L'Andrés ve i insisteix a dir que creu que, si la jutgessa diu que no, no cal que presentem recurs a la Sala, que és una pèrdua de temps. Li dic que no, que l'hem de presentar igualment, si la jutgessa ens diu que no, i que si llavors la Sala també ens diu que no, ens querellarem contra la jutgessa i la Sala, i farem molt de merder mediàtic a *Eldiario.es*. Ens ensenya els escrits i ens diu tot el que segueix fent. Quina llista de coses tenim pendents cada setmana! Hem descobert que el Romario va treballar per Traffic, que sembla que feien projectes conjuntament amb Mediapro. Que fort!

Arriba l'Ismael amb l'Andrés, amb qui s'ha entès perfectament, i m'alegro molt veure'ls treballar plegats. Fem una reunió confirmant l'estratègia. A més, li dic a l'Andrés que, si la jutgessa ho denega, vull que l'escrit a la Sala el revisi l'Ismael. Li donem tots els escrits a l'Ismael perquè estigui assabentat de tot i aconsegueixi que algú se'ls llegeixi, perquè ens diuen que la Lamela és poc treballadora. L'Ismael insisteix a fer escrits curts, que tenen més possibilitats de ser llegits. Que fort, tot plegat!

El Puigdemont, en llibertat

El tribunal alemany de Schleswig-Holstein ha deixat en llibertat el Puigdemont amb una fiança de 75.000 euros i ha descartat el delicte de rebel·lió. Quina hòstia a l'Espanya judicial. La Soraya Sáenz de Santamaría ha qualificat el tribunal de «regional». A més, Bèlgica ha deixat en llibertat sense fiança el Toni Comín, la Meritxell Serret i el Lluís Puig. Segona bomba!

Torna el Gonzalo

Al poli ens trobem el Gonzalo. Està molt content de tornar a ser al mòdul 4. El rumor, increïble, que corre per la presó diu que el van posar a ell i altres a aïllament per «culpa» de la pel·lícula *Fariña*. La pel·li mostra que el fiscal del cas accepta el tercer grau per a Laureano Oubiña massa fàcilment i, a conseqüència d'això, els seus caps el critiquen per ser tou. De retruc, n'han sortit perjudicats el Gonzalo i aquells que estan tancats per narcotràfic, per demostrar que no són tan tous. Difícil de creure que sigui així, però aquest és el rumor carcerari. Per fi, l'han tornat al mòdul, perquè el pobre, a aïllament, només sortia dues hores al dia a un pati petit i no tenia llum durant vint hores. Estan tot el dia sols i mengen sols al *chabolo*. Els que es tornen bojos i criden, els donen sedants.

Li dic a l'Anna Solé, l'advocada d'Andorra, que agafi l'informe que l'Andrés va fer del Romario i les notes sobre l'extradició del Ricardo Teixeira. Li explico que el que ha de fer és afegir-ho a l'escrit d'arxiu a Andorra com un annex, perquè és molt significatiu, i que ho presenti al Tribunal de Corts. I que parli amb qui sigui perquè els integrants del Tribunal, la batlle i el ministre vegin que estan equivocats, perquè amb l'informe ja queda clar que no hi ha delicte font ni cap comissió, ni legal ni il·legal; que ens avisi quan estigui fet i que es coordini més amb l'Andrés. Amb el Joan repassen tots els temes. Els més importants són la pensió d'invalidesa i la querella contra l'excap del Genís, que està preparant, per no haver garantit cap mena de seguretat als empleats.

Content per les nenes

La Maria i la Joana estan preparant les maletes perquè la Maria va a Londres a les pràctiques de Bloomberg. N'estic molt orgullós, però li demano que no s'oblidi de la carrera. Em diu que en els últims exàmens d'ESADE ha tret dos deus. La Joana marxa per reprendre les classes de ballet a Londres.

La Conchita va anar a la inspecció d'Hisenda i li volien fer signar un informe de la Guàrdia Civil. Lògicament no ho va fer. S'estan passant de frenada; la persecució és brutal.

«Eldiario.es»

Felicito el Gonzalo Boye per la feina amb el Puigdemont i em diu que en les setmanes següents portaran a Europa les decisions del Llarena i la Lamela per prevaricació. El Gonzalo Boye trucarà a l'Andrés per coordinar la comunicació amb *Eldiario.es*.

Indefensió davant les inspeccions d'Hisenda

La Marta s'ha reunit amb l'Andrés i la Conchita per defensar-nos de l'atac de l'Agència Tributària i veure com hem de procedir. Els dic que presentarem un escrit al·legant indefensió personal i econòmica, bloqueig, persecució política i abús de poder per part seva. El pitjor és l'abús de poder.

Al locutori, el Nervis Gerardo Villalobos i jo ens trobem amb l'Ismael. El Villalobos hauria d'haver sortit ja, però com sempre s'allarga. Ens diu que en tots dos casos veu molt difícil que ens deneguin la llibertat, que seria un escàndol polític, però que ja hi estem acostumats. Ell per ser veneçolà i jo, català? Tela! Que ell només està centrat a treure'ns i després ja muntarem una estratègia de defensa. Diu que hem de denunciar-ho tot o no ens respectaran.

Convençuts que sortim

Em ve a veure el Germà Gordó i m'explica que ha estat a Estremera visitant el Quim Forn, el Josep Rull i el Jordi Turull. Diu que en el nostre cas tota la gent de la judicatura es pensa que hem fet alguna cosa, però que no saben què, que no tenen res. «El més greu del teu cas és que no hi ha cas», em diu.

La fiscalia ens vol a la presó

L'Andrés ens diu que la fiscalia ha passat l'informe a la jutgessa demanant que ens mantinguin a la presó. Era el que esperàvem, però no sabem encara quin argument faran servir després de demostrar que han usat documents i informes falsos per posar-nos a la presó. Increïble!

L'Andrés diu que no entén res de res de la nostra situació i que està frustrat amb la professió. Que li ha donat a l'Anna l'informe fals del Romario per annexar-lo a la causa d'Andorra.

Voluntariat a infermeria

Després de fer atletisme, parlem amb el Julio, un colombià que és un dels voluntaris d'infermeria, que es dedica a cuidar els que estan malament del cap. Acollonant, la feina que fan. Un dia es va barallar amb un i el va deixar estès a terra d'un cop de puny. També ens ha dit que tots els grans homes de la història han estat a la presó, començant per Jesús. Aquesta explicació no ens convenç. És molt creient. «Uno estando en la cárcel es como un cohete que sube a la Luna [la Lluna com a paradís; el millor, l'objectiu], y que va soltando lo que no sirve mientras sube y consigue su objetivo vital». No se si ho he entès gaire bé, però, dit per ell, amb l'accent colombià, queda de collons.

Acusació d'Hisenda

La Marta m'explica que Hisenda ha començat l'acusació penal que buscaven com bojos i que l'han aconseguit engegar, amb una interpretació surrealista: un frau del 2012 de 200.000 euros. El delicte és a partir d'una quota defraudada de 120.000 euros. Quan és per una mica més sempre porten el cas per via administrativa perquè la possibilitat d'errors en el contribuent és elevada, no hi ha *dolo*, i per això no totes les quotes de potencial frau de més de 120.000 euros es consideren penals. La meva s'ha considerat penal de seguida. La Conchita diu que ho han forçat tot i que fins i tot l'inspector se sent malament. Li dic que els comenti que l'hi facin signar al seu cap, perquè ens acabarem querellant contra els inspectors, i són ells els qui pagaran els plats trencats per cedir a les pressions dels caps.

Novè «NO»

El Joan truca a la Carmen i li diu que la Lamela ha tornat a dir que no a la nostra llibertat. Com sempre, dels nostres arguments, dels documents falsos del Romario, ni en parla. Continua dient que la Confederació Brasilera de Futbol hauria hagut de cobrar més i que ha d'esperar una rogatòria. Dues animalades! Ara resulta que la Lamela en sap de futbol brasiler i de drets televisius de partits amistosos. Quant més havia de cobrar la CBF segons ella? Un exemple que em confirma que la Lamela no llegeix els nostres escrits és que argumenta que tinc diners en un compte a l'estranger, tot i que li hem presentat un certificat que diu tot el contrari. Però ella com si res. Valen més les seves sospites que la veritat certificada amb documents. Sembla que l'escrit de la fiscalia és el més demolidor que ha fet fins ara. No tenim cap més opció que aguantar, un cop més.

Una notícia encara pitjor

És Sant Jordi, dia dels enamorats a Catalunya, i truco a la Marta. Em dona una notícia que, malgrat que l'esperava, em deixa fet pols, evidentment moltíssim pitjor que el novè «no» a la llibertat. Tot es pot arreglar, menys la mort. El càncer ha guanyat a la meva estimada amiga Anna Vergés. Ens ha deixat. Ens escrivíem moltes cartes des de la meva entrada a la presó. Ja no m'escriurà més. Em costarà molt perdonar la Lamela que, per la seva decisió injusta, m'hagi privat d'acomiadar-me'n. Va ser la persona que més va creure en mi amb el llibre que vam escriure l'any 2006, *Benvingut al món real*. La trobaré a faltar.

Material requisat

El Lucas ens explica que, quan va tornar de permís, va arribar amb vuit parells de Nike, *shorts* i samarretes, i l'hi van requisar tot. El cap de seguretat li va dir que les vambes eren per fer *trapicheos*. Li va contestar que totes eren de la mateixa talla i que eren per a ell. I per això li han obert un expedient. Li han comunicat que el fan fora de la feina a l'economat i que, a més, el canvien de mòdul. No entenem res. Sembla que va discutir una mica amb el funcionari i avui li han recordat que és molt vanitós i que ha de recordar que aquí ell no és ningú. Sona a enveja del funcionari. I sembla que més gent li té enveja, perquè és un tio ben plantat amb calés. Aquí també s'ha de passar desapercebut, com a la vida. Els amics ens quedem fotuts, perquè el Lucas és d'aquells que sumen i que ajuden a canvi de res.

Preparem el recurs

Em venen a veure l'Andrés i l'Ismael per preparar el recurs. Per fi dos advocats de despatxos diferents treballant junts de veritat! Repassem l'auto de la jutgessa i l'escrit de la fiscalia. Com sempre, tot manipulat, inconcret o fals. Decidim preparar un recurs amb tots els punts i les conclusions amb explicacions adjuntes. Per tenir menys fulls i anar al punt directe de la injustícia. L'Andrés i l'Ismael el prepararan i el repassarem junts. A més, li dic a l'Andrés que comenci a pensar en un nou escrit de llibertat, una querella a la jutgessa o la Sala o un escrit d'arxivament.

En Barto fa una declaració institucional per la Copa del Rei. Hi diu que la meva presó és desproporcionada i també defensa els polítics.

Els estalvis

Arriba un nou vis-a-vis i venen la Marta; la Maria Antònia, la meva sogra; la Mariona, i la mamà. Molt emocionat amb l'abraçada de totes quatre. Parlem de coses pendents, sobretot dels escrits que presentarem. La Maria ja té les pràctiques a Londres a Lindt (empresa de xocolata) per a l'estiu.

Dels estalvis que hem hagut de fer, els dic que em semblem bé, però que apliquin el sentit comú, perquè, per exemple, per voler estalviar a la masia, s'han mort dues palmeres pel maleït escarabat (cada una valia 5.000 euros, és a dir, hem perdut 10.000 euros) per no haver pagat 500 euros al jardiner perquè les ensulfatés.

Després del vis-a-vis, em ve a veure la Nuria al locutori. Diu que està indignada perquè tot plegat és una injustícia i que vol parlar amb la jutgessa. Veurem què passa. Li dic que el seu contracte verbal l'ampliem quinze dies més fins a finals de mes, tot i que va dir que ens podria treure al març i estem a finals d'abril.

La gossa mor ofegada

La Marta em dona la mala notícia que la Lola, la nostra gosseta, ha mort ofegada a la piscina. Hi ha caigut i no ha pogut sortir-ne perquè ningú ho ha vist. Millor així de cop que no anar aguantant la seva vellesa, ja tenia catorze anys. Pobreta, mira que era guapa i carinyosa. Les nenes han tingut un disgust enorme, però en el fons la pena que ens causa aquesta mala notícia no és comparable amb l'angoixa de les males notícies que poden arribar que afecten les vides dels amics o la família.

El certificat brasiler que ens exculpa

Em ve a veure l'Ismael. Ja tenim preparats els dos esborranys del recurs, el de l'Andrés i el de l'Ismael. Per a mi el de l'Ismael és més agressiu, i crec que és cap on hem d'anar. De seguida, arriba l'Andrés molt excitat; se'l veu content. Per què? Hem rebut un certificat de la Confederació Brasilera de Futbol (CBF) en què es diu tot el que cal per exculpar-nos de tot. És brutal, amb aquest certificat cau tot! La CBF diu que mai s'ha sentit perjudicada per mi i que no té res en contra meu; tot el contrari, ens felicita per haver-li augmentat els ingressos. L'estratègia és presentar a la Sala el recurs i paral·lelament informar la jutgessa del nou certificat per donar-li l'oportunitat de repensar-se l'última decisió del no, abans d'anar de nou a la Sala i de la querella que li interposarem. Tots estem molt motivats. L'Ismael anirà personalment al jutjat a presentar el certificat. La importància del certificat radica en el fet que desmunta tot el relat del fiscal, que deia que la CBF era pública, que va ser perjudicada i que volia iniciar accions contra el Teixeira i contra mi. Tot fals, el certificat diu tot el contrari! Per fi, bones notícies.

L'escalf de les penyes

Em venen a veure el Toni Guil, president de la Confederació Mundial de Penyes del FC Barcelona, i el Pau Vilanova, el Juan Carrión i el Josep M. Coronas, aprofitant que han viatjat a Madrid amb motiu de la final de la Copa del Rei que juga el Barça contra el Sevilla. Només pot entrar el Josep M. Coronas perquè és advocat. Tots els altres s'esperen a fora. Em porta un llibre i una llibreta dedicada pels trenta presidents de zona de penyes. Brutal! El Josep M. llegeix les cartes que porten. La seva personal és boníssima. El Joan plora. M'explica que al matí han fet una reunió els trenta presidents i ell personalment els ha explicat el no-cas. Tots indignats encara més! Ha fet com a mi m'agrada, explicar el fons de la qüestió. En sortir hi ha premsa esperant. Li dic que digui que gràcies a tots, que els estimem i que demà al partit cridin una mica més per dos que no podran ser-hi.

A La Sexta, surt el Toni Guil i diu literalment: «Si el Sandro Rosell no hagués sigut president del Barça, no seria aquí tancat!». Molt bé, amb dos collons! Sembla, segons la Marta, que ja està sortint a totes les ràdios el tema del certificat de la Confederació Brasilera de Futbol i que això demostra que ho hi ha delicte. Veurem com evoluciona.

El Villalobos sense llibertat

A l'*spinning* trobem el Lucas i ens diu que li han arxivat l'expedient que li havien obert pel tema de les vambes. Quina hòstia per al funcionari. Aviat podrà tornar al mòdul 10!

Estem contents, però aviat s'acaba l'alegria perquè ens assabentem que l'Audiència Provincial de Madrid ha denegat la llibertat al Villalobos, el veneçolà amic nostre, en contra del que pensaven els seus advocats, un d'ells l'Ismael, que col·labora amb nosaltres. Ser veneçolà i tenir calés no ajuda.

A la presó, tots som iguals

Anem a una xerrada en què ens diuen que la presó és el lloc on menys diferència hi ha entre rics i pobres. Tothom s'iguala molt. L'única diferència és la roba que portes i el peculi, que té un màxim de 100 euros a la setmana. Tots som iguals, sí, però també és cert que aquí tenir o no tenir peculi és una gran diferència. I encara més ho és tenir o no tenir advocats bons. Com a la vida, al final no tots som iguals per a les coses bones i les dolentes.

L'ambaixador andorrà

L'ambaixador d'Andorra ha vingut a veure el Joan. El Joan li ha tirat la cavalleria per sobre i li ha explicat les noves proves que hem presentat. L'ambaixador li ha portat bombons Ferrero-Rocher i, en sortir, el veteraníssim funcionari Don Carlos li ha preguntat: «¿Has estado con Ferrero-Rocher?», fent broma per l'anunci de la marca i l'ambaixador. El Joan s'ha quedat acollonit per la coincidència.

El cas d'Altsasu

Als nois del cas d'Altsasu els acusen de terrorisme i la fiscalia els demana més de seixanta anys de presó. Qui? El fiscal Perals, el nostre fiscal en els casos Neymar 1 i 2! Al judici avui el Perals ha posat en dubte un vídeo en què es veu el guàrdia civil lesionat després de la baralla amb una camisa blanca impecable, sense sang, com deien, i també com saluda la gent i increpa el que grava el vídeo. O sigui que no sembla que l'acabessin d'agredir físicament. Qui era el jutge instructor? La Lamela! Quin tàndem! La Lamela i el Perals no van voler acceptar com a prova el vídeo tan descriptiu posterior als fets. La Lamela no el va deixar posar com a prova i el fiscal també diu que no el pot acceptar com a prova perquè es podria haver manipulat. La Lamela i el Perals (el mentor de l'Antonia, la nostra fiscal, que segons que ens diuen per l'Audiència, prenen cafè junts molt sovint). Quina casualitat! Tots els casos en contra de catalans i bascos són per a la Lamela i sempre els mateixos fiscals!

La vocació de Don Antonio

Camino i xerro amb Don Antonio, que m'explica que el seu problema és que, si vol ser professional —que ell ho és—, quan intenta ajudar els interns, reinserir-los i aconseguir-los el tercer grau abans perquè creu que ja estan preparats per sortir, els caps es pensen que els compren des de fora (per exemple, els *narcos*), i això és mentida. En canvi, si passa de tot, és mal professional, no fa la seva feina i s'oblida de l'intern i, per tant, no surt abans, ningú pensarà que estigui comprat o un venut. O sigui que aquí és millor ser mal professional que bon professional perquè no pensin malament de tu.

Burofax a Andbank

Al locutori parlo amb la Marta i li dic que l'Anna enviï un burofax a Andbank per demanar que afirmin que totes les transaccions fetes per Uptrend eren conegudes, legals i aprovades amb el vistiplau de l'entitat.

Discussió amb la Marta

No he dormit gens, perquè ahir em vaig enfadar amb la Marta per unes gestions que vaig demanar que fes i no ha fet per falta de temps o descuit o el que sigui. M'he trobat fatal espiritualment perquè ella és l'únic lligam que tinc amb la vida de fora i, enfadat, no he pogut dormir. L'important és mantenir la calma i no enfadar-se (tinguis raó o no) perquè va en contra teu. Li truco de seguida per poder-m'hi reconciliar. Fem les paus i em quedo més tranquil. Per una emprenyada a la qual a fora no donaria importància, aquí et cau el món a sobre.

El Barça s'ha proclamat campió de lliga amb un 2-4 contra el Deportivo amb gols del Coutinho i el Messi.

Maig del 2018

Traslladen el Cuixart

Per fi han traslladat el Jordi Cuixart al nostre mòdul. Li preparem un sopar urgent al *chabolo* amb el millor que tenim: salmó enllaunat amb oli i pebre. Demà el posarem a la nostra taula al menjador.

Han portat gent espanyola directament d'ingressos al mòdul 10 i ens estranya. Potser són polis, perquè coincideix amb l'arribada del Cuixart. O potser estem massa sensibles. El Cuixart està encantat, molt content. Diu que potser també portaran el Jordi Sànchez. Sembla que aquestes ordres venen de dalt i que són un intent per millorar la situació per part del govern.

Esmorzem amb el Cuixart

Primer esmorzar amb el Jordi Cuixart, que està emocionat de ser aquí, al mòdul 10. Diu que no hi ha soroll. Te raó, al mòdul 10 hi ha molt menys soroll que en altres. Riem perquè xerrant amb un colombià ens diu: «Una mujer guapa, si está con un hombre pobre, el hombre no es el propietario, es el testaferro!».

Convidem a tothom a venir al nostre *chabolo* perquè tastin l'allioli. L'ha fet l'Esteve, un català que és al mòdul; no sabem què ha fet o ha deixat de fer, i si ha perjudicat o no algú, però aquí dintre és molt bon tio i solidari. Ho fa amb un bol de plàstic i fent servir un desodorant de roll-on buit com a mà de morter. Com que està boníssim, hem convidat tothom a tastar-lo amb unes crackers. També el tasten el Cuixart i el Villalobos. M'encantaria saber lligar l'all i l'oli com fa l'Esteve, però a mi no em surt mai.

Benvinguda al Jordi Sànchez

També han portat el Jordi Sànchez al nostre mòdul. Li dono la benvinguda i em diu que tot aquest moviment d'ells dos es pot interpretar com una ordre que ve del govern per rebaixar una mica la bola. Tant de bo sigui veritat.

La jutgessa, com si res

L'Andrés ens explica tots els escrits que estan presentats i els que presentarem. Es veu que la jutgessa no ha donat resposta sobre l'elevat valor del certificat de la Confederació Brasilera de Futbol que ens hauria d'haver eximit de responsabilitat; simplement ha dit que s'adjunti a la causa. Brutal! També s'han rebut dos nous informes de la Policia Nacional que només busquen perjudicar la meva imatge, sobre si vaig resoldre un contracte amb Nike per blanquejar diners amb el Teixeira. Blanquejar diners de Nike? Tot fals, i ells ja ho saben. Sempre surt alguna cosa de la Policia Nacional quan nosaltres presentem documents d'innocència, quina casualitat! A més, l'operació a la qual es refereix està documentada, auditada, i és correcta. Van molt forts! Per què tanta ràbia i tant d'odi? Li dic a l'Andrés que comenci a preparar la querella a la jutgessa i a la Sala perquè sospito que la Sala dirà que no de nou sense llegir-se res.

Ordre des de dalt

Arriben Don Antonio i Don Guillermo comentant l'arribada dels Jordis al mòdul 10. Tothom té clar que és una ordre directa del

Juan Ignacio Zoido i que Presons ho ha hagut d'acatar a desgana. L'ordre de Madrid ha estat una gran sorpresa a la presó. Un funcionari m'aconsella que no estigui gaire a prop dels Jordis. Per què?

Truco a la Marta perquè li recordi a l'Andrés que l'informe de la Policia Nacional en què s'inventen l'operació de blanqueig ja es va presentar com a prova a la causa d'Andorra i l'havíem contrarestat fa anys amb un informe de KPMG.

El Paulino, al Camp Nou

A Barcelona ja ho tenen tot a punt per rebre el Paulino i el seu nebot. El Barto s'hi ha bolcat. És molt bon tio, el Barto. Aniran a la llotja del Camp Nou a veure el Barça-Madrid, però abans dinaran amb la meva família.

El Paulino em ve a veure perquè li doni una nota per a la mamà, perquè, com que el partit cau en el Dia de la Mare, ell s'encarregarà de portar-l'hi.

Rumors d'investidura

Faig tertúlia amb els Jordis. El Cuixart em diu que un nom que sona és el del Ferran Mascarell com a president, i el Jordi Sànchez em pregunta quines notícies han donat a la tele, perquè ell no en té i no en vol tenir. El Jordi Sànchez és un filòsof, un pensador, molt reflexiu. Li dic que l'Eduard Pujol ha dit que abans del dia 14 de maig serà investit el Puigdemont i ell queda sorprès. No en sabia res. Comentem que des d'aquí no es pot controlar res. Has d'assumir que aquí estàs aïllat i que has de deixar que els de fora prenguin les decisions, encara que no t'agradin.

L'abraçada del Miquelet

Al Miquelet, el pres del Pirineu que està tancat des de l'any 1985, el traslladen a una nova presó, cosa que és habitual amb presos que tenen delictes de sang. Li he volgut fer una forta abraçada, però quan m'hi he acostat, me l'ha rebutjat i m'ha dit: «Perdona, però és que fa trenta-cinc anys que ningú m'abraça». M'he quedat glaçat. No tothom vol rebre una forta abraçada. Em sap greu que marxi.

El Paulino amb la família

Truco a la Marta i m'explica que estan acabant de dinar. Al final amb el Paulino han estat vint-i-un a dinar, quasi tota la meva família. El Paulino ha llegit la meva nota a la mamà i m'ha dit que s'ha emocionat molt i ha plorat. El meu pare ha estat molt relaxat i content de coneixe'l.

Després de dinar han anat a la Sagrada Família. I després, al Camp Nou, on han quedat per veure's amb el Genís. S'han abraçat. És la primera vegada que el Paulino visita el Camp Nou. Han empatat 2-2, amb gols del Suárez i el Messi.

El Paulino, agraït

És dilluns i el Paulino ens ve a veure i ens narra com va anar la visita d'ahir a Barcelona. Ens explica totes les abraçades que va rebre de tothom, les converses amb el papà, i ens explica el moment en què ell li va donar la nota a la mamà i les flors de part meva. També està molt content de la visita a la Sagrada Família, i el millor: l'entrada al Camp Nou. Es va fer fotos amb tothom que és famós (el Barto, el Florentino, el Butragueño...), i m'ha dit que el millor ha sigut veure la humilitat de la meva família i la prudència de la seva visita. També ens ensenya el vídeo complet de l'entrevista del Pau Molins a Antena 3. Creu que ha estat molt bé.

El Paulino està molt feliç, i jo li dic que estic molt content de veure'l així, perquè ell ho fa tot pels altres, però que ningú fa res per ell.

M'explica una anècdota molt divertida: va anar a comprar-se

el *traje* que es va posar per anar a la Llotja del Barça a uns grans magatzems i no en va treure les etiquetes, perquè avui l'ha anat a tornar. Prefereix donar els diners als pobres que donar-los a la botiga. Quin crac!

Els passos que hem de fer

Al vis-a-vis em venen a veure la Marta, la mamà, la Mariona i el Sergi. M'expliquen tot el cap de setmana i el diumenge amb el Paulino. El Paulino els ha trucat diverses vegades per donar-los les gràcies.

Els explico tots els passos que hem de fer si ens diuen que no: certificat ISE, demanar una nova llibertat, presentar una querella a la jutgessa i a la Sala, i pla de comunicació a sac. La mamà em diu que necessita molt que torni; jo també a ella. Que emocionant.

Avui el Joan fa vint-i-cinc anys de casat. Passo per davant de la Carmen, en sortir del vis-a-vis, i li dic: «Vint-i-quatre anys són teus i un és meu!».

Notificació de diligència

Ens visita a la presó un funcionari del jutjat que porta el nostre tema per dir-nos que hem d'anar a declarar el dia 28 de maig. Truco a la Marta i ja sap que és per una petició de la fiscalia pel que fa als dos nous informes de la Policia Nacional. No tiren la tovallola. No paren. També li han dit a l'Andreu Ramos que hi ha d'anar el mateix dia.

En paral·lel, l'Andrés havia demanat a la Lamela que li donés còpia completa de la comissió rogatòria original dels Estats Units que va donar inici a tot el procediment i ara la Lamela contesta que el jutjat no la té. Que estrany, comentem, perquè la comissió original havia de ser en anglès i la que tenim nosaltres ja està traduïda, la qual cosa indica que en algun lloc ha de ser l'original, i només pot ser al Jutjat Central 3 de Madrid, que és on va arribar. L'Andrés insistirà perquè a la comissió es parla d'un compte meu de l'entitat bancària Goldman Sachs a Nova York, i jo no tinc ni he tingut mai cap compte corrent als Estats Units. Per això ho volem saber.

Com es pot considerar blanqueig un préstec

Em ve a veure l'Andrés. S'ha reunit amb possibles advocats dels Estats Units i no hi ha res. Valorem contractar-los, però decidim que és millor no fer res perquè són capaços d'inventar-se el cas per poder facturar. També s'ha reunit amb l'advocat de l'ambaixada de Qatar per explicar-li el tracte que estem rebent per haver treballat amb el seu país encara que no li dono gaire importància.

Comentem l'animalada que és haver d'anar a declarar pel nou informe policial. Li pregunto com es pot considerar blanqueig un préstec que està documentat, és real, i els diners (banqueritzats) s'han mogut d'anada i tornada —quan s'ha tornat el préstec—, i a més estan declarats a la Hisenda brasilera. Quedem que citarem els advocats d'ISE perquè vinguin a declarar i aprofitarem per tornar a demanar la llibertat, i la querella, si ens diuen que no.

Em ve a veure la Nuria al locutori. Em diu que està frustrada i acollonida pel nostre cas. Sospita que hi ha algú al darrere que ho està manipulant tot. Li dic: «Ya te lo decía y no te lo creíste». «Perdóname por no haberte creído, es un gran escándalo jurídico, lo que está pasando contigo!»

El Puigdemont anuncia que el candidat a la Generalitat serà el Quim Torra, de Blanes, com ens havia dit el Jordi Sànchez.

Investidura del Torra

Ha sortit escollit el Quim Torra com a president de la Generalitat. En la investidura, la CUP ha decidit abstenir-se. És el quart candidat dels proposats de la llista de Junts per Catalunya, després que el Tribunal Constitucional i el Suprem es carreguessin els tres primers (el Puigdemont, el Jordi Sànchez i el Jordi Turull).

Tothom ataca el Torra per uns tuits antics. Els Jordis són prudents amb el seu nomenament i diuen que és millor que fer noves eleccions.

El Torra ha acabat el seu discurs amb un «Visca Catalunya lliure».

«Treu-nos a tots»

El Jordi Cuixart ens explica que ha parlat per telèfon amb la seva dona, la Txell Bonet, i que en aquell moment estava amb el Puigdemont i el Torra a Berlín. Li ha passat el telèfon al Puigdemont i el Cuixart li ha dit: «Treballa per treure'ns d'aquí a tots», referint-se també a nosaltres.

Bolets

Al vis-a-vis d'aquest mes venen la Marta, la Mariona, el Sergi i el Baltasar, el meu sogre, amb qui em faig una abraçada forta i emotiva. Parlem del nou escàndol de la Sala si ens diuen que no. Vull veure com escriuran un altre «no» quan és evident que hauria de ser un «sí». Tornem a tenir dubtes de qui és la mà negra. És tot desmoralitzador. No sabem, encara que ho intuïm, per què som aquí, per què ens volen fer mal i qui hi ha al darrere! Parlem poc del dia a dia familiar. Els explico que, encara que no s'ho creguin, ahir vam menjar ceps a la presó! Els meus bolets preferits. Els va regalar un proveïdor de la presó al Polo, i els ha compartit amb nosaltres. M'encanta anar a caçar-los als Pirineus amb el meu amic Andreu. La Marta em diu que el pròxim vis-a-vis vindrà amb les nenes.

Després al locutori l'Andrés ens diu que encara no té l'escrit de la Sala, però que tothom els ha confirmat la negativa. Aquesta pel·lícula ja l'he vist massa vegades. L'Andrés m'explica el pla d'actuació de la setmana vinent: comunicació als mitjans per explicar que ja fa un any que estem tancats, declaració dels advocats d'ISE, preparació de la declaració pel tema préstec, preparació de l'escrit de llibertat després que declari l'advocat d'ISE, i si ens diuen que no, tirar endavant la querella. I començar a treballar de nou en el pla de comunicació. És desesperant! No entenc com encara no ens hem tornat bojos. Potser busquen això. O potser ja estem bojos i no ho sabem acceptar.

Quatre persones

Al locutori li explico a la meva neboda Carla que tenim vuit dies per trobar quatre persones conegudes que donin la cara per nosaltres davant la Lamela per dir-li que no fugirem. Estem valorant la possibilitat que la por que tenen que fugim sigui real —no hem de descartar cap opció—, i per afrontar-la volem que gent rellevant surti a parlar a favor nostre per minimitzar aquesta imatge tan dolenta que algú els ha venut de nosaltres. Després, guerra total.

El Juanjo Rovira m'explica que el nostre gran amic comú David Bellver, lleialtat personalitzada, és molt amic del Quim Torra perquè les dones treballaven juntes com a mestres al Thau. Li porta la comptabilitat i el dia que va sortir escollit li va trucar per dir-li que tanqués l'editorial, que si no el perseguirien fiscalment i empresarialment. Sap que Hisenda anirà a per ell.

Assumptes pendents a Andorra

A l'Anna Solé li faig la llista de les coses que cal fer: 1. Que les comissions rogatòries internacionals des del Brasil arribin al més aviat possible, perquè la batlle Canolich pugui arxivar el cas a Andorra. 2. Si no s'aconsegueix, treballar per l'arxivament al Tribunal de Corts. 3. Que algú d'Andorra cuidi el Joan, començant per la premsa. 4. Demanar el certificat de *compliance* de les transferències fetes des d'Andbank. 5. Que aconsegueixi desbloquejar els comptes del Joan i el meu apartament.

Visita del Quim Torra

El Quim Torra ha vingut a la presó a veure els Jordis. El Jordi Cuixart m'ha explicat que ha anat bé. Demà a la nostra tertúlia de l'esmorzar ens ho explicarà millor.

Què ens queda per fer

L'Ismael Oliver ens crida al Villalobos i a mi al locutori. Ens explica que el nostre tema està molt polititzat i que hi ha molt debat per buscar la manera que la Sala ens digui que no. Diu que ha parlat amb el Michel Assef, l'advocat del Ricardo Teixeira. Prepararem la petició de llibertat adduint la declaració de dilluns vinent.

El Michel arriba a la presó i em diu que el seu client li ha donat instruccions per ajudar-nos en el que calgui. Em confirma que el Ricardo Teixeira no ha arribat a cap acord amb els Estats Units, i que es preocupa per nosaltres. Li dic que es preocupi pel Joan. Se'n va amb la promesa de treballar amb l'Ismael i d'intentar accelerar la resposta de la comissió rogatòria internacional a Andorra per mirar de tancar-hi el cas.

Desè «NO»

Truco a la Marta i em diu que ha arribat l'escrit de la Sala confirmant el no. Un altre cop baix. No sabem si hi ha vot particular, suposo que no perquè la Marta no té notícies de l'Andrés i ella no ho ha llegit. Em comenta que no s'han esmerçat gaire en aquesta resolució i que no aporta res de nou. Però que la fiscal diu que som «beligerantes» perquè no parem de demanar la llibertat! Això deu ser una broma. Què vol el fiscal?, que no lluitem pels nostres drets tan trepitjats?

Diu que dilluns que ve declari relaxat, sense mala llet. Que difícil! Sense mala llet? Estaré davant d'aquesta dona dolenta i sense humanitat, i vol que no estigui de mala llet?

Preparem la declaració

L'Ismael i l'Andrés arriben i comencem a preparar la declaració que tinc dilluns en relació amb l'informe de la Policia Nacional. La idea és no respondre a la fiscalia i que jo respongui a la jutgessa, i el Joan, només al nostre advocat.

Durant la preparació tots comentem un fet increïble: tot i que la jutgessa va arxivar el cas contra el Teixeira, ara hem tingut coneixement que la Lamela acaba d'emetre una ordre a Suïssa demanant comptes corrents del Teixeira. Els dos advocats coincideixen a dir que això és prevaricació perquè està investigant una persona que ja no és a la causa com a imputat. L'Audiència li havia dit explícitament per escrit a la Lamela que no podia seguir investigant el Ricardo, però ella, sense fer cas dels seus superiors, segueix investigant-lo. El Teixeira es querellarà contra ella.

Ens passen la reproducció de les últimes entrevistes als mitjans de la Marta, el Sergi i la Mariona. Totes han quedat molt bé.

Moció de censura

Ens assabentem a mig matí que el Pedro Sánchez ha presentat una moció de censura contra el Rajoy per l'escàndol Gürtel i d'altres. Pot aconseguir-ho amb el suport de Podemos, els bascos i els catalans. Parlem que això és bo per als catalans, però el Jordi Sànchez ho dubta; diu que pot ser igual de dolent, ja ho veurem. A mig matí torna el Lucas, que ens explica que ha parlat amb un funcionari i que li ha aconsellat que estigui lluny dels catalans.

Pensió vitalícia per al Genís

La Carmen li diu al Joan que la Seguretat Social andorrana ha confirmat que li donaran una pensió vitalícia per invalidesa de 1.080 euros al mes al Genís. És una bona notícia perquè el Joan esperava un mínim de 600 euros i un màxim de 1.000 euros. Per fi una bona notícia d'Andorra, un país que estimo, i que el Joan adora (sempre farda de ser andorrà), però que a ell l'ha deixat abandonat.

Cartes al fill del Cuixart

El Jordi Cuixart ens explica que el dia 13 de cada mes escriu una carta molt llarga al seu fill Amat perquè quan sigui gran conegui el que va passar. Molt xulo. És una molt bona idea.

Seguim preparant la declaració

Ens venen a veure els advocats i l'Ismael em diu que és millor que també respongui al fiscal. Assagem les preguntes que té preparades. Proposem que el Joan llegeixi una carta que ha escrit queixant-se del procediment; que demà ens ho portarà tot preparat per revisar i complimentar. També té un esborrany del manifest del Ricardo Teixeira.

Suports polítics

El PDeCAT està dient que per donar suport al Pedro Sánchez han de negociar. Jo crec que estratègicament és un error. Li he dit al Jordi Sànchez que, si pot, faci arribar el missatge de «donem suport al Pedro Sánchez perquè pitjor no podem anar!». Res a canvi, de moment.

Toca anar a declarar. A les vuit ens fiquen a l'autobús. Li diuen la *perrera*, perquè són vuit caixes d'un metre per un metre amb dues cadires a cada caixa, sense cinturó de seguretat. Hi van setze persones. És una caixa de morts i de ferro horrorós. Tots dos anem emmanillats. Tot en contra de la seguretat de les persones, si malauradament hi hagués un accident.

Arribem a l'Audiència Nacional. Per sort ens posen a tots dos en un calabós, perquè avui hi ha molta gent. Que bé, perquè estar sol en un calabós és el pitjor de tot.

Em venen a buscar per anar a declarar. La jutgessa, molt antipàtica, em comença preguntant pel préstec al Ricardo Teixeira, des de Nike. Li explico com va ser: que el Ricardo em va deixar uns diners, que al cap de dos anys, i després de ser indemnitzat per la rescissió d'un contracte, els hi vaig tornar, que està tot documentat, financerament i comptablement, i que està revisat per KPMG. Però a ella no li interessa; insisteixo que no és com ella ho diu o ho vol pensar, que ho mal interpreta. Fa preguntes acusatòries, està molt antipàtica; li interessa més confirmar que soc dolent que no pas saber què va passar realment, no fos cas que la veritat em pogués beneficiar. Després la fiscal em fa dues preguntes que no venen al cas i l'Andrés em pregunta segons el que vam estar preparant per deixar clar l'origen dels diners, la feina feta, etc. En acabar, dic a la jutgessa que, si pregunten a deu amics meus si jo fugiria, tots li diran que no, però sé que ella s'ha de basar en proves i no en persones. Com que això dels amics no pot ser, li juro com a catòlic i persona que no fugiré i, si a mi no m'allibera, com a mínim que alliberi el Joan Besolí, que ell necessita sortir per estar amb el seu fill. Em diu que qui soc jo per dir-li el que ha de fer, que ella ja sap prou bé com ha d'actuar.

A part de mala jutgessa, aquesta dona és mala persona, perquè ni considera la situació personal del Joan i el seu patiment amb el seu fill en cadira de rodes, que el necessita més que mai. On vol que fugi, el Joan? A més, en les declaracions que hem patit amb aquesta senyora, fa la impressió que el que li diem no li interessa gens, perquè es passa l'estona mirant el mòbil. Està jutjant persones a les quals manté en presó sense cap justificació, i mentrestant deu estar llegint whatsapps dels seus amiguets. Una vergonya!

El Joan comença a llegir el que portava preparat, però la jutgessa el talla i li diu que vagi als fets. El Joan comença denunciant si ella té o no jurisdicció per tenir-lo a la presó i el talla. Ell va als punts i aconsegueix llegir-los, però ella, ni cas. Tampoc li deixa presentar el document, tot i que l'Andrés ho fa perquè el document manuscrit acabi a la causa.

En finalitzar, l'Andrés ens anima dient-nos que les nostres declaracions han sigut molt bones. Tots coincidim que l'animadversió que tenen la fiscal i la jutgessa en contra nostre, però també de l'Andrés, és evident, tot i que hem intentat ser la mar d'educats. Parlem trenta minuts de tot una mica i dels pròxims passos.

Tornem al calabós, que és el pitjor lloc de l'Audiència. Per sort encara estem junts. Parlem, dormim a terra una mica, fem passar el temps.

Ens venen a buscar i tornem a pujar a l'autobús. El trajecte és llarg perquè passem per l'Audiència Provincial, per Alcalá Meco 1 i 2, i finalment a Soto, tres hores. Horrorós, tancats en un dels boxs de ferro de la *perrera*. Els altres interns del bus comencen a parlar amb tres dones de box a box *a grito pelao* i intenten lligar. Un d'ells diu: «La rubia de bote, ¡chocho negrote!», i elles riuen i foten calents els tios: «¡Te enseñaré una teta! Yo tengo mi Charly, mi consolador». Una conversa d'un alt nivell intel·lectual!

Vis-a-vis especial

Esmorzant fem tertúlia i tots pensem que el PDeCAT i ERC haurien de votar a canvi de res. És un vot contra el Rajoy i no a favor del Pedro Sánchez. Tots hi estan d'acord.

Al vis-a-vis venen la Marta, la Maria i la Joana. Tots quatre sols, quina il·lusió! La Joana m'explica tot el que ha fet: els exàmens, que li han anat bastant bé, les audicions, que al final va a

Londres i que l'estiu el passarà amb el Tom i les amigues. No pararà. La Maria igual, que tots els exàmens molt bé i que a l'estiu se'n va a treballar a Lindt, a Londres, i a Tarifa, amb els seus amics *pijos* surfistes. Saben viure la vida i estic molt content que la meva situació no afecti els seus estudis i la seva vida de lleure.

És collonut estar tots quatre sols. Les nenes estan molt guapes i molt adultes. M'abracen tota l'estona. Si jo pogués estar amb elles cada tres dies, podria aguantar aquí el temps que calgués sense cap problema, però no és el cas.

La Marta m'explica que la fiscalia ha filtrat que «se ha descubierto que Rosell blanqueó más de 22 millones» o alguna animalada semblant, referint-se al que va preguntar la Lamela. El que fa la fiscalia és un escàndol. Qui fiscalitza la feina bruta de la fiscalia? Les filtracions que fa? En teoria, la fiscalia és el garant de la llei. I què passa quan qui és el garant de llei se la passa pel forro?

Entren els condemnats de la Gürtel a la presó. Han posat el Bárcenas i altres acusats en un altre mòdul. De moment, no han volgut ajuntar-los amb els Jordis.

Comparatives escandaloses

Ens hem assabentat que a la dona del Bárcenas i al marit de la Mato els han posat una fiança de 200.000 euros i 100.000 euros, respectivament. És acollonant: gent amb penes de quinze anys i podran anar a casa. Com sempre aquí, te n'alegres per tots els que poden anar a casa. Especialment, jo me n'alegro molt per la dona del Bárcenas, que només pel que l'he coneguda als mitjans em sembla una dona amb molta personalitat. Però nosaltres, que en principi podríem tenir penes d'entre sis mesos i sis anys, si fos veritat que hem fet alguna cosa il·legal i ens condemnen, som a la presó sense fiança. La comparació és megaescandalosa. Però creiem que és bo per a nosaltres.

Truco a la Marta i em confirma que els advocats també estan molt contents amb el tema de la dona del Bárcenas per fer-ho servir com a comparativa. L'advocat de l'Esteve, el Nacho, que havia treballat amb els Molins, ha sentit a l'Audiència Nacional que la meva declaració va deixar tocada la Lamela per mala professional davant dels funcionaris.

Per la tele sabem que la dona del Bárcenas ha vingut a Soto a passar la nit perquè no ha aconseguit els 200.000 euros.

Estic jugant a ràquet i quan paro arriben el Bárcenas, el López Viejo i el marit de la Mato, el Sepúlveda. Es presenten i els dic: «No os digo bienvenidos, pero encantado de conoceros. Qué, ¿pagando justos por pecadores?». «Sí, sí», responen.

Li dic que m'alegro que la seva dona marxi avui, perquè tenir la dona aquí dins ha de ser dur. I em diu que, a més, hi és perquè ell va signar en nom d'ella una declaració de renda. Al Sepúlveda li dic que té sort perquè marxarà quan pagui els 100.000 euros, i li aconsello que per pagar busqui deu amics que en posin 10.000 per barba, ja que si l'hi deixa tot una sola persona, tindrà garantida una investigació. Li dic al Bárcenas que la meva filla Maria anirà al concert del seu fill (Taburete) a Cap Roig. Ell em diu que en aquesta segona estada serà més bon minyó, perquè el primer cop que va entrar va tenir set denúncies de funcionaris. Diu que ve més tranquil. La primera vegada va estar dinou mesos al mòdul 4, i ara els han posat al mòdul 1. Venen a buscar el Bárcenas perquè sembla que la dona marxa i ell l'acompanya. Ha vingut el fill a buscar-la, el Taburete, que diu que ha recollit els 200.000 euros amb els seus amics. Els comento que, quan passin uns quants dies, demanin d'anar al mòdul 10, que estaran millor, especialment si hi han de passar l'hivern; la biblioteca és fonamental. Li dic al Bárcenas que ara encara ho pot demanar, però que, si la moció de censura funciona i mana el PSOE, aleshores se'ls pot complicar.

Aniversari del Joan

Avui és l'aniversari del Joan. Fa cinquanta-dos anys. Ha fet un vis-a-vis amb els seus i diu que l'Andreuet, fill de l'Andreu, s'ha emocionat molt. Han celebrat l'aniversari amb tinto de verano 0,0%. Avui el Joan els ha dit que volia passar-s'ho bé i no parlar de problemes.

A la tarda li hem preparat unes llaunes de begudes i un pastís. Li hem cantat el feliç aniversari en català, castellà, anglès i italià, ja que tenim un company italià amb nosaltres, l'Stefano. La gent se l'estima molt al Joan, i ha portat trossos del pastís que ha preparat el Polo als funcionaris. Ha estat molt bo quan el funcionari li ha preguntat: «¿De dónde habéis sacado el pastel?». I el Joan ha contestat: «No me pregunte, Don Manuel, ¡no me pregunte!».

Ens assabentem que el PNB dona suport a la moció; per tant, si no passa res, demà el Rajoy serà al carrer i el Pedro Sánchez serà el nou president del govern d'Espanya. És la primera vegada que una moció de censura tira endavant.

Juny del 2018

Moció al Rajoy

La votació de la moció de censura ha tirat endavant amb cent vuitanta vots a favor. El Pedro Sánchez és el nou president espanyol i creiem que això ens obre alguna esperança per millorar la nostra situació. Hi haurà canvi de ministres i gent que pot ajudar-nos perquè s'apliqui la justícia, que és l'únic que volem, justícia.

La situació a Andorra

Amb l'Anna Solé ens posem al dia del que està passant a Andorra. Sembla que pressionen pel tema de l'arxivament. El banc no vol donar el certificat de *compliance* i ho hem demanat per via judicial. Per què no, si tot el que es va fer va ser legal? Li diem que demani l'arxivament parcial del procediment per a mi, l'Andreu i el Joan. L'Anna pensa fer un requeriment a la batlle similar al que el Puigdemont ha fet al Llarena per declarar des de Bèlgica.

Filtració d'imatges

El Jordi Sànchez ens explica que s'han filtrat imatges del Junqueras, el Forn i el Romeva a la presó d'Estremera netejant vidres i el *chabolo* i fent classes. Tela!

Amb l'Andrés repassem al locutori tots els temes i em confirma que la fiscalia m'ha posat una querella per un delicte fiscal, inexistent segons els meus assessors. A més, les querelles penals tenen justificació quan el querellat (jo) conscientment ha volgut cometre un delicte sabent que ho era, i resulta que tots els meus números i les declaracions fiscals no les faig jo, les fan experts que cada any em diuen el que em toca pagar, i jo pago, sense preguntar. Ja no ve d'una querella més per part de la fiscalia contra mi, totes d'ofici. Coneixem la connexió entre la fiscalia i l'Agència Tributària, i imaginem que estan coordinats. Ara que anàvem bé, una altra querella. L'Andrés em diu que per aquests imports i per la discussió dels serveis personalíssims normalment es tramita per via administrativa, però que en el meu cas ho tramitaran per la via penal. Un cop més tinc l'honor de tenir un tracte especial i personalitzat. Li dic que miri com defensar-me. L'Andrés també demanarà a la jutgessa Lamela que tanqui la instrucció. Si diu que sí, potser també ens deixa en llibertat, i si diu que no, que ens enviï a judici al més aviat possible.

Hem decidit que a partir d'ara l'Ismael defensarà el Joan. Pensem que l'hem de separar de la meva defensa i que no el relacionin més amb el Molins, per la seva etiqueta catalanista.

L'esforç econòmic

Tenim vis-a-vis amb la mamà, la Mariona, la Laura i la Marta. Ens fem abraçades sentides com sempre. Parlem dels pròxims passos que cal fer. La Mariona m'explica plataformes i mobilitzacions que vol fer. Li dic que endavant amb tot. Felicito a la mami Los pels seus vuitanta-dos anys, tot i que ella diu que en són vint-i-vuit. La Laura em posa al dia amb els pagaments fets. Els dic que vagin amb compte i que el papà tingui reserves, que sempre tinguem diners disponibles, perquè estan intentant ofegar-nos. Si no, que hipotequin finques. Cal tenir sempre diners i cap tensió de tresoreria. Em sap greu l'esforç econòmic que està fent la meva família.

Els acusats d'Altsasu

Al poliesportiu veig i escolto uns xavals parlant en basc. Crec que són els nanos d'Altsasu. De fet, estan jugant al ràquet sense ràquet, o sigui amb les mans... Segur que són bascos. Seguirem investigant i la setmana vinent parlaré amb ells.

Rogatòria del Brasil

L'Andrés m'explica que ha arribat una nota del Ministeri de Justícia brasiler dient que han rebut la causa que la Lamela els va enviar i que veuran què fan, si investiguen o no —imaginem que no perquè els fets no són delictius—. Dona gust veure com el Brasil tracta els seus ciutadans. Aquesta rogatòria confirma la sobirania d'un país com el Brasil, i no com Andorra, que fa pena deixant tirat el Joan.

També m'explica que la jutgessa ha donat cinc dies a les parts per si volen demanar més diligències, l'arxivament de la causa o que ens enviïn a judici. Hem de respondre i tenim dubtes de si sol·licitar una altra diligència (per exemple, fer venir a declarar Andbank), però això allargaria la situació de presó. Potser el més intel·ligent és anar a judici tan aviat com puguem. Pel que fa al nou tema de delicte fiscal, estem valorant què podem fer, però crec que el millor és dipositar els diners i discutir-ho tot més endavant, quan el tema arribi a judici, ja que no vull pactar res. És increïble quan veus a la premsa que grans artistes o esportistes amb fraus fiscals de molts milions d'euros arriben a acords, i en el nostre cas per 200.000 euros d'un presumpte frau, que a més no és real, ho envien directament a penal, ja que el que busquen és obrir-me un altre procés penal per tenir-me collat. Tenim encara dos mesos per decidir què fem amb el tema fiscal.

Ara el més important és saber l'estratègia que cal fer davant del tancament de la instrucció del cas que ens ocupa. El tema fiscal ja el tocarem més endavant.

El Genís

El Joan ha tingut vis-a-vis familiar. M'explica que el Genís li ha dit que l'únic que vol «és una forta abraçada». També em diu que marxa a Nova York amb quinze persones, dotze en cadira de rodes. Està content perquè el Joan li ha dit que tindrà un cotxe adaptat. Al Joan li han portat tres calçotets Calvin Klein que el Joan vol regalar-li al Polo, que no té ni diners ni ningú que n'hi compri. Li dic que els hi regali abans de fer-los servir. Hem rigut. Són aquelles tonteries que a fora no fan cap gràcia, però és que aquí a dins t'agafes a qualsevol ximpleria per riure una estona.

Ve el Barto

Rebo la visita del Barto. Em diu que ningú entén quin delicte hem comès i que, per tant, dirà que estic tancat només per haver estat president del Barça. Em dona molts records de molta gent. Li dic que jo fitxaria el Rabiot i el Willian i faria un canvi de sistema de joc, perquè tots els rivals ja ens coneixen massa el 4-3-3, i jugaria amb un nou dibuix al camp, com ara un 4-2-1-3 (per això els laterals han de ser molt potents i els dos pivots han d'ocupar molt d'espai). L'1 és el Messi. Li proposo l'alineació següent: Ter Stegen, Willian, Umtiti o Lenglet, Piqué, Alba, Rabiot, Busquets, Messi, i al davant, Dembélé, Suárez i Coutinho. Li escric l'alineació en un paper.

Querella de l'Agència Tributària

La Conchita em ve a veure al locutori i parlem de la querella de l'Agència Tributària pels 200.000 euros. Tota la querella o gran part està feta en clau interpretativa negativa per a mi. Li dic que hem de preparar una queixa i una llista amb les factures que no acceptem per lluitar-les una per una, i fer front a les interpretacions arbitràries de l'inspector. Tot és un atac furibund.

El telèfon no funciona

Truco a la Marta, però el telèfon no funciona. Ella no em sent, però jo a ella, sí. La Marta intueix el que passa, lamentablement ja és veterana, i es posa a parlar cinc minuts sense parar, explicant-m'ho tot. És una crac! Quin país, només necessitem que funcioni el telèfon, i no va bé!

A un amic de la primera planta, on la cabina sí que funciona, li demano que truqui a la seva dona perquè truqui a la Marta i li digui que ho he entès tot i que l'estimo.

Accions contra la Lamela

L'Ismael, per fi, ens explica que s'ha presentat la petició d'arxivament de tots nosaltres i que dilluns el Teixeira presentarà la querella contra la Lamela. També que la setmana vinent faran noves peticions de llibertat. Dilluns començarem a explicar a la premsa la querella. L'Ismael creu que és impossible que no l'acceptin a tràmit, perquè la Lamela ha fet accions per escrit contra el que li van manar els seus superiors. Ens dona una còpia de la querella i una de l'arxiu del Joan basat en el fet que Espanya no té jurisdicció sobre un andorrà. La Lamela vol ser membre del Tribunal Suprem i té possibilitats de ser escollida aquest juliol. La querella, si és admesa a tràmit, creiem que li hauria de fer molt de mal per a les seves ambicions.

Abús de poder

Sembla que surt a la premsa que la fiscalia no demanarà més diligències, i diu que intentarà tenir-nos tancats fins al judici. Creu que tots els imputats han de seguir fins al final i anar a judici. Impressionant que sempre ens assabentem del nostre cas per la premsa. Com pot ser que la fiscalia filtri informació? Com a mínim que la filtri quan nosaltres ja la coneguem, no? Segueixo donant voltes al que em va dir l'Andrés, que la fiscalia hauria de tenir un sistema de responsabilitat com qualsevol altre professional. Els alts funcionaris de l'Estat tenen massa poder i cap responsabilitat; poden abusar del poder, per a mi el pitjor delicte que hi ha des d'un punt de vista conceptual, ja que sovint tenen la impunitat del sistema. Des d'un punt de vista físic, el pitjor és matar o violar, és clar.

Li dic a la Marta que prepari la queixa a l'Agència Tributària i que presentin tots els impostos, i mirin si tècnicament ja soc resident a Madrid per no pagar l'impost de patrimoni.

La mare del Joan ha caigut i s'ha trencat el maluc. Ara l'operaran. Collons, plou sobre mullat.

El conflicte de l'advocada d'Andorra

El Joan m'explica que la Carmen li ha comentat que l'Anna Solé no està motivada ni còmoda per seguir fent d'advocada nostra a Andorra. El seu marit treballa a Andbank i li ha incomodat haver hagut de demanar diligències contra Andbank. Ho entenem perfectament. El primer és la família. També m'explica que el Genís ha tornat de Nova York amb una novieta de Terrassa.

Entrevista a la família

El Jordi Sànchez em deixa l'esportiu d'*El Punt Avui* de dilluns passat, on surten quatre pàgines de l'entrevista al papà, la mamà, el Sergi, la Marta i els advocats. Molt bona, l'entrevista, feta gràcies al Xevi Xirgo!

Resident a Madrid?

Truco a la Marta i m'explica que estan preparats per pagar l'IRPF i el patrimoni dilluns. Però li pregunto per què he de pagar patrimoni si l'últim any he estat residint a Madrid. No hi havien pensat, els fiscalistes. Veurem què fem. Ja el reclamarem que ens el tornin, ja que és evident que soc resident a Madrid. De moment, a pagar. Fiscalment, a mi m'agradaria ser basc. Ja fa 400 dies que estem empresonats.

La Marta ens ha fet sol·licitar des d'aquí una instància demanant el trasllat a Barcelona. Ara que s'acaba la instrucció ja no té sentit seguir a Madrid. Ho hem fet.

Més filtracions

Ens expliquen que a la tele surt la notícia següent: «La juez procesa a Sandro Rosell por blanqueo». Mirem la tele i efectivament a totes surt el tema del que ha dit la jutgessa, filtrat per la fiscalia. Expliquen que ens hem apropiat indegudament de 20 milions d'euros de la Confederació Brasilera de Futbol. Que animals! Crec que van molt perduts, o potser no ho van gens i van ben dirigits.

Juliol del 2018

Irregularitat greu

L'Ismael i l'Andrés han decidit presentar un recurs contra l'última resolució de la Lamela perquè ha comès una irregularitat greu. Ha fet veure que ha finalitzat la fase d'investigació, que hauria de precedir el judici oral, però alhora diu que la causa es queda en *standby* fins que arribin les comissions rogatòries pendents del Brasil. O sigui que no ens permet fer més diligències ni optar a la llibertat, però tampoc tindrem judici en breu. Una bestiesa processal més.

A l'Ismael li facilitem comentaris sobre les resolucions i els escrits de la fiscalia. En l'escrit de la interlocutòria de processament de la jutgessa, on es resumeixen els fets, hi ha unes cinquanta falsedats, mentides o manipulacions. És brutal. L'hi passo tot perquè ho analitzi amb l'Andrés. Com a fet destacable, la jutgessa encara diu que la Confederació Brasilera de Futbol (CBF) es nodreix de fons públics i que està perjudicada, tot i que té dos certificats de la CBF dient el contrari i un informe del Senat brasiler en el mateix sentit. És acollonant! Demà ho presentaran.

Ve el pare

Tenim vis-a-vis i estic molt content perquè ha vingut el papà per primera vegada, a part del Sergi, la Maria i la Marta. Abraço fort el papà. No li faig petons perquè a ell no li agrada. Estic content perquè el veig molt millor del que m'esperava.

El papà porta una llista de coses que vol comentar: la mort de la tia Maria amb més de cent anys, el llibre que ell ja ha començat, les reunions amb els fills del Juanjo González (un pioner de la tele i la premsa esportiva que es feia estimar molt), el tema econòmic, i que vol que l'Eduard Rosich faci un pressupost del cost de tot el cas. Diu que aquest Mundial hem d'anar amb Bèlgica, perquè el seu entrenador, el Roberto Martínez, és de Balaguer, al costat d'Àger, el nostre poble.

Amb la Marta fem vint-i-cinc anys de casats i li regalo una polsera feta a dins de la presó amb el seu nom i el de les nenes. No podrem celebrar els vint-i-cinc anys com Déu mana, i com jo tenia planejat, perquè la jutgessa Lamela així ho ha determinat. La Maria m'explica la revetlla de Sant Joan a la masia amb els seus amics i que a tots els agrada anar-hi. Volen tornar-hi per l'aniversari de la Maria i jo li dic que sí, que és clar que hi poden anar quan vulguin.

El millor de la visita ha sigut veure el papà. Ens estimem molt, a la nostra manera. Ell és fill de la guerra i la postguerra civil espanyola i li costa exterioritzar els sentiments. Els té, i molt profunds, per la família i per Catalunya. I, en tercer lloc, també pel Barça.

Béns embargats

Al locutori ens venen a veure els advocats d'Andorra. Ens expliquen que a Andorra no passarà ni faran res fins que el cas es resolgui a Espanya. Si al final ens declaren culpables, els nostres béns embargats se'ls quedaran els andorrans. L'Anna ens diu que no vol posar una querella contra Andbank, perquè el seu marit fa vint-i-vuit anys que hi treballa. És comprensible. A Andorra ningú vol o pot anar contra Andbank; tothom allà diu que són els que ho controlen tot. Quedem que intentarà complementar-se amb l'Andrés per ajudar al màxim en el cas a Espanya, que és el que s'ha de resoldre abans.

Trasllat dels Jordis

Veiem els Jordis amb els paquets a baix. Els traslladen a Catalunya. Que ràpid que va tot quan als polítics els interessa. Marxen per dormir en una altra presó de Madrid, on es trobaran amb els altres, i demà marxaran tots junts cap a Catalunya, segurament a Manresa, a Lledoners. El Jordi Cuixart ens ha deixat una nota molt maca d'agraïment i comiat. Els trobarem a faltar, els dos Jordis, però sobretot l'optimisme del Jordi Cuixart.

Una prova fonamental

L'Andrés, el Joan i jo parlem de totes les mentides i les contradiccions de la interlocutòria de la Lamela, i de com l'atacarem en el recurs que haurem de presentar a la Sala, perquè segur que ella ens dirà que no al nostre recurs. Se'ns acut una prova nova: com que no tinc els correus electrònics que acreditarien la meva feina durant l'època dels fets (2006-2009), perquè em vaig vendre l'empresa des d'on els vaig enviar, pensem a demanar al jutjat que requereixi als destinataris d'aquells correus —l'empresa que era clienta meva, ISE— perquè aporti tots els mails (centenars) de les relacions entre ISE i jo, on es veu les negociacions i la feina que vaig dur a terme, una prova fonamental per al judici, perquè el fiscal diu que només vaig treballar un dia.

Després entren al locutori el Villalobos, l'altre intern amic nostre, i l'Ismael per l'altre costat del vidre amb l'Andrés, i tots cinc parlem de la professió de ser advocat i la merda que hi ha darrere d'aquest ofici. Excepte alguns, inclosos ells i el Pau, perquè l'Ismael està treballant per la cara pel Joan, i el Pau i l'Andrés perquè estan fent molt bona feina. Tots tres hi estan involucrats personalment. L'Ismael m'explica que ha preguntat a l'Agència Tributària de Madrid per què estan obrint tantes inspeccions contra mi a Barcelona.

Respondre les cartes

Hi ha dies que escric fins a sis cartes. Hi ha cartes que responc per primera vegada, de coneguts i desconeguts, però hi ha persones amb qui ja ens hem cartejat moltes vegades. Per exemple, el meu amic Enric Crous, exdirector general de cerveses Damm, m'escriu una carta cada setmana. Fins ara és una de les tres persones que més m'escriu, és un home extraordinari. A més de l'Enric, també m'escriuen setmanalment el Quique Guasch, conegut periodista esportiu, que em fa un resum setmanal de la situació del Barça, i la Marta Franquet, un amor de dona, que sempre em dona molta força espiritual. També espero les cartes, sempre certificades, del Jordi Mestre i la seva dona, la Sònia. Ell és com un germà per a mi, i de les persones que conec que et diu més el que pensa a la cara, sense filtres. A mi això em fascina. Tampoc tenen filtres les seves cartes. Les cartes certificades sempre arriben, i te les entreguen per un conducte i en un horari diferent de l'habitual. Responc primer a aquelles persones amb qui tinc més ganes de parlar. O aquelles que m'expliquen coses superíntimes que en persona mai no m'haurien explicat. Les cartes que rebo escrites a mà són molt més íntimes i profundes que les escrites amb ordinador. Per carta m'he assabentat de separacions matrimonials abans que passessin o d'amics que també havien estat a la presó (poc temps), però que no ho havien explicat mai a ningú. Analitzo per què escullo primer una carta i no una altra, per què trio una persona i no una altra, quan totes són amigues i s'han preocupat per mi. És evident que el cervell humà és ben complex. Cada carta rebuda és com una bombolla d'oxigen fresc exterior que s'ha colat entre les escletxes d'aquests murs.

Notícia falsa sobre l'Abidal

A les notícies del matí de La Sexta veiem que treuen una notícia del diari digital *El Confidencial*. Diuen que a les meves escoltes telefòniques es parla d'una venda o compra il·legal d'un fetge per a l'Abidal. Al·lucinant. Em quedo de pasta de moniato.

Em ve a veure l'Ismael al locutori a primera hora, enviat pel Pau i l'Andrés, perquè sembla que a Barcelona hi ha un escàndol mediàtic sobre aquest tema i volen saber la veritat. Llegeixo la notícia i és una conversa entre el Juanjo Castillo, amic meu i treballador del Barça, i jo mateix sobre l'Abidal. El Juanjo parla com parla, sempre amb incorreccions i exageracions, i fa uns comentaris realment inapropiats sobre el trasplantament del fetge de l'Abidal. Jo no li faig cas, però com que vam renovar dos anys a l'Abidal i es va portar fatal amb el club, li dic que sí. Els meus «sí, sí, sí» de la transcripció es refereixen al fet que li vam arreglar la vida (des d'un punt de vista econòmic i esportiu), i no que li vam comprar un fetge. Doncs bé, la premsa agafa aquest «sí, sí, sí» com si haguéssim comprat un fetge, quan tothom sap que l'hi va donar el seu cosí, i que el cosí el va presentar el mateix Abidal. Ni el Juanjo ni jo vam participar en el procediment de trasplantament.

Aquesta conversa va ser interceptada el mes d'abril del 2017, i quan la Lamela la va escoltar, la va enviar a Barcelona perquè comencessin un procediment penal contra mi per tràfic d'òrgans (potser pensava que era veritat i per això em té tanta mania). Però el jutjat de Barcelona, després de fer una investigació amb el Clínic, el van arxivar, perquè era una conversa fora de context i, a més, que el cosí de l'Abidal li havia donat el fetge era públic i notori.

Just quan acaba la instrucció aquí, a l'Audiència Nacional, i tindríem opcions de sortir en llibertat, es filtra aquesta conversa sense dir que el tema està arxivat. Qui ha filtrat, doncs, la conversa? I per què *El Confidencial* omet la informació de l'arxivament del cas? Imaginem que tot és conseqüència i reacció de la querella i de l'escrit de llibertat que hem presentat, com sempre.

Quin fàstic! Cada cop que demanem la llibertat amb arguments evidents, la fiscalia filtra qualsevol cosa perquè mediàticament, quan ens diguin que no, tothom ho justifiqui com una decisió correcta, ja que, si no som dolents per això, ho som per allò. Si no ho estigués patint en primera persona tot això, no m'ho creuria. Ara ja no em creuré res de res del que digui *El Confidencial*, veiem que és la premsa que utilitza la fiscalia per fer mal. Fem broma dient que aquest diari té la seu social a l'Audiència Nacional.

Com pot pensar algú que a l'Hospital Clínic de Barcelona, el millor o un dels millors centres públics del món en trasplantaments, es pot comprar un òrgan? Me'n vaig a jugar a ràquet pensant que la «capacitat» de la fiscalia no té límits.

Els companys de la presó, com que coneixen de prop la corrupció judicial i la manipulació de la informació, no s'han cregut res de la notícia de l'Abidal. Alguns fins i tot hi fan broma. «No te mires tanto mi riñón que me das miedo», bromegen, incrèduls, o «Rosell, esta noche para cenar higaditos con cebolla, eh...».

La bogeria mediàtica és tan gran que la fiscalia de Barcelona es planteja reobrir el cas arxivat del fetge de l'Abidal arran de la conversa filtrada, tot i que en el seu moment va estar d'acord a tancar el tema. El món està boig. I un cop més, la mala premsa mou la justícia.

Més atacs

Ja no saben com atacar-me per no deixar-me en llibertat. Avui han tret el tema del *Gota*, el meu iot. *El Confidencial* titula «El yate oculto de Rosell», com si fos un vaixell que tinc amagat i no estigués declarat. El dia 23 de maig de 2017, el dia de la meva detenció, em van preguntar què era aquest iot i els vaig explicar que era meu. El primer dia! Quina manera més estranya d'amagar una informació! Això demostra que estan molt desesperats. Ara resulta que si tens un vaixell ets un lladre. I, a més, deu ser un dels pocs vaixells a Espanya amb l'IVA pagat i amb bandera espanyola que està per llogar, està declarat i apareix a totes les webs de lloguer. Ocult? La premsa cada dia està pitjor.

La Marta està desanimada. Li dic que això del fetge acabarà sent bo, perquè en aquest atac la fiscalia s'ha passat molt, i això li tornarà com un bumerang. Li dic que l'Andrés vagi preparant el recurs a l'esperable denegació de llibertat de la jutgessa.

El cas Neymar 2

Em veu a veure el Rafa Alcácer, del despatx de l'Ignacio Ayala, i em diu que està al·lucinant amb el tema del fetge i flipa amb la gran conspiració que hi ha. M'explica que durant aquest mes potser sabrem si el cas Neymar 2 va a Barcelona o es queda aquí.

Contraatac a la premsa

Parlo amb l'Ismael de preparar una nota de premsa per fer servir la manipulació del tema del fetge per ridiculitzar tot el que ha sortit i després per denunciar el que esta fent la fiscalia i la jutgessa. Però el Pau i l'Andrés no ho veuen clar. Finament, la fem i l'enviem a la premsa.

Donem la cara

La Marta m'explica per telèfon que la nota de premsa ha sortit a tots els diaris digitals i que encara no hi ha reaccions. Li dic que molt bé, que em sembla que hem pres la decisió correcta. Em diu que tenien dubtes perquè ens podia perjudicar. I li responc que com ens poden perjudicar més. Després, els telenotícies es fan ressò de la nota.

Hem aconseguit l'objectiu, que era donar la cara. Si no, sembla que amaguem alguna cosa. Crec que la decisió ha estat la correcta. És horrorós haver d'estar tot el dia desmentint notícies falses. És esgotador, però la gent d'entrada sempre es creu les animalades de la premsa dolenta, i si ets al mig d'una batalla on et jugues la llibertat, has de lluitar amb la veritat, estiguis esgotat o no.

Van perduts

L'Ismael em diu que divendres la fiscalia i la jutgessa ja van respondre que no a la llibertat del Joan, tot i que pel que escriuen creiem que estan superperduts amb el cas i amb la manca de delicte precedent que hauria de donar lloc al delicte de blanqueig. Segueixen escrivint que estem al final, però que han d'esperar les rogatòries. Fan trampes, és clar, per tenir-nos tancats a la presó castigats. L'Ismael diu que presentem el recurs a la jutgessa, abans de la Sala, per demostrar que se segueix equivocant! Després anirem a la Sala!

Ara, Qatar

El Confidencial no s'atura i ha publicat una altra notícia sobre mi. Segueix publicant el que la fiscalia o la policia li va filtrant. Avui toca parlar de Qatar. Estan rabiosos, sobretot després de la querella que va presentar el Ricardo Teixeira contra la Lamela. Primer van publicar la filtració del fetge, després el iot i avui Qatar. Veurem demà. Tot merda per poder justificar les decisions judicials injustes. Parlo amb l'Andrés sobre el fet que mai es depurin responsabilitats.

Em ve a veure el Rafa Fontana, del despatx Cuatrecasas, com a amic, no com a advocat. Molt simpàtic i carinyós. Em diu que el Pau li ha explicat tot el nostre cas i que està desesperat. Ell i el «miler» d'advocats penalistes del seu despatx no entenen res del nostre cas. Li explico anècdotes i qui pensem que hi ha al darrere, i al·lucina amb tot. Em diu que ens troba molt bé. Li dic que no tenim cap altra opció.

Tenir amics advocats té l'avantatge que sempre et poden venir a veure al locutori. Un d'ells, el Joan Font, sempre que viatja a Madrid per feina, que ve molt sovint, mai falla. I l'advocat Jordi Durà, amb qui vaig treballar als Special Olympics fa molt temps, també m'ha vingut a visitar com a amic. El Jordi té una filla, la Montse, amb síndrome de Down, que és molt espavilada i que s'ha independitzat i ha marxat a viure amb dues companyes més que també tenen síndrome de Down. Quina lliçó!

També ha vingut l'Isidre Bartumeu, notari d'Andorra, a explicar-me que tampoc entén la situació del nostre cas al seu país. L'Isidre és molt intel·ligent fins que parles amb ell de futbol, perquè sempre vol que el Barça perdi.

Entrevista a «El Mundo»

Amb l'Andrés i el Gerard Guiu preparem l'entrevista que es publicarà a *El Mundo*, pregunta a pregunta, i busquem el titular adequat, tot i que serà decisió del periodista. Hem triat una entrevista única i exclusiva amb *El Mundo* i amb un periodista de talla, l'Esteban Urreiztieta, en format paper i de tirada nacional. Ha de ser impactant o no servirà de res. Això ens posarà en més perill de maltractament judicial, però no hi tenim res a perdre. Els jutges i fiscals et poden posar a la presó de manera injusta, però tu no pots criticar-los de manera justa? Demà l'Andrés tornarà per acabar de definir els detalls i també per preparar el recurs que haurem de presentar a la jutgessa quan ens digui que no a la llibertat. Al final no presentarem cap recurs contra la jutgessa, sinó directament a la Sala.

Coincideixo amb un dels nanos d'Altsasu en el ràquet i em regala una samarreta que han fet on diu «STOP a l'abús policial». L'hi agraeixo, és clar.

Trasllat a Catalunya

Després del trasllat a Catalunya dels polítics catalans, la jutgessa ja no ens pot seguir negant el nostre; per tant, pot ser que qualsevol dia ens enviïn cap a Lledoners o a Can Brians 2.

La justícia alemanya diu que el Puigdemont només pot ser entregat a la justícia espanyola per malversació. Una gran hòstia al Llarena, de nou. Ni rebel·lió, ni sedició.

Comiat

Tothom ja comença a acomiadar-se de nosaltres perquè ja ha sortit als mitjans que s'ha autoritzat el nostre trasllat a una presó de Barcelona. Les primeres notícies sempre ens arriben per la tele. Ens acomiadem de Don Jesús i Don Álvaro, una parella de funcionaris exemplar, per si marxem abans del seu pròxim torn.

La notícia del trasllat ha fet que la Marta rebés centenars de missatges d'ànim.

Rebem molt de carinyo de tothom, i això fa que ens sentim molt orgullosos. També el Paulino ens ve a veure i Don Guillermo per si de cas marxem.

Em venen a veure el Lulu (Joan Lluís Garcia) i el Santi Nolla. Em diuen que em veuen bé, i tranquil. Els explico què fem durant el dia des que ens llevem fins que ens n'anem a dormir. El Santi em dona records del Xavi Bosch i el Lluís Foix. El Lulu m'explica que és fonamental que els nostres advocats i els de Shahe es parlin i es coordinin, i que deixin els seus egos aparcats.

El millor homenatge

A missa, la Reyes i la María s'acomiaden de nosaltres perquè tothom té coll avall que aquesta setmana marxem cap a casa. Els diem que han sigut espectaculars i encantadores amb nosaltres, i que quan sortim, sigui quan sigui, ens retrobarem.

Quan s'està a punt d'acabar la missa, el Paulino s'atura i diu que després de vint-i-quatre anys de ser el capellà de presons és la primera vegada que farà el que farà. Parla de nosaltres, ens diu que hem encaixat molt bé allà i fins i tot ens explica que cada setmana des que vam entrar li hem donat quatre targetes de telèfon de mitjana que han aprofitat altres interns sense recursos i que ens vol regalar una cançó. L'*orquestrina* de Paulino ens canta «Amigo», del Roberto Carlos. La lletra de la cançó ens arriba ben al fons de l'ànima.

No hem pogut aguantar i ens hem posat a plorar. Molta gent s'ha aixecat en veure'ns i han vingut a donar-nos la mà i a abraçar-nos. El millor homenatge que m'han fet a la vida, el millor, quin sentiment, molt bèstia. Molta gent s'ha posat a plorar amb nosaltres.

El Paulino ha vingut a abraçar-nos i a cau d'orella li he dit: «Ostras, Paulino, eres un cabrón, esto que nos has hecho sí que es fuerte, ¡inolvidable! Eres un amigo y quiero estar en contacto contigo hasta el fin de mis días». És enorme, el Paulino! Quan ha acabat la missa, li he tornat a donar les gràcies i li he dit que quan ens alliberin ens tornarem a trobar segur, i que, si puc, l'ajudaré a ajudar els que no tenen la nostra sort. Perquè el dia que siguem lliures (algun dia serà), tornarem a ser uns afortunats.

Últims dies a Soto

Estem regalant tota la roba, sabates i targetes que tenim entre els companys. Rebem notes i cartes de molts d'ells.

La Marta m'explica que encara no sabem a quina presó ens portaran. L'aviso que la fiscalia demanarà la pena màxima per a tots, i per a ella també. Que no es deixi acollonir.

Accident de moto

No anem al poli perquè els funcionaris tenen classe d'autodefensa. L'entrevista a *El Mundo* encara no ha sortit. Acabem de fer les bosses i els paquets per si hem de marxar corrents.

Al vis-a-vis em venen a veure la Marta, la Mariona, la Berta i el Sergi. La Marta em diu que la Maria no ha vingut perquè ha tingut un accident de moto i no m'ho volia dir per telèfon. El cor se m'ha encongit. La Maria encara està plena de ferides; no podrà anar a Roma ni a Tarifa. M'havia enfadat perquè no vingués, però ara que en sé el motiu, ho entenc. Estic content que no tingui res trencat. S'han trobat en Paulino en entrar i els ha explicat el que havia passat a l'església ahir.

Encara no sabem el dia que marxarem, però ens passem el

dia acomiadant-nos de la gent. També ens venen a veure l'educador Don Antonio i l'atleta Don Fernando. Un dels funcionaris ens diu: «Parecéis un circo malo que cada día se despide».

Ressò mediàtic

Ha sortit l'entrevista a *El Mundo* i totes les teles se n'han fet ressò. Coincideix amb el dia que es fa públic l'informe de l'Organització Nacional de Trasplantaments (ONT), que conclou que el trasplantament del fetge de l'Abidal va ser totalment legal. Boníssim per a nosaltres.

La Marta em diu que l'entrevista ha sortit a tot arreu i que el Santi Nolla ha fet un article espectacular a *La Vanguardia*. Demà ella va a la SER.

Ja han presentat l'escrit sol·licitant la llibertat de nou.

La querella contra la Lamela al Suprem

El Tribunal Suprem ha rebut la querella del Ricardo Teixeira contra la Carmen Lamela per la investigació que va dur contra ell quan ja no era investigat. Quina bona notícia!

L'instructor serà el Pablo Llarena. Ostres, que casual! Ja veurem el recorregut que tindrà. No creiem que en tingui gaire. Després el Joan i jo ens haurem de sumar a aquesta querella.

Ens informen que anirem a la presó de Can Brians 2, a Martorell, Barcelona. Esperem que ens posin junts.

El Paulino ens diu que abans que marxem ens portarà una còpia del que va llegir a missa referent a l'homenatge que ens va fer. Aquest escrit el guardaré sempre.

Mediapro, culpable

Ens expliquen que ha sortit a les notícies que Mediapro s'ha declarat culpable de frau per pagar més de 5 milions en suborns a diferents dirigents per aconseguir els drets de televisió de partits classificatoris als mundials de futbol. Han arribat a un acord amb la fiscalia de Nova York, de manera que han de pagar multes per 20 milions de dòlars, la meitat dels quals els ha de pagar la matriu espanyola, Imagina Media. I pensar que he hagut d'escoltar del senyor Roures quantitat d'adjectius sobre la meva persona en què em deia de tot menys guapo i feia classes de moral... Tela amb tomàquet! Em recordo d'aquella dita tan espanyola que diu: «Piensa el ladrón que todos son de su condición». I pensar que la Lamela, tot i tenir tota la informació al davant, no va obrir cap procediment contra ells, i jo fa un any que soc a la presó...

Ens esperen a Can Brians 2

Al vis-a-vis, amb tota la família, la Marta em diu que tothom ens està esperant a Catalunya. Que dimecres quan arribem a Can Brians 2 hi haurà gent al carrer per rebre'ns. La Maria m'ensenya les ferides de l'accident de moto, però està contenta perquè al final ha pogut mantenir el viatge a Tarifa.

Ha estat un vis-a-vis molt relaxat i familiar sabent que aviat marxarem cap a Catalunya.

Ens traslladen

Ens avisem que marxem cap a Can Brians 2. Fem les bosses. Al cap d'una hora ens diuen que ens afanyem. Sospitem que volen que marxem mentre la gent s'està al *chabolo*, per evitar els comiats. Segur que això ve d'algun funcionari de seguretat.

Agafem l'autocar, la *perrera*, la de les cabines d'un metre per un metre. Primer anem cap a Alcalá Meco i després a Valdemoro. Ens posen en un *chabolo* cutre i brut. Fem els llits, no hi ha dutxa, xerrem fins a quarts d'onze. Només sopem un tros de síndria, que està bona. Hi ha moltes mosques.

L'endemà agafem l'autocar i passem per Aroca, on baixa un

altre intern. En sortir d'Aroca passem pel coll de las Panizas i cap a Zuera.

Arribem a Zuera al cap de gairebé cinc hores, compartint un metre quadrat. La presó de Zuera està més neta que la de Valdemoro. Netegem el *chabolo*. Ens deixen agafar una muda i una tovallola per dutxar-nos. Aquí fa calor, és clar, és l'estiu. També ens deixen agafar llibres, una ràdio i les llibretes per escriure.

Estem sempre tancats al *chabolo* fins l'endemà. Ve el de l'economat i ens deixen comprar alguna cosa per sopar. Comprem sopar, però ve el noi al *chabolo* amb un carro, no podem sortir. És de Sabadell, em reconeix i em demana un autògraf que passem per la finestreta de la porta, igual que els productes comprats. Llegim i fem sudokus. No tenim tele. Des que vam marxar de Soto fins demà, que arribarem a Can Brians, passaran quaranta-vuit hores, durant les quals no ens hem pogut comunicar amb les famílies ni amb l'exterior. No podem trucar ni saber què passa al món. Seguim caçant mosques.

Arribem a Can Brians 2

Marxem cap a Catalunya. A Lleida parem a deixar un nano. Passem pel desviament de Balaguer amb molta melancolia, a prop d'Àger, un lloc especial en la meva vida. Ho puc veure a través dels foradets de la «finestra» que té el cubicle. Després enfilem cap a Martorell, cap a Can Brians.

Quan arribem a Brians 2, ens esperen més de dues-centes cinquanta persones amb pancartes i que criden a favor de la nostra llibertat. Molt emocionant. El Joan, que està més a prop de la finestra foradada, veu la Marta i la Joana i més gent coneguda. El Joan i servidor, molt excitats i cridant molt fort, agraïm a la gent la seva presència, però no ens poden sentir. Jo veig algú, però la meva perspectiva és dolenta. Ens emocionem de veure la rebuda des del bus blindat. Ells no ens poden veure.

Entrem i els mossos ens saluden. El primer em diu: «Hola, president». Quin canvi, de moment. Tothom és superamable amb nosaltres. L'Òscar, un funcionari que passa dies de les seves vacances a Àger, ens rep. És amic del Txema, el meu soci del càmping d'Àger. Ens visiten el doctor i la infermera, que és amiga de l'Òscar Grau i el Valero Rivera, del Barça. També ens atenen de conya. Catalunya és un país petit, aquí tothom es coneix o és conegut d'un conegut.

Esperem al mòdul d'ingressos en un *chabolo* i a les cinc de la tarda ens porten directament al mòdul 7. Abans una noia em fa una entrevista en clau econòmica i em pregunta si tinc casa pròpia o llogada, i si tinc o no hipoteques, en què treballo, si la meva dona treballa... Preguntes rutinàries per a l'expedient, malgrat que aquestes preguntes per conèixer el perfil econòmic de l'intern no ens les van fer a Madrid.

Abans d'entrar al mòdul em deixen fer una trucada. Al segon intent s'hi posa la Marta, encara són fora amb la gent. Li dic que doni les gràcies de cor a tothom que ha vingut.

La Marta m'informa que en aquell mateix moment la fiscalia, en l'escrit d'acusació, em demana onze anys de presó i 59 milions d'euros, que l'hi acaben de dir els periodistes que són aquí fora. Una vegada més, els periodistes s'avancen a la feina del secretari judicial. A ella li demanen set anys i molts milions també... Estan bojos, però ja ens ho esperàvem. Ells no tiraran mai enrere. És surrealista, un cop més.

Arribada al mòdul

Ja al mòdul ens reben els funcionaris del mòdul. Ens ensenyen l'espai. Ens saludem amb el Diego Torres, el condemnat pel cas de Noos, juntament amb l'Iñaki Urdangarin. Tots estan més atents amb nosaltres. Després arriba la Carla, l'educadora, que ens informa de tot, per demanar activitats i el vis-a-vis del juliol. La Carla és molt atenta.

La rebuda ha estat brutal. Ens donen el *chabolo* 34. Hi anem i ho arreglem tot. Hem demanat una tele i un ventilador, fa molta calor. Sembla molt difícil i ens diuen que triga temps. Demà veurem si ens en sortim. Aquí de moment tot sembla més relaxat, més civilitzat, més organitzat, més net.

Reunió al mòdul

Hi ha una reunió de la comissió del mòdul. Es reuneixen un president, escollit pels interns, l'educador i els funcionaris per parlar de les activitats fetes i les que està previst fer, com millorar el mòdul i la convivència entre els interns.

La petició de la fiscalia

Al locutori ens venen a veure el Pau i l'Andrés. Bàsicament ens confirmen la petició de l'acusació, que ells oficialment encara no han rebut, però que ja coneixen per la premsa. Novament la fiscalia filtra informació. Tornem a parlar de com canviarien les coses si els fiscals tinguessin un règim de responsabilitats més estrictes. Només tenen la còpia que la fiscalia ha filtrat de manera fraudulenta a la premsa, com sempre. Demanen 11 anys per a mi; 10 per al Joan; 8 anys per a l'Andreu; 7 per a la Marta, i 6 per al Colo i el Shahe. Brutal, 310 milions d'euros per a tots de multa, per un cas en el qual presumptament es van blanquejar 20 milions d'euros. Quina superdesproporció! Que bèsties que són, no tenen vergonya, i no cal que la tinguin, perquè, com sempre, qui controla el controlador? Quins animals! Suposo que demanen penes i multes estratosfèriques per aconseguir que acceptem una pena inferior a la sol·licitada i evitar córrer el risc del judici, és a dir, un acord o xantatge, com se'n vulgui dir. Hi ha una cosa que em sobta: si això acabés en aquestes quantitats, al final Espanya ingressaria 310 milions d'euros (que, per descomptat, no tenim) pel fet d'haver estafat una empresa brasilera, que no reclama i que, per tant, no percebria cap euro. És a dir, tot es construeix per protegir una societat privada brasilera, però si això acaba com vol el fiscal, qui cobrarà diners serà l'Administració espanyola. Bravo!

L'Andrés em confirma que la Lamela insisteix que ni ella ni el jutjat no tenen l'original de la comissió rogatòria, la dels Estats Units, la que vam demanar un cop. És estrany perquè ha de ser-hi. Pot ser que l'estigui ocultant perquè ens beneficia? No pot ser, seria massa fort. Això seria prevaricar.

El Pau i l'Andrés estan preparant l'escrit de defensa, amb tres persones més del despatx. Nosaltres hem de llegir i comentar tot el que puguem recordar de l'escrit de l'acusació perquè tenim deu dies per respondre.

Onzè «NO»

Ahir la jutgessa ens va denegar un cop més la llibertat. Era l'última opció abans d'anar a judici. Els advocats van explicar-nos que, després de més d'un any a presó, i un cop finalitzada la fase d'investigació, no era raonable seguir a la presó, perquè ara només queda esperar la celebració del judici, que serà quan la Sala de l'Audiència Nacional que ens ha de jutjar decideixi la data. És l'última resolució de la Lamela i no ens ha decebut, segueix sent ella. Insisteix en coses del principi que fa temps que no se sostenen de cap manera, amb els documents i certificats aportats, proves d'innocència. A aquestes alçades del partit, ja ni ens desanima, no n'esperàvem menys, tot i que aquesta decisió farà que ens passem l'estiu a la presó. Una altra putada, de nou. Esperem que no hi haguem de passar també el Nadal. Quan tinguem una secció de l'Audiència assignada, demanarem de nou la llibertat.

Per fer l'escrit de defensa necessitem recompondre les transferències fetes en el seu dia a Andorra.

Al vespre la funcionària ens confirma totes les peticions de telèfon, locutori i vis-a-vis del juliol, o sigui que aquest mes tindrem vis-a-vis. De moment, molt bé els funcionaris d'aquí. Molt eficients. Malgrat que ni el Joan ni jo ens podem queixar del tracte de la majoria dels funcionaris de Madrid; tot el contrari, també ens van tractar molt bé, amb molt de respecte i, en alguns casos, amb carinyo.

El Joan resisteix

L'Andrés em ve a veure per portar-me esborranys de l'escrit. Han tingut una reunió familiar i, després de la petició de penes del fiscal, tots, absolutament tots, estan d'acord i volen que arribem a un pacte amb la fiscalia. Sortiríem immediatament de la presó i mataríem el tema. «Però de què som culpables?», li pregunto, i ell em diu que no em preocupi, que amb la floritura retòrica de la justícia, alguna cosa escriuran. Em diu també que l'acord podria ser si el Joan i jo acceptem dos anys de presó, i la resta, un any. A més, jo hauria de pagar una multa de 20 milions d'euros. Li dic que ni de conya, i fins i tot m'enfado una mica. Li demano que no m'ho torni a dir, que no vull pactar una mentida. Quan acabem la reunió, tornant a la cel·la, penso que hauria hagut de fer partícip el Joan de la meva negativa, ja que a ell també l'afecta directament, i en arribar l'hi explico: «Joan, he dit que no al pacte, i només hi ha una persona al món que em pot fer canviar d'opinió, que ets tu; tu tens al Genís, que t'està esperant». I ell em diu: «Sandro, si tu aguantes, jo aguanto; si tu resisteixes, jo resisteixo». Se m'ha fet un nus a la gola. Avui me'n vaig a dormir pensant que el meu amic Joan és un fora de sèrie.

La Lamela, escollida per al Suprem

El Germà Gordó ens visita i m'explica que la Lamela ha sortit escollida per anar al Tribunal Suprem amb tretze vots de vint-i-un (la que més vots ha tingut). Deu ser que l'han premiat pel nostre cas? O pels Jordis? O pel govern? O pel del Trapero? O pel d'Altsasu? El que és un fet és que ha sigut una de les magistrades que ha accedit més ràpidament des de l'Audiència Nacional al Tribunal Suprem en detriment d'altres magistrats que tenien molts més mèrits. Com pot ser que això passi?

Vis-a-vis acumulat

Tinc vis-a-vis de tres hores amb la mamà, el Sergi i la Marta. La mamà és una campiona. Ha baixat des de Sant Antoni de Calonge a veure'm. Diu que està impressionada del mal que ens volen fer. La Marta apunta coses que s'han de fer i el Sergi també. Molta gent ens vol ajudar aquí dins.

Hem pogut estar junts de nou del matí a dotze del migdia perquè teníem dos vis-a-vis pendents i els hem pogut acumular. Aquí, a Brians, tot és més eficient i més estricte, més ben organitzat i menys flexible, sigui per a bé o per a mal. Sembla que aviat tindrem la tele. El fet que hi hagi menys flexibilitat fa que cada dia em senti menys còmode, des que vam arribar a Catalunya, cosa que m'entristeix per la contradicció de ser a «casa» i començar a sentir-me pitjor quan la meva expectativa d'arribar a Catalunya era altíssima.

Ens ve a veure la Maria, responsable d'esports de cap de setmana, perquè li diguem quins esport volem fer. Li dic que ens agradaria passar tot el matí fent-ne. Li diem que córrer i ràquet, però que ens apuntem a qualsevol activitat, sigui la que sigui, mentre puguem sortir del mòdul. La Maria és molt amiga del Pitu Cortada, un molt bon amic i expert en fundacions, que va ser el director de la Fundació del Barça.

Escrit de defensa

Preparant l'escrit de defensa elaborem uns quadres d'imports d'entrades i sortides bancàries a partir de la informació econòmica de les transferències fetes des de l'any 2006 fins al 2010, quan vam tancar l'empresa. Comprovem i demostrem, com ja sabíem, que el Ricardo Teixeira no va rebre ni un euro de nosaltres. Hi ha certes inversions conjuntes, i per això hi ha moviments de diners, però els que nosaltres posem són equivalents als que ell posa, de manera que no circulen diners del nostre entorn fins al del Teixeira. Com es poden haver inventat que vam pagar comissions al Teixeira pels partits amistosos de la Confederació Brasilera de Futbol si no hi ha cap euro en aquella direcció? I el més fort és que, si les haguéssim pagat, tampoc no seria delicte, més enllà de les valoracions morals de cadascú.

Ens costa adaptar-nos

A Can Brians l'esport també ens serveix per alliberar adrenalina i reduir l'angoixa. Jo jugo a frontó i el Joan fa *crossfit*. Encara no estem bé amb el canvi, ens pensàvem que arribar a Catalunya seria la panacea i ens rebrien com *Braveheart*, i no és així. Això em frustra una mica. Encara no tenim la tele i, si no fóssim qui som, ja la tindríem. Tinc la sensació que el fet de ser una persona coneguda fa que tinguis menys privilegis, malgrat que la gent pugui pensar que és tot el contrari. Per tal que no sembli que ens beneficien, ens perjudiquen.

Em ve a veure al *chabolo* un subdirector de la presó. Vol saber com estem i si necessitem alguna cosa. Em diu que vindran els del Barça i el Jaume Padrós, el president del Col·legi de Metges, que és metge i amic de la família de tota la vida. Li demano que faci el que pugui per tenir la tele. Sense, tot és molt més dur al *chabolo*, i no hauria de ser tan difícil poder pagar-ne una a l'economat.

Agost del 2018

Aire!

Per fi, ens porten la tele i un ventilador, de moment com a préstec. Buf, sort. Amb la calor que fa, almenys tindrem aire!!!

Em venen a veure l'Amand Calderó, cap d'Institucions Penitenciàries de Catalunya, amb el Pau Vilanova, directiu de penyes de la junta del Barça, i molt més que un amic, perquè volen fer una penya a la presó, ja que hi ha molt ambient culer. L'Amand, molt amable, em pregunta com estic, i li dic que pitjor del que em pensava. A la presó gairebé tot és coco. Li dic al Pau que torni per treballar el tema de la penya blaugrana.

Al vespre veiem TV3 per primer cop. Sembla que siguem a casa, però sincerament penso que estàvem millor a Soto.

Metges

Ve a veure'ns l'Andrés i revisem els comentaris. Descobrim que no s'ha mirat els quadres que li havíem fet. Ens diu que no ha pogut. És frustrant. De sobte em ve a trobar el funcionari perquè a la saleta hi ha el Jaume Padrós. Ens fem una forta abraçada. Em pregunta com estic sobretot des del punt de vista psicològic. Li dic que crec que estic bé, malgrat que estic emprenyat amb la situació, o sigui, que no estic bé. Parlem de la Marta i de la Mariona. Diu que intentarà tornar com a metge per fer-nos anàlisis i revisions.

A les presons pots demanar que el teu metge, pagant-lo tu, és clar, et vingui a visitar, sobretot si l'especialitat del metge requereix historial mèdic, com per exemple un oftalmòleg o un dentista. A Brians hi ha una sala, material i instruments per aquestes dues especialitats que a molts professionals ja els agradaria tenir a la consulta. En medicina pública, Catalunya és dels millors indrets del món. Però, d'altra banda, ens trobem que el centre és ple de goteres i les dutxes funcionen fatal...

Em criden a una reunió amb la directora de la presó. Entro molt simpàtic i familiar, i de seguida em diu que la tele i el ventilador que ens han deixat ens l'han de treure perquè hi ha algú que s'ha queixat. Crec que em vol treure coses que tothom té perquè la gent vegi que no rebo privilegis. M'enfado perquè penso, un cop més, que el pitjor per a un català és un altre català. Li dic que no faci res per nosaltres, que gràcies per tot, mossegant-me la llengua i cagant-me en tot, és clar. M'aixeco i marxo.

A l'hora de dinar, uns funcionaris em diuen que al final ens podem quedar la tele i el ventilador. Ens neguen un ventilador al mes d'agost! Que fort! Els dic que «tot és kafkià, però que gràcies». Penso que a Catalunya no és bo ser conegut i tenir un cert patrimoni.

Discussió al mòdul

Dins el mòdul, un company a qui de seguida hem agafat molt de carinyo, l'Inocencio, té una discussió amb un altre intern perquè diu que l'Inocencio, de vuitanta-tres anys, ha mirat el cul de la seva nòvia, una de les transsexuals que hi ha. L'Inocencio es defensa dient que evidentment no ha estat així. Li dic que ja té collons ser a la presó dient-se Inocencio. Segons ell, hi és per una estafa de 80.000 euros que ell no va ser conscient que feia, per un tema d'hipoteques d'una promoció immobiliària. Si és veritat, que jo me'l crec, sona fort que a una persona de vuitanta-tres anys el tanquin per una estafa de 80.000 euros amb diners privats feta de manera inconscient, i ho sento molt per la persona estafada, és clar, però comparat amb la quantitat de robatoris de diners públics que queden impunes... També penso que segur que en aquest cas es va aplicar la llei, ja que l'Inocencio em va dir que la seva jutgessa és coneguda per ser molt professional i justa. Però jo, amb vuitanta-tres anys, només pensava en el meu pare, i em sabia greu.

El fitxatge del Vidal

Tinc vis-a-vis amb la Mariona, la Marta, la Joana i la Maria. Els explico la reunió espectacular que vaig tenir amb l'Amand i l'estranya trobada amb la directora. Parlem de sol·licitar marxar cap a Lledoners o Quatre Camins. La Mariona em diu que ho mirarà.

Més tard, al locutori, preparem tots els escrits de defensa. Com més llegim l'escrit de defensa, els fets, les proves, de més mala llet ens posem. Com s'han atrevit a fer-nos això sense haver fet res? És brutal, i sabem que són capaços d'això i de més. És inquisidor. I si et queixes d'una injustícia, et paguen amb més injustícia.

Uns amics andorrans ens diuen que a Andbank tenen por perquè no volen anar a declarar. Jo els dic que no han de tenir por de res perquè, com que tot és legal, poden dir tota la veritat.

Parlo amb el Santi Nolla i em pregunta si m'agrada el fitxatge de l'Arturo Vidal; li dic que no és el que jo hauria fitxat, però com que no hem hagut de pagar, ens podem arriscar amb ell. I recordem els dos jugadors que jo hauria fitxat fa un any enrere: el Willian i el Rabiot.

Ja tenim tele

Per fi ens han portat la nostra tele definitiva, per fi. Una nostra, no deixada. Així és la vida a la presó. Setmanes per tenir ventilador i una tele, i amb bronques pel mig. Hauríem pogut portar la de Soto, però amb el Joan vam decidir regalar-la al Paulino perquè la pogués donar a algun intern sense recursos.

La fiscalia del Brasil

Venen els advocats i revisem els escrits d'acusació i de defensa de tots. Hi fem petits canvis. El més important és que la fiscal basarà tota l'acusació en el fet que el Brasil ha incoat un expedient relatiu al nostre cas. Es veu que les fiscalies del món es parlen i s'ajuden per acusar qui sigui, i la fiscalia del Brasil s'ha vist obligada, per la fiscalia d'Espanya, a obrir un cas al Brasil. Realment no és un procediment, sinó un número d'expedient, per tal que aquí puguin dir que hi ha un procediment penal contra nosaltres i així poder basar l'acusació. Tot massa forçat, perquè ho han fet *a posteriori*, amb una figura que han hagut d'inventar-se que es diu *estelionato*, que ningú coneix. Sembla que és un «delicte» que es va inventar a l'edat mitjana i ara han recuperat per a nosaltres. Quin honor!

L'Ernest Benach

Em venen a veure l'Ernest Benach i l'Amand, perquè és una visita institucional d'un expresident del Parlament. A l'Ernest li explico tot l'escàndol. M'escolta tot el relat i em demana si pot fer res per nosaltres. Amb el Joan, els expliquem com ens trobem anímicament i el xoc que hem tingut en arribar aquí. Pensàvem que seríem rebuts com a patriotes o herois, i que no ha estat així.

Truco a la Marta i em diu que al judici tindré d'advocats el Pau i l'Andrés, i el Joan tindrà l'Ismael. Feia dies que estàvem decidint quin advocat portaria qui.

Ioga a la presó

Fem ioga. Ens ha encantat. El professor es diu Albert. Ens diu també el seu nom en hindú, Tek Bir, i en mexicà, Alberto. La classe ha durat dues hores i no hem pensat en res. Que collonut!

No havia fet mai ioga. També hi ha el Marc i altres. És admirable el que ells i la resta de professors fan, venint els caps de setmana a fer classes als presos de manera voluntària, sense cobrar ni un euro; és més, pagant-se de la butxaca les despeses de desplaçament, traient temps de les seves vides personals i professionals, que regalen als interns. *Chapeau!*

«Mindfulness»

Els dimecres ens hem apuntat a *mindfulness*. Ens sembla una mena de ioga però més teòric. També ens agrada molt aquesta activitat, que, com el ioga, està impartida per la Rosa i l'Àngels, persones voluntàries que ho fan de manera totalment altruista. Les admiro molt.

Visita del Colo

El Colo, també investigat per una transferència que li atribueixen però que l'Andrés ja ha acreditat que no és seva, em ve a veure i li dic que parli amb Qatar per explicar-los com està el tema. Li dic que, en lloc d'advocats, contractin investigadors privats, malgrat que ens han dit que el Roures té moltes de les agències de detectius privats ocupades per evitar que l'investiguin a ell. No sé si creure-m'ho, però com a estratègia defensiva és molt bona. S'ha de reconèixer que el tio és un espavilat sense límits. Tots ens troben més desanimats, tristos i avorrits.

S'ha passat de llest

El tito Vargas i el José agafen el pres que m'ha dit que per 100.000 euros em protegiria. Li diuen que això no m'ho pot dir ni en broma. El xaval s'ha acollonit (el tito Vargas i el José fan 1,90 metres d'alçada i són unes bèsties) i el xaval em demana perdó.

El Barto a Brians

Em venen a veure el Pau i el Barto pel tema de les penyes blaugranes. El Barto aprofita per explicar-me novetats. Ahir, per exemple, va estar comentant la injustícia amb el Marlaska a Tànger, al partit de la Supercopa.

M'explica el tema de la nova samarreta, tipus Croàcia amb quadradets. Li dic que està molt bé. Que té molts collons de prendre aquestes decisions de canvi de samarreta. Ja els va tenir amb la samarreta tipus rugbi, que quan jo era president ja m'havia proposat Nike i no vaig tenir valor per tirar endavant, i ha sigut la samarreta més venuda de la història. També m'explica que el Pau es dedica a la Fundació amb més accions per fer a la presó, i que va estar amb el Jordi Cuixart a Lledoners, quan va anar a aquella presó pel tema de les penyes, i que li ha dit que ens troba a faltar. Els demano que el Barça pressioni per ajudar-me. Em deixen uns bolis i unes gorres que dono al mòdul perquè s'ho reparteixin, i vint pilotes perquè les facin servir als mòduls per jugar a futbol sala.

Projecte del Barça a les presons

Em visita la Carme Coll, amiga lleial i experta en comunicació, i el Pere Gratacós, amic professional de futbol i un dels entrenadors que va tenir el Messi al futbol base del Barça, per parlar del projecte del Barça a les presons. Abraçades i plors. Molt emocionant. Els explico detalls del cas. Ja saben que tot és una conspiració, però com més coses els explico, més acollonits es queden. També em diu la Carme que públicament la gent està amb nosaltres i que dos cracs, el Dani Crespo i el Marc Tenas, han iniciat una campanya de suport de *motu proprio* a les xarxes. La Carme m'explica que ahir va estar parlant amb el papà. Tot bé.

Fil dental

Tenim vis-a-vis amb la Marta, la Maria, la Joana i la Los. La Los es treu no sé d'on fil dental, perquè se'ns havia acabat. És la pera. Les nenes m'expliquen què han fet. La Maria ve d'Àger i la Joana, de Niça. La setmana vinent la Maria torna a Londres a un nou examen a Bloomberg. La Marta segueix molt acompanyada pels amics. M'han trobat millor i això em baixa l'angoixa.

Cursa amb els presos

Em venen a veure el Pitu Cortada i la Maria del poliesportiu. Ens abracem. Fem una reunió per organitzar la segona cursa a Sant Esteve Sesrovires organitzada per interns d'aquí. Aquest any és per l'ELA. Li dic al Pitu que es posi en contacte amb la Mariona perquè contacti amb el doctor Josep Gámez, de la Fundació ELA del Vall d'Hebron.

Al poli coneixem dos brasilers. Un té una condemna de trenta anys per haver matat la dona, i ens explica que tenia deu anys més que ell i que era policia i formava part d'una banda de narcos. El que ens explica sembla un cas tèrbol.

Sense dutxa

En tornar del poli, una funcionària no ens deixa dutxar-nos. «Hoy va a ser que no», ens diu. Sembla que no està pautat. Una marranada, gens higiènic, tres hores suant i a dinar amb la pudor de suat. Crec que això no ens hauria passat al mòdul 10 de Soto del Real.

Venda de Viagogo

Em ve a veure el Maluquer amb els papers de la venda de Viagogo. Finalment, el comprador inicial ha acceptat comprar-me les accions al mateix preu que als altres; si no, l'acusàvem de discriminació. No me les volia comprar perquè soc a la presó, i per tant, tacat. Ho hem consultat amb el Pau i l'Andrés i estan d'acord amb la venda. Els diners s'ingressaran al compte que l'Audiència Nacional té bloquejat, de manera que acabaran en mans de l'Audiència. Presentarem un escrit al jutjat explicant la venda, els direm que no és que jo tingui diners a fora, sinó que els genero i els porto a Espanya, al jutjat. A veure si així es creuen ja d'una vegada que no amago res i el que ells no tenen controlat, jo els ho porto, i veuen que de risc de fuga, res de res. Ara pateixo per si el banc acceptarà els diners, perquè ja sabem tots com funcionen els bancs ara: qui mana no és el director del banc, es el cap de *compliance*. El Maluquer torna a dir-me que no entén res de res del cas, que tot és molt surrealista. Em diu que cap advocat entén res!

Canvi de cel·la

Ens canviem a una cel·la on la dutxa funciona. El Joan m'explica que ha estat una hora parlant del nostre cas amb l'educadora i que li ha dit que no estan acostumats a tractar temes per presumptes delictes econòmics. Estem més de dues hores per fer el canvi.

Reunió per les dutxes

Fem una reunió del mòdul per veure si s'aprova o no demanar per dutxar-se (?), i per discutir sobre com ho podem fer per dutxar-nos després de fer esport i no estar suats al mòdul fins a l'hora de dinar.

Truco a la Marta i em diu que Bloomberg ha escollit la Maria per fer pràctiques amb ells a Londres! Orgull de pare.

Treballem en la defensa

Per fi ens permeten rebre els advocats en una sala sense vidre perquè ens puguem reunir amb l'Andrés, una mesura que havíem demanat fa temps a l'Audiència Nacional i que finalment ens han aprovat. Ens fem una forta abraçada d'amics de debò. És la primera vegada que tinc contacte físic amb l'Andrés; fins ara ha sigut sempre a través d'aquell vidre tan prim físicament (centímetres) però tan gruixut conceptualment (quilòmetres). No és el mateix preparar la defensa parlant-nos cara a cara i amb papers sobre la taula que a través del locutori i el puto telèfon *made in China* que no funciona bé. Repassem el calendari. D'aquí a pocs dies presentarem els escrits de defensa amb els retocs que hi vull afegir. Ens explica totes les possibilitats que tenim per davant, des de les lògiques, llibertat i absolució, fins a la més bèstia de corrupció judicial, que seria declarar-nos culpables, no sabem de què. La trobada personal és una altra història.

En les sessions per preparar els escrits de defensa, l'Andrés porta uns DIN A2 i els penja a la paret amb cel·lo, i allà anotem tot el que tenim pendent d'analitzar. Ens explica a través d'esquemes com funciona el procediment i quin és el moment per plantejar cada qüestió. Veient totes les opcions, decidim tornar a demanar a la Sala que demani al Jutjat Central d'Instrucció 3 la comissió rogatòria inicial dels Estats Units original que la Lamela deia que no existia. Per provar, que no quedi, no fos cas que sí que existís. A més, la Lamela ja se n'ha anat del jutjat promocionada, així que la petició la rebrà el nou jutge.

Ràquet

Als matins anem al poli a jugar a ràquet. El nostre monitor és el Francesc, responsable dels esports entre setmana de la presó i exjugador d'hoquei del Sant Sadurní. També va ser campió d'Europa amb el Liceo Coruña. Molt bona persona i molt competitiu! M'agraden les persones competitives, amb bona fe, és clar. Juguem junts sempre que podem, i tots dos anem a mort en tots els partits. A cap dels dos no ens agrada gens perdre.

Setembre del 2018

Els pins

Camino sol donant voltes a la piscina. Canvio de direcció perquè, caminant al revés, per una cantonada es veu un trosset de la muntanya i els arbres al lluny són pins mediterranis. El pi és un arbre que no m'agrada gens en un jardí, però m'agrada molt si forma part d'un bosc mediterrani, especialment si arriba a l'aigua del mar Mediterrani, a la Costa Brava. És l'única visió que tinc sense ciment a la presó.

El nostre amic David, que ens ajuda molt a fora, ha fet cometaris sobre l'escrit de defensa dels advocats respecte a la vulneració de drets fonamentals, molt escaients, però em sembla que en el nostre cas aquests drets fonamentals els estan rebentant pertot arreu.

Parlo amb la Mariona i creiem que l'única manera de resoldre el tema és elaborant un pla de comunicació potent i professional, pagant professionals perquè se n'ocupin, o no se'n farà ressò ningú.

Els pròxims passos

Amb el Pau i l'Andrés repassem temes pendents. Parlem de Viagogo; si ens paguen aquí, a Espanya, la compra d'accions ja sabem que els diners quedaran bloquejats, i hi estem d'acord, per demostrar la nostra bona intenció. Ja tenim l'escrit de defensa a punt. Han estat sessions de feina molt dures i tenses, però ja els tenim preparats. Que difícil que és defensar-se des d'una cel·la, sense telèfon ni ordinador, sobre uns fets ocorreguts fora d'Espanya fa dotze anys. Només falta que veiem l'escrit de defensa del Shahe per comprovar que tot és correcte. Aquesta setmana se sabrà quina Sala toca i quins magistrats. Jo els dic que pressionin amb el calendari per tal de tenir el judici al més aviat possible.

Amb l'Andrés dubtem sobre si demanar responsabilitat en l'escrit a la fiscalia per acusar-nos d'uns fets sense proves, que no són delictius i amb peticions tan elevades de pena (11 anys) i multes (entre tots més de 300 milions). M'explica que quan l'acusació prové d'un particular i s'està plantejant amb mala fe o temeritat, es poden demanar les costes del procediment, però que l'actual legislació no permet aquesta possibilitat en el cas de la fiscalia. I per què no? Això ha de canviar!

L'escrit del Shahe

Rebem l'escrit de defensa del Shahe. Tenim un dia per fer-hi comentaris. Cal dir que l'escrit està molt bé. Breu i al punt, amb tot el que ha de dir. Ni més ni menys. Ja tenim tots els escrits de defensa de tots els imputats a punt.

«Guanyarem la guerra»

Fem vis-a-vis amb la Marta, la Maria, la Joana i la Los. La Los molt bé, i em diu que m'ha enviat una carta. La Maria m'explica que també està passant tots els testos de McKinsey, i que, a ESADE, el professor Jordi Molina va parlar en una classe de màrqueting de mi, i que tots els companys la van mirar a ella perquè el professor no sabia que era la meva filla. Avui ha estat molt bé, i m'he trobat molt bé. Li dic a la Joana: «Aquesta guerra la guanyarem». A la Marta li dic que parli amb el David (el nostre amic que ens ajuda), perquè tinc dubtes de si ens estan escoltant les converses telefòniques des de la presó. Que li digui que tiraré missatges falsos per telèfon per veure si arriben per un altre lloc i saber així si ens l'han intervingut il·legalment. Com a les pel·lícules.

Metgessa. Em llegeix l'anàlisi clínica. Tot perfecte. Quin descans. Em faran un electrocardiograma la setmana vinent. Me n'alegro, perquè em preocupava estar baix de pulsacions. Potser és el baix estat d'ànim.

Contradiccions amb el nostre amic

Caminem una hora i mitja amb el brasiler que va matar la dona. Li hem agafat molta estima, malgrat que és un assassí, i amb el Joan parlem entre nosaltres d'aquesta contradicció, que ens fa trontollar el cervell i els valors quan agafem estima a una persona que és un assassí confés. És correcte? No ho sabem, però li hem agafat carinyo... És molt bèstia aquesta situació. Cervell i cor no sempre van coordinats.

Amplio l'equip de defensa

Em ve a veure el David, l'amic. Li explico tot el que puc del cas. Abans li'n dono les gràcies i li dic que el vull sumar al grup de treball futur de defensa (i atac). Tots dos estem d'acord amb el fet que les acusacions estan fetes amb molta mala llet. El David em diu que investigarà tot el que pugui i que no pactem. És l'única persona, amb el Joan, que de moment m'ha dit que no pactem.

Sobredosi a la presó

Ens hem assabentat que al mòdul 5 ha mort un tio de sobredosi i la setmana passada un altre. És bestial com es tapen aquestes notícies, dintre i sobretot a fora. Però ara que soc dintre, em sembla bé que aquestes notícies es tapin, perquè els suïcidis porten a més suïcidis.

El cap del mòdul ens diu que el subdirector ha aprovat que ens puguem dutxar després de fer esport. De moment, com una prova pilot. Ja no farem pudor de suats mentre dinem.

Pactar amb Hisenda?

Al locutori m'esperen l'Andrés i el Diego Artacho, un advocat fiscalista molt bo. Ens l'han recomanat per ajudar el Pau i l'Andrés amb el tema del delicte fiscal, perquè ara estan molt centrats en l'Audiència. L'Artacho em diu que ell és partidari de pactar. Dimarts vinent he d'anar a declarar per aquest afer als jutjats de Barcelona. Dic que, si ell ho veu així, que pacti, malgrat que jo no ho vull, però entenc també que he d'anar tancant fronts, perquè no tinc forces per lluitar contra tots els estaments de l'Estat alhora, encara que nosaltres tinguem la raó. Però li demano que pacti només pagar la quota i la multa com a part de l'«acord», però si volen mesos de presó, no, aleshores no abaixo el cap, traurem forces d'on sigui. Hi ha un moment que saps que et donaran pel sac i el millor és comprar vaselina. És una persecució brutal. Volen 400.000 euros (per pagar la vaselina), més quatre o sis mesos de presó, per un tema fiscal absolutament inventat i forçat per l'inspector d'Hisenda de Barcelona seguint ordres de la fiscalia de Madrid. Veurem quin podria ser el pacte i, en funció del que em digui, decidirem. Els advocats gairebé sempre aconsellen pactar, perquè coneixen el sistema i veuen que, si no, és molt difícil sortir-se'n. Ja fa temps, en una de les primeres inspeccions fiscals que vaig patir just després de sortir president del Barça, vaig acceptar un «acord» fiscal (per no dir una paraula més forta), cosa de la qual sempre m'he penedit.

Cap als jutjats

Surt als mitjans que demà he de declarar pel tema fiscal, tal com em van informar els advocats. Pregunto als funcionaris si tinc marcada la sortida als jutjats i em diuen que no se sap fins a l'últim moment per evitar els plans de fuga. Ric perquè preserven el que surt a tots els mitjans! Ratifico: aquest país és de Mortadello i Filemó. És per riure, però ploro, avui sense llàgrimes.

L'endemà, efectivament, em criden per anar als jutjats de Barcelona. Em traslladen els Mossos, molt amables, en un Nissan Qashqai, camuflat, jo sol. Plou molt i hi ha molt trànsit. Arribem a la Ciutat de la Justícia. En arribar, el tinent dels Mossos i els mossos són molt amables. Em tanquen en una cel·la amb barrots. Quina diferència amb les cel·les de l'Audiència Nacional, que eren caixes de formigó tancades. Als cinc minuts baixen als calabossos de la Ciutat de la Justícia l'Andrés i el Pau i, parlant a través dels barrots, em diuen que només respongui a les seves preguntes. Pujo de seguida. Hi ha el fiscal —se'l veu simpàtic—, l'advocada de l'Estat, el Pau i l'Andrés, els mossos, la secretària judicial i la jutgessa. Declaro que no entenc per què és penal un tema fiscal que és interpretatiu i que, a més, ho porten els meus assessors. Que en el passat el mateix contracte objecte de discussió va estar acceptar per l'Agència Tributària i no era ni discutible administrativament, i encara menys penal. Per què ara sí, si no ha canviat res? Evidentment, és part de la conspiració i de fer-me mal com sigui. La interpretació dels inspectors de l'Agència Tributària s'ha convertit en una arma inquisidora arbitrària per fer mal a qui calgui.

Quan acabem, de seguida em tornem cap a Can Brians. Parlant amb els mossos del cotxe, un dels dos em diu: «El Barça és com una navalla suïssa, serveix per a tot, per a tot». M'encanta la frase. Estic cent per cent d'acord amb ell.

Fins quan?

Truco a la Marta i em diu que el nostre procurador de l'Audiència Nacional ha dit que fins a la setmana vinent no sabrem qui és el ponent de la Secció Primera, que és la que ens jutjarà, però li diuen que el judici serà a finals d'any. Collons, quin escàndol! Si som al setembre! Quan, fa molt de temps, un dels arguments de la Lamela per no donar-nos la llibertat va ser dir que el judici seria aviat.

La composició de la Sala

Ara que hem sortit de l'esfera del jutjat de la Lamela i que tenim un nou tribunal davant, imparcial, ens decidim per demanar la llibertat de nou. L'Andrés ens explica que vol traslladar a la Sala el fet que, estant presos per un delicte de blanqueig, eminentment documental, no es garanteix degudament el nostre dret de defensa. I que la setmana vinent ja sabrem la composició dels tres jutges que ens tocaran de la Sala Primera, que esperem que no sigui un amic de la Lamela, que això seria una putada, especialment si ens toca com a ponent. És acollonat que estiguem tan preocupats per saber qui ens tocarà. No ens hauria d'importar, però aquests últims mesos ens han demostrat com funciona la justícia!

Li dic que quan ho sàpiga demani una reunió amb el ponent per demanar que el judici se celebri al més aviat possible. També m'informa que tenim un fiscal nou, el Javier Polo.

Em truquen i m'informen que tenim la composició del tribunal que ens ha de jutjar. El ponent és un home, i els altres dos són un home i una dona; no sabem si són amics de la Lamela. Sembla que els dos homes són justos; de la dona ens han dit que té molta personalitat, i que és bona. Veurem si és veritat que són tres jutges justos.

Octubre del 2018

Primer aniversari del referèndum

És el primer aniversari de l'1-O a Catalunya. Els CDR es mobilitzen per tot Catalunya, bloquejant l'AVE, autopistes i la Borsa de Barcelona. Reclamen la República.

Permís per casar-se

Hi ha un nano del mòdul que es casa amb la parella, argentina. Ja tenen un fill i és per facilitar que li donin els papers a ella. Pot convidar cinc persones de fora i dues de dins. Tenen permís per a mitja hora de cerimònia, una hora i mitja de convit i sis hores de vis-a-vis amb la dona. Vuit hores en total amb set convidats.

Bones notícies

L'Andrés m'explica que ha arribat a la Sala la comissió rogatòria internacional del Brasil amb la informació bancària que estava pendent de fa mesos. El resultat és l'esperat i confirma el que fa temps que diem: que no hi ha moviments bancaris estranys al Brasil. Però això no és tot. També em diu que han arxivat el cas de l'Abidal. A mi no em preocupava gens aquest tema, però millor que quedi tancat.

I encara més: ens arriben notícies, que no sabem si són certes, que el fiscal Perals, del cas Neymar 1 i 2, vol fer una reunió amb el nou fiscal del cas Brasil per parlar d'un acord conjunt. Veurem què fem: si acceptem o no la reunió. Pensem-ho abans. Això és molt estratègic.

Li deixo a l'Andrés l'escrit que jo enviaria al president de l'Audiència Nacional explicant la meva persecució personal. Pensarem tots junts quins seran els pròxims passos que cal seguir. Ho hem de valorar.

Ja portem 500 dies dormint en una cel·la. Calabós, Soto del Real i/o Brians 2.

Xerca i «staff» Barça

La Los, el Sergi, la Maria i la Marta venen al vis-a-vis. La Maria m'explica les entrevistes que ha fet, una amb el fill del Xerca. El Xerca és amic meu i una persona molt divertida que sap tot el que passa a Barcelona.

Soc molt feliç perquè m'han visitat treballadors del club, més amics que treballadors, com el Pere Jansà, el Jordi Penas, el Joan Carles Raventós o el Manel Mangado. La Marta em diu que l'Almudena Cascallana i la Sònia Domènech volien venir, però ja no tenim més forats en les visites de locutori. Quin orgull! També han vingut a visitar-me amics com l'Emilio Borrella des de Bolívia, o l'Ian Todd des d'Anglaterra, agafant avions, taxis, quedant-se a hotels, perdent dies de feina o família... Això no té preu!!!

Reunió amb el nou fiscal

El fiscal nou, el José Javier Polo, ha trucat al Pau i l'Andrés. Se'ls ha presentat com a nou fiscal i els ha proposat una reunió a Madrid. O és perquè vol ser just o és perquè vol arribar a un pacte, un xantatge, mentre estem tancats, perquè si estem fora, la possibilitat d'un pacte perd força, perquè no sabem de què ens hauríem de declarar culpables si ja estem a fora.

Ves a saber quin pacte ens volen proposar. I si fem un pacte, haurem de mentir i dir que hem fet alguna cosa il·legal que no hem fet... Tot molt kafkià. No m'agrada pensar en pactes quan hem de mentir confessant que hem fet una cosa il·legal quan no és veritat, però els advocats i la família creuen que, vist el panorama, ens ho hem d'estudiar. Jo no, i el Joan em dona suport. Si haguéssim fet alguna cosa il·legal, jo seria el primer a voler pactar i acabar amb la presó preventiva.

Abans del judici, res

El nou fiscal explica al Pau i l'Andrés que ell no esperarà les rogatòries pendents (no sap que la del Brasil ha arribat, però queda una comissió rogatòria menor de Suïssa), i que demanarà que el judici tingui lloc al més aviat possible, que no vol posposar-lo més amb dues persones a la presó, i que no demanarà ni aprovarà la nostra llibertat fins al judici. El Pau i l'Andrés li diuen que és desproporcionat perquè no hi ha delicte i que demà enviaran a la Sala un nou escrit de llibertat. Quan han acabat, han passat per la Sala i els han dit que fins al 2019 (potser fins al febrer) no hi ha dates possibles per fer el judici. Si això és així, i la Sala no ens dona llibertat, vol dir que estarem cinc mesos més esperant, esperant, només esperant... Escandalós i desesperant!

El que no em quadra és per què el fiscal els ha trucat i els ha fet anar a Madrid de manera urgent per dir-los això, només. Amb l'Andrés hem revisat l'escrit de llibertat que presentarem demà. Em proposa posar una fiança d'un milió d'euros que donaria el meu pare. Ja ha parlat amb ell i li ha dit que endavant.

Quan parlo amb la Marta, li dic que m'he quedat molt fred amb les explicacions de l'Andrés sobre la seva reunió amb el fiscal. Alguna cosa no em quadra. Sembla que el Pau va estar molt bé i agressiu en la reunió amb el fiscal, però segueixo pensant que hi ha alguna cosa que no encaixa.

Oblidar o no

Tenim vis-a-vis i em venen a veure el papà, la Mariona, la Maria i la Marta. Al papà l'ajuden per anar fins a la saleta. Arribo i els faig una abraçada forta a tots i al papà una de molt sentida. El trobo bé de cap. De seguida comencem a parlar del llibre i el títol. Parlem de si hem de ser-ne els autors o podem comptar amb el Xavi Bosch o el John Carlin, dos grans escriptors. La Maria m'explica com està organitzant la trobada d'ESADE, molt bé. La Mariona sempre pensant què més pot fer per ajudar. La Marta vol que el dia que surti ens oblidem de tot. Jo no ho podré oblidar perquè un dels meus defectes és que soc una mica rancuniós. M'agradaria no ser-ho, però ho soc. M'expliquen que aquest matí s'ha presentat l'escrit de llibertat amb una carta del papà oferint una fiança d'un milió d'euros.

Li dic al papà que es deixi ajudar, que el necessito fort per escriure el llibre. Li dic que s'ocupi de la part del procés de l'1-O del llibre.

Al vis-a-vis del Joan, el seu cunyat Òscar no ha pogut entrar perquè s'havia deixat a casa el llibre de família i no ha pogut demostrar el seu parentiu.

Sensacions a la presó

Mentre esmorzem, un company explica la sensació que tens quan entres a la presó i et requisen el telèfon mòbil. Notes que et vibra a la butxaca i t'adones que no el portes a sobre. Diu que és la síndrome del «miembro amputado». Un altre explica com aquí aprens a escoltar la gent, especialment la família, perquè tens poc temps i l'has d'aprofitar (només dos vis-a-vis al mes i vuit trucades per setmana).

També reflexionem sobre una qüestió: què prefereixes, sentir-te estimat o estimar? Portat al límit, és clar. Aquí aquesta pregunta és molt profunda, perquè a fora no tens temps de pensar-hi. Tothom diu estimar de sortida, però és així?

Ens criden a comunicacions. Han vingut el Pau Vilanova i el Barto i els ha acompanyat l'Amand! No sabia que venien! Parlem de la situació injusta, del moment polític. Just fa un any que els Jordis van entrar a la presó. El Barto i el Pau porten la proposta de la Fundació per a les presons. Els dic que la Fundació del Barça pagui la quota de Movistar per veure el futbol aquí dins, que és exactament en aquestes coses on la Fundació del Barça ha d'ajudar. Diu que endavant per a tots els centres de Catalunya. Li dic al Barto que, si ara no ens alliberen, necessitem el suport explícit del Barça. Per exemple, podrien posar un comptador amb els dies que fa que soc tancat, al Camp Nou, a la web, al Barça TV... a tot arreu. Em diu que és una bona idea, però que ja ho veurem. Diu que ell parla de mi en els discursos, i dissabte a l'assemblea del club també ho farà. En fi!

A més del Barto i el Pau, estic molt orgullós que amics directius del Barça m'hagin vingut a veure al locutori, com el Jordi Mestre, el Jordi Cardoner, el Silvio Elías, el Josep Ramon Vidal-Abarca, el Joan Bladé, el Javi Bordas, el Jordi Moix i ara l'exdirectiu Jordi Monés. Tots plegats ens ho vam passar molt bé en la campanya electoral del Barça l'any 2010 i els posteriors anys de gestió del club, i com sempre, quan l'equip funciona, quan l'equip s'estima, com era el cas, les coses surten més fàcilment. M'expliquen que un dels nostres companys més estimats, el Ramon Pont, està delicat de salut. Ells no tenen ni idea de com ha ajudat a la meva autoestima la seva visita; per a mi ha sigut molt més que una visita. També han vingut l'Enric Crous, de la Comissió Esportiva, el Carles Tusquets, de la Comissió Econòmica, i el Joan Coll, que va ser executiu del club a l'època del president Núñez.

Esperances per al Genís

Mirem a TV3 un documental sobre els avenços de la investigació per a paraplègics per poder caminar. A part del descobriment d'un xip que es col·loca a la medul·la, a Londres fan transfusió de cèl·lules del cervell (olfactives) per reproduir la medul·la, i així aconsegueixen caminar. El Joan ho escolta amb molta atenció.

25 de febrer

Em ve a veure l'Ernest Benach de nou, quin bon tio!, i em porta un missatge dels advocats de la data del judici: serà des del 25 de febrer fins a finals de març, durant unes quantes setmanes intercalades. Ostres, que tard!!! Confirmat el que ens temíem, ens menjarem un altre Nadal entre ciment, sense la família. Parlem d'un projecte de comunicació que ell està fent en l'esport. També m'explica que és molt pública la dificultat de comunicació que hi ha entre el Junqueras i el Puigdemont. Si no ens entenem primer entre nosaltres, com ens podrem entendre amb els altres?

El pare Manel

Mentre soc al poli jugant m'avisen que tinc una visita: m'espera el pare Manel, que també ve de part del pare Badia. Em diu que ens vindran a veure per fer trobades espirituals. Que coneix el meu germà Sergi d'un acte solidari que va fer per recaptar diners, un pòquer solidari, i que el president Núñez i ell van tenir molt bona relació i el va ajudar molt. Li dic que perfecte. Que moltes gràcies per ajudar-nos.

El Villalobos detingut

L'Andrés ens dona una mala notícia a la sala de reunions: ahir van tornar a detenir el Nervis Gerardo Villalobos, el meu amic veneçolà de Soto. De moment, el Villalobos és al calabós i encara no sabem si el tornaran a ingressar a la presó.

L'Andrés ens llegeix l'escrit de llibertat que es va presentar la setmana passada. També em diu l'altre pla que té per preparar la defensa si estem tancats o lliures. Ens explica que a La Sexta el Carlos Quílez, periodista que fins ara ha sigut impecable amb la informació, ha sortit al programa de l'Alfons Arús explicant que ja tenim data del judici i ha denunciat la injustícia dels nostre cas si el comparem amb d'altres. M'alegro que surti gent a favor nostre, i encara més al programa de l'Alfons, que és un gran professional i ens agrada molt com a persona.

Dos vis-a-vis, un íntim i un familiar

Tenim vis-a-vis íntim amb la Marta. Em confessa que està nerviosa, però després ha anat molt bé. No ha sigut tan depriment. Hem aconseguit posar escalfor en un lloc tan fred. Ha valgut la pena. Surto molt alliberat (psicològicament i físicament).

Al cap d'uns dies, tenim vis-a-vis amb la Joana, la Maria, la Marta i la Laura. La Marta m'explica la reunió amb els advocats del perquè és probable que la Sala digui que no ara. Creuen que no volen fer el ridícul donant-nos ara la llibertat i que després no apareguéssim al judici. És absurd, però és veritat que ells no ens coneixen. Que si fugim, que sigui després que ells dictin sentència. Abans no! Tema de cobrir-se les espatlles. La Joana està encantada fent-se tota una ballarina a Londres. La Maria, tranquil·la per ESADE. Sens dubte és el millor, estar amb elles.

Dotzè «**NO**»

L'Andrés ens porta la pitjor de les notícies. La Sala ha dit no a la llibertat amb un sol argument: risc de fuga. Sense entrar a valorar tot el nostre escrit. Els tres jutges afirmen que hem de ser a la presó fins al judici, tot i que és d'aquí a més de tres mesos, per l'alt risc de fuga. No sembla que s'hagin complicat gaire la vida.

Estem molt i molt fotuts. Ens quedem tots tres callats a la sala durant gairebé una hora intercalant frases sense contingut. Tots tres estem sense saber què dir, tot i que sempre ens falta temps per acabar de comentar les coses. Em cau el món a sobre. Pensava que ara sí, que canviant de tribunal la cosa milloraria. A més, aquests jutges són els que ens han d'enjudiciar. És evident que no s'han llegit la causa completa. Un cop més, inèrcia processal.

Comentem el mal que pot fer un informe policial erroni o fals. El policia el dona al fiscal, que no el qüestiona, i el transforma en un escrit de querella. Després el fiscal el presenta al jutge instructor i aquest el pot assumir sense dubtar. I com que la sala d'apel·lacions confia en el criteri del jutge anterior, ratifica la informació inicial i converteix l'opinió d'un policia en una resolució judicial. Però llavors, qui mana aquí? La policia! És una qüestió d'inèrcia processal i confiança mal entesa, com diu l'Andrés. Ens hem quedat molt fotuts, potser és el dia més fotut de tots els que hem viscut a la presó. Avui estem ensorrats de debò. Estem al fons del pou.

Tocats i enfonsats

El meu cervell es bloqueja i no sé reaccionar. Per un moment vaig pensar que rebia pistes. Que burro que he sigut. Anirem a judici amb més de vint-i-dos mesos de presó preventiva i amb vint-i-quatre fins a la sentència. Tot quadra. Les decisions estaven preses des del minut u. Ara el judici ens fa més por que mai, perquè són les persones que ens han donat aquest cop tan baix les que ens jutjaran.

El Gonzalo Boye coneix un dels jutges i diu que és molt garantista. Quina sort! La fiança que hem ofert no ha servit de res perquè no es creuen que l'ofereix el meu pare i segueixen pensant que tenim diners a fora, quan no tenim ni un duro. Però com podem demostrar que no? Com diu el Santi Nolla, et puc demostrar que parlo el rus, però no et puc demostrar que no el parlo...

Truco a la Marta, però no sé què dir-li. No puc animar-la perquè estic bloquejat. Crec que la Marta ja sabia que ens dirien que no el dia abans i no m'ho va voler dir. Com ho sabia, no ho sé, ja m'ho explicarà. L'únic que se m'acut és la teoria del Sergi: tancats esperant que ens ofereixin alguna cosa dolenta per evitar-ne una de pitjor, encara que fos tot una invenció.

El Fuster Fabra

Em ve a veure el José María Fuster Fabra, advocat penalista a qui anomeno *Fusty*, i m'explica que creu que ens pot ajudar. Hi estic d'acord. Li dic que es posi a les ordres del Pau Molins, que ell o la seva dona, que també és advocada, poden representar i defensar la Marta. El Fuster Fabra va estar a les primeres èpoques de l'Audiència Nacional i sap com funciona la «justícia» allí.

Suport del Tremosa

Rebo la visita institucional del Ramon Tremosa, eurodiputat. Ell no té dubte que som uns presos polítics. Molt carinyós i molt empàtic amb nosaltres. Un tio fenomenal, preocupat de debò per nosaltres i per la situació. El Boye li va dir que el fet de no donar-nos la llibertat ara era «normal», perquè encara que saben que no fugirem, així ens retenen per si de cas i per seguir la inèrcia marcada per la institució (corporativisme). Europa comença a ser conscient del tema català. M'aconsella el llibre dels fills dels presos polítics.

Visita d'amics

Al locutori em venen a veure el Lluís Foix, el Xavier Bosch, el Santi Nolla i el meu germà Sergi. Molt xulo que m'hagin vingut a veure. Tots tres em diuen que, si cal arribar a un acord, m'ho hauria de pensar. El Xavi Bosch és el que veig més impressionat i per dissimular em parla que va anar al nostre càmping, que estava tot ple i que tot va anar fantàstic. Molt bon tio! El Santi, com sempre un molt bon amic, i el Lluís, molt atent, un senyor, un savi! El Sergi el veig molt afectat per l'última decisió judicial i poc esperançat per al futur.

Sense antena ni telèfon

Em quedo al *chabolo* per escoltar el Barça-Madrid perquè en tres setmanes els tècnics de la tele no han sigut capaços d'arreglar l'antena de la presó i, per tant, no el podem veure en directe. L'escolto per la ràdio, encara que no m'agrada escoltar els partits per la ràdio perquè em posa molt nerviós només d'imaginar-me'l. Fotem cinc gols al Madrid. Fotran al carrer el Lopetegui, i crisi del Madrid. Collonut! Les crisis en el futbol espanyol són com un avió del pont aeri: mentre són a Madrid, no són a Barcelona, i viceversa.

Quan baixo a trucar, m'adono que no han canviat l'hora de la cabina, i per tant, ha quedat bloquejada a les set de la tarda i encara no són les vuit (l'hora que es bloqueja) perquè avui endarreríem una hora el rellotge. Així que no puc trucar! Una altra cagada; a ells no els importa, a mi, molt.

Article del John Carlin

Ens porten *La Vanguardia* del dia anterior i podem llegir l'article que ha fet l'escriptor John Carlin. Molt bo, a favor nostre. Increïble que l'hi hagin deixat fer, a *La Vanguardia*, l'únic lloc, és clar, que l'hi podien deixar fer, però està en pàgina parell, les que menys es llegeixen. M'estic tornant paranoic.

La Marta també em diu que la reacció de l'article del Carlin ha sigut molt bona i que la gent escriu a Twitter. Per què ningú s'ha atrevit a dir el que ell ha dit? «Lamela tuvo premio del Tribunal Supremo.» Resposta: ningú s'hi atreveix per la por que té la gent a les represàlies. Quin Estat tan inquisidor! La llibertat d'expressió a Espanya existeix en la teoria, però gairebé ningú s'atreveix a dir el que pensa perquè sap que pot tenir resposta de l'Estat repressor i corrupte.

Oferim el meu patrimoni

L'Andrés no ve perquè el seu pare té un problema de salut. Ve la Cristina Rodríguez, una companya del despatx, que em diu que han presentat un recurs de súplica a la Sala després de rebre l'últim no a la llibertat, oferint com a garantia tot el meu patrimoni, actualment bloquejat. És una última oportunitat amb molt poca esperança. La idea és bona, però. Si oferim el patrimoni bloquejat com a garantia personal i després fugim, se'l podran quedar sense necessitat de més tràmits. És kafkià, però seria un bon negoci per a l'Estat si em deixessin sortir i que després jo fugís, cosa que òbviament no faria.

Més esperances

A la tele surt que a Suïssa han descobert un nou sistema perquè els paraplègics puguin caminar sols. Això és una gran esperança per al Genís. En poc temps han aparegut tres sistemes nous perquè els paraplègics puguin caminar. Li dic al Joan que quan sortim hem de treballar aquest tema en profunditat; ell hi esta d'acord, però té les esperances retingudes.

Em tallo els cabells i li dic al barber: «Eres un crac». I ell em diu: «No me llames así, que aquí alguno se me fuma!». Boníssim!

Novembre del 2018

Penes als polítics

Al vis-a-vis em venen a veure la Los, la Mariona, la Maria i la Marta. La Los entra d'amagat quatre palmeres de la pastisseria Bolet, de Sarrià, i trufes de xocolata de la pastisseria Bocí, de la Via Augusta. Que bo i quina qualitat! La Marta està «enfadada» amb la nova sorpresa de la Los. Li dic a la Marta que, per a mi, aquí (i a fora també, però no l'hi dic per justificar la Los), els productes de la Bolet i la Bocí són com els gols del Messi, un regal de Déu. La Marta fa com que ho aprova. M'explica la Marta que han entrat a robar a casa del Gonzalo Rodés i del Roures, que són veïns; en el cas del segon no sé com s'ho hauran fet els lladres amb la seguretat que m'imagino que deu tenir.

Es fan públiques les penes que demana la fiscalia i l'advocat de l'Estat als polítics: vint-i-cinc anys per al Junqueras i penes altes per als altres. Una megaanimalada!

Sol a la cel·la

El Joan va a la Mútua de Terrassa a fer-se una colonoscòpia. Fins demà no tornarà. Em quedo sol. Primer dia sol, dormiré sol després de gairebé un any i mig. Quina sensació. Tothom em pregunta pel Joan! La gent se l'estima molt. Jo el trobo a faltar a l'hora d'anar a dormir. Em sento molt sol.

Un altre escàndol judicial

A la nit surt la notícia que el Tribunal Suprem es carrega una sentència pròpia que acabava de dictar en referència a les hipoteques bancàries i farà que siguin els clients els que paguin les despeses hipotecàries. Un altre escàndol judicial!

El Pedro Sánchez reacciona bé a la decisió del Suprem i diu que farà canvis a la llei perquè paguin els bancs. Fins que l'hi deixin fer, és clar.

Per haver estat president del Barça

Em venen a veure el Fuster Fabra i l'Andrés. No podem reunir-nos en una sala, perquè el Fusty no està autoritzat com a lletrat del meu equip encara; m'enfado per la indefensió un cop més. L'Andrés m'explica que va ser a Madrid, gestionant tota la qüestió de com citar els testimonis internacionals que hem citat. Que va poder parlar amb el ponent del tribunal i li va dir que el fet que «Rosell fue el presidente del FCB» posava molta pressió al cas. Riem molt amb les històries del Fusty, que ens alegra la tarda.

Un compte corrent bancari als Estats Units?

El més important de la tarda és la notícia que porta l'Andrés. Ens explica que la tàctica de demanar novament la comissió rogatòria internacional original en anglès dels Estats Units ha sortit bé. La Sala ha preguntat al Jutjat Central d'Instrucció número 3 si té documentació sobre aquesta comissió (la Lamela va dir que no hi havia res al seu jutjat), i ara que hi ha un nou jutge, en pocs dies ens ha entregat dels arxius del jutjat tota la comissió rogatòria! I tant que en tenien una còpia! Més de sis-cents folis que la Lamela ens va amagar. Si això no és prevaricació, a mi ja m'explicaran què és.

En aquesta comissió, efectivament, es parla d'un compte corrent meu als Estats Units, i aquest és l'inici de tot. La qüestió és que jo no tinc ni he tingut mai cap compte als Estats Units! Li dic a l'Andrés que ho denunciem als Estats Units; vull saber qui va escriure aquesta falsedat, i hauríem de prendre mesures contra la Lamela per haver-nos amagat aquesta informació Qui ha escrit aquesta falsedat? Un fiscal corrupte dels Estats Units? O algun funcionari corrupte de l'ambaixada dels Estats Units a Espanya? O bé algun funcionari corrupte del CNI espanyol? Tot hauria de ser nul, perquè les proves des d'on arrenca són inventades! Em costa molt de creure que un fiscal dels Estats Units estigui disposat a escriure una falsedat si no està corromput, i molt. Allà, si enganxen un fiscal corrupte, ha begut oli; aquí, el cobreixen.

L'Andrés em treu del cap la idea d'interposar una querella contra la Lamela perquè posarà en guàrdia el Tribunal, però quan s'acabi tot aquest malson, i tant que l'hi posaré, encara que sé que la protegiran.

Feina a la biblioteca

Fem inventari de la biblioteca, perquè el nostre càrrec oficial és «adjunt a biblioteca». La feina l'ha feta sobretot el Joan; ell és molt treballador, jo no tant.

A la tele surt la sentència del Tribunal de Comptes pel 9-N. La jutgessa, ministra en l'època de l'Aznar, decideix que el Mas, l'Ortega, l'Homs, la Rigau, etc., han de pagar 4,9 milions d'euros pel referèndum del 9-N.

El PSOE i el PP acorden que el Marchena sigui el nou president del Consell General del Poder Judicial i el Tribunal Suprem (CGPJ), abans que l'escullin els membres del CGPJ, quan la llei diu que és al revés. Sort que la política i la justícia van separades! El Pedro Sánchez diu que els catalans hem d'estar contents perquè els han tret el Marchena de la presidència del Tribunal que els jutjarà, perquè passarà a ser el president del CGPJ! O sigui el president de l'Estat reconeix que els jutges jutgen diferent en funció dels ideals polítics!

Tretzè «NO»

Ens confirmen que l'escrit de súplica que vam presentar per demanar la llibertat és negatiu. Ens tornen a denegar la llibertat per risc de fuga. Encara sort que els ponents que tenim m'havien dit que eren garantistes! Jo crec que ja fa divuit mesos que està tot escrit. Aquesta resolució només la puc entendre per la inèrcia judicial. En aquesta resolució, m'imagino que l'última abans del judici, ens diuen que haurem d'estar-nos a la presó fins que comenci el judici. Hi ha una escletxa d'esperança en l'escrit, ja que diu que no és incompatible amb la presumpció d'innocència. No diuen res sobre la proposta d'oferir tot el patrimoni. Que fort!

Ve a veure'm el José Luis M. Maluquer i m'explica que hem de preparar molt bé el judici per no deixar-los cap argument. No m'ho puc treure del cap, i li dic que no em quadra, que tot és massa casual, això del canvi de la fiscalia el dia que es va acabar la instrucció. I, de seguida, jutgessa instructora i fiscal, les dues dones promocionades? «Blanco en botella, casi siempre es Leche.»

Nou llibretes, de moment

Li dono a l'Andrés el llibre que estic escrivint. Fins ara he escrit nou llibretes. Vull que les tingui ell, i li demano que no ho digui a ningú. Em fa pànic perdre-les o que algú me les prengui; són gairebé dos anys de feina diària. Parlem de com anirà el procediment del nostre judici. La fiscalia ha demanat que el Dirk i els dos que van fer l'auditoria de BSM declarin al judici. Perfecte! Mirem i analitzem els nostres testimonis. Amb els DIN A2 de l'Andrés a la paret repassem tota la prova per al judici, la proposta que fem nosaltres i la del fiscal. Hi ha algú que potser tirarem enrere perquè no les tenim totes que declari bé, perquè molta gent es deixa portar per l'amenaça implícita del poder. Necessitem testimonis valents que diguin la veritat amb força i no es deixin acollonir. Em deixa les sis-centes pàgines per llegir de la rogatòria dels Estats Units i jo li torno el peritatge dels comptes d'Andorra que hem encarregat amb els meus comentaris. Consisteix en una contra pericial de les afirmacions del fiscal. Fins i tot prenent com a bones les teories del fiscal, la pericial, fent sumes i restes, arriba a la conclusió que els presumptes diners per subornar del meu entorn no van poder arribar a l'esfera de control del Teixeira. Quins suborns més estranys, doncs. La fiscalia ni s'ha pres la molèstia de fer sumes i restes. Si ho hagués fet, hauria vist que la seva acusació no s'aguanta per enlloc.

Pernil i panets

Al vis-a-vis han vingut la Los, el Sergi, la Maria i la Marta. La Los em porta pernil de Jabugo i panets, del Peñalver, i unes olives boníssimes de l'Eulàlia, tots productes del mercat de Galvany. El pernil envasat al buit i guardat on només ella sap, literalment. Pel que fa a contraban, la Los, la mamà, és una fora de sèrie. I la Marta sempre s'enfada amb ella, perquè li diu que no ho pot fer. Ella li diu que té més de vuitanta anys i que, mentre sigui la meva mare, ho farà. Com sempre parlem del cas, del problema que tindran per no absoldre'ns. Com ho faran? La Los porta els nous audiòfons, però no li funcionen gaire bé. M'expliquen que l'Andreu marxa al Senegal, que ha demanat permís i el deixen sortir sense problema, tot i que és un dels investigats del cas, mentre el Joan i jo som aquí, en presó preventiva per risc de fuga. Qui ho entengui que m'ho expliqui. La Maria em diu que va anar molt bé l'organització de l'acte Innovation Quest d'ESADE! El Sergi va estar en una reunió de comunicació, liderada per la Roser Tiana, de l'empresa Interprofit. Un amor de dona, molt treballadora. També hi era la seva mà dreta, l'Albert Arbós.

El Genís demà serà l'entrenador titular de l'equip de futbol base d'un equip andorrà. Quin orgull per al Joan. Al web de Valira surt la irregularitat d'Andbank en el nostre cas i en d'altres. Ui, ui, ui, Andbank...

Mentre faig ioga m'avisen que han vingut a veure'm el Pitu Cortada i el Francesc Perarnau, periodista que havia treballat a *El Mundo Deportivo* i que ara és amic meu. Quina il·lusió! Sempre em donen suport. Els explico per sobre totes les injustícies que estem patint i els dic que no veig com ens poden absoldre (pel sistema), però tampoc com poden no absoldre'ns (pels fets). El Pitu hi està d'acord. En marxar em dona molts records del Juanjo Castillo i em diu que aviat vindrà el Santi Nolla a fer una presentació a la presó.

Sense proves

L'Anna Solé ens explica que, revisant el cas, s'ha adonat que tota la informació que Andbank va donar a la policia andorrana, que al seu torn va donar a la policia espanyola, es va fer de manera fraudulenta. I que, a més, no hi ha comprovants de les operacions, de les quals nosaltres no recordem el detall perquè estem parlant de fa dotze anys, per la qual cosa podria ser inventada o manipulada. Se'n va anar a la Batllia a explicar aquesta troballa i l'hi va explicar al secretari judicial, que li va donar la raó. El secretari diu que la batlle demanarà els comprovants al banc. Si aquestes proves hi són, a Andorra tot s'haurà d'arxivar per falta de cas, i si no hi són, tot s'haurà d'arxivar per falta de proves i de cas, encara que sabem que això no passarà fins que Espanya doni llum verda. Parlo amb la Marta per dir-li que l'Andrés es prengui seriosament les explicacions de l'Anna.

Però l'Andrés diu que el que ha fet l'Anna no s'hauria d'haver fet. Ja hi tornem a ser, amb els putos egos dels advocats. Després l'Andrés em diu que és perquè l'Anna discuteix a Andorra el fet que no disposen de comprovants, però que aquí, a Espanya, no tenim ni els extractes bancaris d'Andorra, i aquesta queixa podria comportar que Espanya els demanés. Que no passa res, però que és millor no donar-los arguments de discussió.

Pintem la cel·la

Hem pintat el *chabolo* de blanc amb el José i el Luis. Cadascú s'ha pintat el seu, però a nosaltres ens han ajudat ells dos, que són collonuts i molt bons companys. Ha quedat net i jo no tenia ni puta idea de pintar. És més difícil del que la gent es pensa. He acabat amb més pintura a sobre la roba i les sabates que a les parets. Allò de «zapatero a tus zapatos» és ben cert.

El Marchena jutjarà els polítics catalans

Finalment, el magistrat Manuel Marchena diu que no vol ser escollit president del Suprem i torna a presidir la Sala Penal del TS, ja que han enganxat un whatsapp al portaveu del PP al Senat explicant que tenen controlat el Marchena (independència judicial, ha, ha, ha). Finalment, doncs, presidirà la Sala que jutjarà el Procés i, com deia el Pedro Sánchez, ara ja no poden estar contents els catalans. Els advocats dels polítics han recusat el Marchena perquè és claríssim que representa el PP. Veurem qui i com contesten al recurs de recusació. Segur que amb retòrica judicial, que sí però que no, però és el Marchena. Qui controla el controlador?

La moda dels pantalons abaixats

Parlant amb companys del mòdul de la moda dels joves de portar els pantalons per sota del cul, m'expliquen que això és una moda que es va iniciar fa molts anys a les presons, perquè no et deixaven portar cinturó ni cordills a la cintura, per no usar-los per suïcidar-te o penjar-te, i normalment a la presó la gent s'aprima i els pantalons els cauen. I jo que em pensava que era un invent d'un crac de la moda i resulta que aquesta «creació» ve de la presó.

Castanyada

Celebrem la castanyada. Ens deixen fer castanyes i moniatos, sense paper de plata perquè està prohibit a la presó pel tema de les drogues, ja que es fa servir per escalfar l'heroïna. Ens porten dues barbacoes fetes de bidons partits pel mig i tenim carbó. L'olor de carbó cremant és un gust; m'encanta, em recorda el nostre poble a l'hivern. Com trobes a faltar les olors a la presó!

Deixem la festa de la castanyada perquè ens criden que ha vingut l'Andrés. Ens explica que el que ha demanat l'Anna no és bo perquè es podria aixecar la llebre. No podran demostrar la veracitat ni tan sols d'una transferència, perquè al nostre cas no hi ha els extractes bancaris, encara que si la demostressin, tampoc hi hauria cap problema. L'Andrés ens continua explicant el procediment penal i, en concret, el judici amb un esquema a la paret.

Continuen els problemes amb la dutxa

L'aigua de la dutxa segueix estan a seixanta graus. Per pelar pollastres. Ens dutxem amb galledes i una ampolla d'aigua de litre i mig tallada per la meitat per barrejar l'aigua de la dutxa bullent amb l'aigua de mans freda, i ens dutxem amb pots a mà. Com trobo a faltar una dutxa amb aigua tèbia i pressió que surti de la dutxa, sense pots!

Certificat d'Andbank

Hem aconseguit el certificat d'Andbank en què es diu que el Colo mai va rebre la transferència per la qual se l'acusa, que no va existir mai. Això és fortíssim. Fa divuit mesos que ho estem dient i no ens creuen, i ara, per fi, tenim el document. Li demanen sis anys de presó i 40 milions d'euros per res, per una cosa que no ha passat. Al·lucinant.

La Mariona m'explica que ja tenim quatre mil signatures de la campanya a change.org perquè passem el Nadal a casa. Li dic que busquin més suport, a través del Barça, les penyes o gent com el Risto Mejide o el Carles Puyol, gent com ells que entendran la injustícia, i amb milions de seguidors a les xarxes.

Pancarta surrealista

Avui és el Dia Mundial de la Sida i a la façana del poliesportiu de la presó han penjat una pancarta surrealista: «Antón usa condón en la prisión, 11.000 relaciones sexuales, 0 sida». Brutal. He flipat. Hauria entès que digués: «¡Usa el condón en la prisión!» i punt. Tampoc no entenc per què només està en castellà, i no també en català. Deu ser que els catalans no tenim relacions sexuals a la presó?

La Marta m'explica que al Palau Blaugrana hi havia dues pancartes per la llibertat dels presos polítics; nosaltres no existim. L'ANC i Òmnium no pengen res a favor nostre. I el Barça sí a favor d'ells. Estic gelós, ho reconec.

Un extra

Sembla que tindrem vis-a-vis extra per la feina que fem de bibliotecaris adjunts. Li pregunto a la Marta si el vol íntim o familiar. Ella dubta, jo també. De cintura cap amunt i amb el cap el vull familiar, de cintura cap avall i amb el cor el vull íntim.

Tómbola de Nadal

Discutim si porto o no regals per a la tómbola de Nadal. Són regals oferts per la Fundació del Barça perquè els interns els puguin donar als seus fills. Els educadors hi estan en contra perquè diuen que, si és un regal, l'intern ho interpreta que ho ha aconseguit sense esforç i, per tant, no educa. Els funcionaris, més pràctics, hi estan a favor. Teoria contra pràctica.

Ningú s'ha llegit el cas

Ens venen a veure l'Andrés i el Fuster Fabra. El Fuster Fabra ens explica les reunions que ha tingut. La conclusió és que ningú s'ha llegit el cas. També ens diu que ell i el fiscal Polo s'han entès bé, perquè tots dos s'han presentat com a espanyolistes.

L'Andrés em proposa querellar-nos contra la Lamela per no haver-nos donat la comissió rogatòria internacional dels Estats Units. Està molt emprenyat perquè la jutgessa ens va amagar informació per tal de no poder-nos defensar. Ho farem en el seu moment, encara que sabem que el sistema la protegirà, perquè ara és magistrada del Tribunal Suprem.

Blanqueig

Fem el vis-a-vis amb la Marta, la Los, la Mariona i el Sergi. Parlant del blanqueig, els dic que l'únic blanqueig que hem comès ha sigut pintar la cel·la de blanc. Parlem amb l'educadora i portem regals de la Fundació per sortejar entre els interns el dia de Nadal.

Durant el vis-a-vis pregunto si la comissió rogatòria internacional dels Estats Units és falsa i no està feta pels Estats Units. Qui l'ha falsejat, doncs? L'ambaixada dels Estats Units a Madrid? O directament el CNI o la fiscalia? El que és clar és que algun funcionari públic espanyol o americà ha fet una documentació falsa, que és un delicte com una casa de pagès. Li dic a la Marta que li comenti a l'Andrés que ho investiguin, si poden.

Desembre del 2018

Vaga de fam

El Jordi Sànchez i el Jordi Turull comencen una vaga de fam pel bloqueig del Tribunal Constitucional a les demandes i els recursos per després anar a Europa. Normalment, el Constitucional accepta a tràmit l'1% dels recursos d'empara i en el cas dels independentistes n'ha acceptat el 100% i al calaix, perquè tenint-lo parat allarga el procés per arribar a Europa, al Tribunal Europeu dels Drets Humans.

Continua la vaga de fam

Els polítics en vaga de fam tenen més de cent vuitanta mil persones adherides a la campanya a change.org i nosaltres només cinc mil. És clar que nosaltres som una cagada de mosca al seu costat. En un quart d'hora han sumat més adhesions ells que en una setmana nosaltres. Avui s'hi han afegit el Quim Forn i el Josep Rull, i la notícia va agafant volada.

Mor el Josep Lluís Núñez

Ha mort el Josep Lluís Núñez i m'ha sabut greu. Va ser algú de qui jo havia discrepat per certes idees de com gestionar el club que no compartia quan era molt jove. Jo anava a favor del Cruyff. Anys més tard, quan vaig conèixer les persones que hi havia darrere els personatges, vaig pensar tot el contrari. Amb el Núñez no ens vam entendre al principi perquè ell no era catalanista, i això a mi em trontollava. Em vaig equivocar, era bona persona i bon president, i sobretot ho vaig entendre quan jo vaig ser president. Li dic a la Marta que parli amb el Santi Nolla per saber si pot posar una nota de condol a *El Mundo Deportivo* de part meva.

Familiars a la tele

Surt per la TV una baralla dels gitanos a Nou Barris. El que dispara és el cunyat del tito Vargas, gitano de San Cosme del nostre mòdul, un tio espectacular aquí dintre. A la següent notícia surt la Marta amb el Barto al tanatori per la mort del Núñez, i li dic al tito Vargas: «Ya ves, nuestros familiares son famosos, salen por la tele, tu primo y mi mujer».

Revisant mails

Una nova bona notícia per al procés. Vam demanar al Tribunal que requerís a ISE que aportés tots els correus que van creuar amb mi i han aportat més de tres-cents correus durant un any que acrediten la meva feina en l'elaboració del contracte i també en la seva execució durant els següents tres anys. Reviso tots els correus, i tots són a favor nostre. Es demostra que tot va ser veritat i lícit. Com més coses sabem, més por ens fa pensar que estem tancats per res.

Li passo a l'Andrés la llista de coses, dubtes, feines i investigacions que cal fer. M'explica que ha estat a Andorra i que ha descobert amb l'Anna més irregularitats del procés, sobretot en l'intercanvi d'informació entre Andorra i Espanya, com ja intuíem. Comença a treballar en la nul·litat de la part d'Andorra.

Cursa a la presó

Al matí s'ha organitzat una cursa a la presó. Es diu 3×2 perquè la corren tres persones per equip i cadascú fa dos quilòmetres. Hi ha dotze equips. Amb el Joan i un xaval d'uns vint-i-cinc anys, el Sergi, formem un equip. Tots són xavals entre vint i trenta anys. Nosaltres dos i dos més. Amb el Carles i el Francisco som els únics de més de cinquanta anys. Jo el més vell, de cinquanta-quatre. El nostre equip queda tercer, un megaèxit. El Joan corre el primer torn, surt l'últim i arriba el segon. El segon relleu soc jo, que surto segon i arribo segon, i el tercer, el Sergi, igual. Com que fem dues tandes amb dos grups de sis equips, perquè no hi cabem, per temps quedem els tercers. Cada un de nosaltres aproximadament ha necessitat 6 minuts i 10 segons per fer els dos quilòmetres. Total de l'equip: 18 minuts i 30 segons. Pugem al podi i ens fan una foto. Demano que no surti publicada. Ens donen una medalla amb el número 3, que és de xocolata!, i, és clar, ens la cruspim amb molt de gust.

Moment meravellós

Tinc vis-a-vis íntim. És un moment meravellós, un dels millors dies de les nostres vides junts amb la Marta en tots els sentits. M'ha encantat. Me n'estic reenamorant cada dia més. Com si no haguéssim estat dins una habitació de presó. Brutal. Riem molt perquè diu que en el fons nosaltres, el Joan i jo, estem millor, perquè tenim peculi i podem comprar pernil, i ella no pot comprar res del que vol!

Bons pronòstics

Em venen a veure el Pau i l'Andrés. Encara no tenen clar com afrontar cada àrea del judici. Estan acabant de decidir l'estratègia que seguirem. Fem intercanvi de documents amb l'Andrés. Li dono els comentaris de la relació d'escrits i ell em dona l'última versió de la pericial econòmica. El Pau em diu que en un 75% ens absolen; del 25% restant, que estaran prevaricant, i dintre d'aquest 25% de prevaricació, el 20% serà condemna *light* i 5% dura! Segueix dient que al·lucina amb el nostre cas. No s'ha trobat res semblant en tota la seva vida professional, referint-se al no-cas i a la presó preventiva, que arribarà als dos anys.

Repartim els advocats: l'Andrés defensarà el Joan i el Colo; el Fuster Fabra, la Marta; l'Ismael, l'Andreu, i a mi, el Pau.

Una bona tarda

Tinc vis-a-vis familiar amb la Marta, l'Anna i l'Alba, cunyades, i el Pep, marit de l'Anna. Ens fem abraçades entre tots, sentides i fortes, especialment amb el Pep, un home excepcional; jo l'estimo molt. Els explico detalls del cas i encara flipen més. El Pep està molt estressat amb les tensions financeres que li produeix el creixement del negoci de la carn que té, però sé que li anirà bé perquè és un currant. L'Anna i l'Alba, molt implicades. Passem una bona tarda.

Podem parlar una estona també amb els familiars del Joan, tots alhora, i els explico com de bé li va al Joan córrer a la presó, i salta el Genís i li diu: «Mira, jo no podria córrer!». Ho diu amb gràcia, simpatia i força! El Genís està molt bé, fort de cap; acaba d'arribar de Sud-àfrica de fer un viatge amb altres companys en cadira de rodes, i explica que el seu germà Cerni li ha fet un comentari per whatsapp sobre una foto en què estaven tots en cadira de rodes sobre un Land Rover en una plataforma, i l'animal del Cerni li diu que «eren com una safata de sushi per als lleons». El Cerni és un molt bon fill, i tot bondat, malgrat que és un animalot.

Visita del Ramon Tremosa

Torna a venir l'eurodiputat Ramon Tremosa. Encantador. Ens explica que no s'entén per què l'Oriol Junqueras no vol anar tots a l'una amb l'independentisme en les estratègies i les decisions. Ara, en les eleccions europees, a ell l'afecta molt, perquè tothom sap que si anessin junts traurien més de deu diputats europeus i, anant separats, poden ser pocs. Per què no ho vol? No s'entén, però els seus motius deu tenir, és clar.

Conferència sobre esport

Anem a la conferència que han organitzat a la presó amb la Cristina Cubero, la sotsdirectora d'*El Mundo Deportivo*, el Francesc Perarnau, el Pitu Cortada i els responsables d'Egoismo Positivo. Espectacular! M'abraço amb la Cristina cinc minuts. Brutal. És com una germana per a mi. Només de començar em diu que és un dels tres dies més importants de la seva vida perquè «he tornat a veure el meu germà». M'emociono. Explica històries del Messi i del Ronaldinho. Diu que per a ella el Ronaldinho aportava alguna cosa més que futbol, més que *jogo bonito*, el somriure.

Al Joan li encanta la Cristina. A tots ens emociona Egoismo Positivo i les històries del que fan amb gent discapacitada en cadira de rodes, com ara anar a curses acompanyant-los. Bestial. Els diem que, quan el Joan i jo sortim, amb la Cristina i el Joan anirem a córrer amb ells, i també vindrà el Genís. La conferència acaba amb un parlament del Pitu. La Cristina té una aureola, transmet positivisme a la sala amb el seu somriure i il·lusió. Tothom que hi ha anat ha quedat encantat!

Lots de Nadal

Em reuneixo amb el Barto i el Pau Vilanova. M'han portat cent vint-i-cinc lots de Nadal del Barça per als companys. El Barto m'explica que li estan creant comptes corrents falsos a països estrangers i que li envien fotos i propostes de dones per trobar-se. Tot trampes. També m'explica que Mediapro continua fent d'agència amb els drets internacionals de la Lliga, en contra del Barça i el Madrid, però té tots els equips petits «a favor». Em diu que, si ara treballes amb Mediapro, tothom pot pensar que pots estar rebent suborns d'ells, com han reconegut que feien a la filial dels Estats Units, i per tant el *compliance* del club aconsella mirar-s'ho molt abans de tancar tractes amb aquesta empresa.

Visita familiar a la presó

Hem decorat el mòdul ja que avui poden entrar i venir a visitar-lo les nostres famílies. És un cop a l'any. Ens diuen que l'any passat va ser tot un èxit. Ens venen a veure la dona del Joan, la Carmen; la Montse, cunyada del Joan i germana de l'Andreu; l'Andreu, i la Mariona. Jo no volia que vingués ningú de la meva família, però la Mariona ho aguantarà bé. És molt forta. Tots els familiars visiten les instal·lacions: la zona de tallers, el gimnàs, la biblioteca... Uns companys canten nadales i fem un berenar. Parlem tots sis en una taula del menjador, com sempre, de com n'és d'increïble el nostre cas i de la por de si els jutges estaran o no alliçonats.

Els agrada la visita, menys a l'Andreu, que està en xoc. Quan visiten una cel·la, ja no els agrada tant. Veuen el passadís típic de les pel·lícules i queden impressionats per com n'és de petit l'espai de l'*habitació*, uns dotze metres quadrats, amb dos llits en llitera, el *cagadero* obert, etc. Ha sigut emotiu veure'ls, però al final a mi m'ha deixat amb mal cos, malgrat els petons i el carinyo de tots ells.

Temes fiscals

Ve el Diego Artacho, el gran assessor fiscal, molt intel·ligent, i m'explica que té controlada l'amenaça de l'Agència Tributària de l'any 2012, amb un pla A i un pla B. Ha trobat els pagaments d'impostos que es van fer al Brasil i això ens dona força. Està escandalitzat del xantatge que ens fan amb la querella que ens han posat per 200.000 euros, quan el delicte és a partir de 120.000 euros, i per un «cambio de criterio del inspector» o sigui «porque me da la gana», per poder querellar-se i tenir el tema penal obert, i tot evidentment forçat per la fiscalia de l'Audiència Nacional. Gairebé sempre, en els temes fiscals, hi ha una negociació per no arribar al judici penal, i ara penso en els casos de futbolistes famosos que, amb teòrics delictes fiscals de desenes de milions d'euros, arriben a acords. A nosaltres per 80.000 euros de diferència (inventats per interpretacions falses) ni ens han donat la possibilitat de discutir el pagament d'una multa en seu tributària. A més, algú pot pensar que conscientment deixaria de pagar aquesta suma comparat amb el que normalment em surt a pagar cada any? També he de dir que no hauria acceptat cap negociació, perquè els xantatges a la meva vida s'han acabat, encara que hi surti perdent, perquè ells tenen tot el poder.

Regal d'estranquis

L'Andrés ens ve a veure per felicitar-nos el Nadal, i no per treballar. Un tio ben parit! Ens porta pernilet de Jabugo i formatge trufat com a regal de Nadal a dintre una carpeta! Fa com la Los. La Marta també s'enfadaria. Malgrat que era una reunió de Nadal, aprofitem per donar-li els comentaris i les feines que cal fer. Acordem presentar al Tribunal Constitucional un recurs de llibertat per comparació a altres casos en el tractament de la presó preventiva a l'Audiència Nacional. Encara que creu que no servirà de res ara, pot servir en un futur, quan arribem a Europa. També li dic amb qui ha de parlar amb Nike perquè vinguin a judici a declarar, ja que no fan gaire cas a l'Andrés, o sigui a mi. Quina llàstima, una empresa que tant estimo i amb la qual tantes coses vam fer junts, ara fa com si no em coneguessin, però penso que és normal en les multinacionals, que no tenen cap més raó de ser que els beneficis econòmics, i de sentiments per a les persones, poca cosa o res.

Ens donen a tots els interns tres trucades més. Ara són deu trucades per setmana de vuit minuts. Quin «regal» més collonut.

Aprofitem bé el ioga

L'Albert, Tek Bir, professor de ioga, diu que a la presó l'aprofitament dels que fem ioga és del 60%, a fora només se n'aprofita el 30%. Aquí estem més predisposats a fer-ne i no tenim la pressió de l'ocupació del temps (haver d'anar a comprar, a buscar els fills a l'escola, arribar a la feina, anar a un sopar, etc.). Gran classe de ioga. El tio és un crac.

Ens informen que el Gerardo Villalobos ha tornat a sortir de la presó! Ens alegrem molt per ell.

Nadal

El dia de Nadal ens quedem al mòdul tot el dia. Un dia més. Truco a casa dels pares i parlo amb tota la família. Conec per telèfon la Cesi, boliviana, la nòvia del meu nebot Jaume. Després truco a la Marta, que ha anat amb les nenes a casa dels seus pares, a Terrassa. El Baltasar, el meu sogre, ha fet un escrit molt maco de Nadal recordant-nos. Avui, el Santi Nolla i l'Ángel Pérez han fet articles a *El Mundo Deportivo* defensant-nos.

Hem tingut dinar especial, amb xurrasco, polvorons i cervesa sense alcohol. El xurrasco, dur com una pedra, però la intenció és el que compta.

És el segon Nadal que passem a la presó sense poder estar amb les persones que més estimem. Seria molt bo que qui ens ha posat aquí sense cap justificació, passés també algun Nadal aquí tancat o tancada per saber el mal que fa deliberadament. Això faria que els jutges s'ho pensessin dues vegades abans de posar algú en presó preventiva.

Sant Esteve

És Sant Esteve i comencem onze dies seguits de ioga. Gran activitat. Tenim de professors l'Anna i el Tek Bir. Tot comença tard i mal organitzat per part del centre. Els ioguis i nosaltres, enfadats. Bé, ells menys perquè són ioguis i enfadar-se va en contra de ser iogui.

Truco a casa la Los, la mamà. Hi són tots. Han posat una foto meva a la taula. M'expliquen el menú, brutal. Els explico el nostre: caviar groc (cigrons), *poullé* (pollastre) i *crém du fruits de bois* (iogurt de gust de maduixa artificial). I per beure, whisky amb aigua, però sense whisky. Ens hem imaginat un menú d'estil francès i beguda escocesa perquè el dia de Sant Esteve no fos tan trist.

Més ioga

Fem un vis-a-vis amb la Marta, la Maria, la Joana i la Los, que ens porta pernil amagat no sé on, una vegada més. La Marta, mosca de nou. Els dic a les nenes que, si l'Estat no ens roba el patrimoni, s'haurà acabat la misèria d'haver d'estar demanant. Tindrem un gos, per substituir la Lola, amb la condició que se n'ocupin. Que decideixin la raça. M'expliquen el Nadal a la casa Pineda i a casa la Los. Ens porten l'article de la Cristina Cubero a *El Mundo Deportivo* parlant de la visita que va fer a la presó i del Joan. Espectacular.

Les classes de ioga segueixen i ens van molt bé. Amb el ioga, una condició que sempre es compleix és que, en finalitzar una sessió, sempre estàs millor que abans de començar.

L'article del Barto

Al locutori la Mariona em diu que vol seguir fent soroll. El Barto ha publicat un article a l'*Sport* demanant la meva llibertat i denunciant la meva situació injusta. El Barto m'ha volgut ajudar sempre molt, però no sempre ha pogut. Entenc perfectament les pressions que deu haver tingut i com les ha anat trampejant. Jo considero el Barto una gran persona, molt bona persona, massa bona persona per ser president del Barça, i molt valent, quan l'han deixat. Més títols que mai en la història del Barça per any treballat, encara que la percepció pugui ser una altra. Jo el considero un gran amic de la joventut. Ens vam conèixer quan teníem disset anys a ESADE.

Dinar de Cap d'Any

Tots els que tenim activitats esportives de cap de setmana fem un dinar al poli el dia 30 de desembre, on el Denis, brasiler, va vestit de la Cristina Pedroche i fa les dotze campanades. A cada campanada demana un desig. El Denis després ens porta carn cuita al forn amb tabasco: boníssima. Gran dinar de Cap d'Any, relativament parlant, clar!

Acaba l'any

Tinc visita del Pau Vilanova i el Lulu. Gran abraçada amb el Lulu. El Lulu opina que se'ns follaran i em recomana que busqui un pacte. Li dic que si arriba el cas m'ho pensaré, però no. També m'explica que el Shahe està fort, que el Barto ha fet el que podia i que la Marta, *chapeau*. El Pau ha portat els regals del Barça per als fills dels presos. Vam acordar que la Fundació del Barça donaria aquells *gadgets* del Barça que ja estan fora del mercat i que ja no es venen per als fills dels presos que venen el dia de Reis a veure els seus pares, i que fossin els pares que els donessin als fills aquests «regals». Crec que els fills han de ser menors de quinze anys d'edat.

També ve l'Anna d'Andorra. Ens aconsella que al judici siguem *quinquis*, perquè com que el sistema és una farsa, hem de jugar amb les seves mateixes cartes. Ens explica que Andorra segueix fet una merda i que, si fos per la gent justa d'Andorra, el nostre cas ja estaria arxivat. A la nit anem a dormir abans de les dotze. Hem pres cava sense alcohol. O sigui, no és cava, és *champín*, que és una beguda dolça de color rosa amb bombolles, per a nens i nenes.

Gener del 2019

Arrenca l'any

Comencem l'any fent ioga. Per dinar ens han donat entrecot dur com una pedra i canelons. El Joan diu: «M'he barallat amb l'entrecot i ha guanyat ell!», perquè estava molt dur i tenia molts nervis. Jo ni ho intento i regalo l'entrecot a un company. Ja menjaré una llauna d'alguna cosa al *chabolo*.

Truco a casa dels pares i els felicito l'any a tots: parlo amb el papà, la mamà, el Jaume i la Ceci, el Sergi i la Natàlia, i petons a tota la resta.

Visita dels fills dels presos

Venen els fills dels presos, de menys de quinze anys, a la presó. És el dia que la presó deixa entrar els nens perquè estiguin amb els pares el dia de Reis, que aquí és el dia 3 o 4 de gener, o quan va bé. El Pau Vilanova va portar cent lots de productes del Barça perquè cada nen marxés amb un regal, que és el nombre de nens que la presó va calcular que vindrien. Ha sigut un èxit! Els nens han estat encantats, però els pares encara més de veure com els seus fills estaven orgullosos d'ells pel regal que els havien fet. Fins avui els nens no volien venir a visitar els pares el dia de Reis, però els nens han acabat sortint orgullosos dels seus pares pel regal que han rebut. Productes del Barça donats per la Fundació Barça. Quina força que té la marca Barça! I quin orgull ser del Barça! Segur que aquesta donació la seguirà fent la Fundació del Barça coordinadament amb Institucions Penitenciàries. Que sigui per sempre. Un èxit.

«Ya llega el día de Reyes, ese día los camellos se quedan y los reyes se van», ha dit un funcionari. És graciós, o no...

Dia de Reis

És el dia de Reis. Al locutori ens venen a veure els que mai fallen: el Josep Maria Mercadé, el David Bellver, el Juanjo Rovira, l'Aser Pernil, l'Andreu Ramos i el meu germà Sergi. Gairebé tot el meu entorn està rebent inspeccions d'Hisenda, tot casual, és clar. A la tarda caminem, al voltant de la piscina amb dues funcionàries molt amables, l'Olga, d'Alcarràs, i la Natàlia, la funcionària de cuina. Ens explica que el cap de servei de cuina ha de tastar l'alimentació cada cop abans de servir-la. És una norma.

Últims serrells abans del judici

El Pau Molins insisteix que hem de tenir explicacions de les transferències de fa dotze anys. Ni el Joan ni jo recordem res. Crec que el Pau vol ser més papista que el Papa de Roma o que com a advocat vol tenir una sortida en cas que ens condemnin, per ser perfeccionista. Suposo que jo en el seu lloc faria el mateix. Ja no sé què pensar de tot plegat, perquè ells insisteixen que no hi ha delicte enlloc, però, aleshores, què fem aquí des de fa quasi dos anys?

La pròxima reunió ja serà per entrar a fons en el judici i preparar les declaracions.

El jutge arxiva la causa oberta contra els Mossos per haver cremat documentació que va confiscar la Policia Nacional, perquè es va fer sense ordre judicial. Resulta que la Lamela va fer l'ordre judicial d'urgència durant el matí de la confiscació, quan ja havia començat. Una més de la Lamela! Aquesta dona no té límits. Si segueix així, podria arribar a ser presidenta del Govern espanyol... Quina por!

L'Oriol Pujol

El jutge ha ordenat l'ingrés a presó de l'Oriol Pujol, condemnat a dos anys i mig de presó pel cas de les ITV. Va intentar canviar la condemna de presó per treballs en benefici de la comunitat, el que abans se'n deien *serveis socials*, però el jutge ho ha denegat. Ara té deu dies per ingressar. Potser vindrà aquí.

Per primera vegada des que som a Brians 2 hi ha hagut hòsties al pati. S'han barallat per un tema de droga. Es veu que no n'hi ha, s'ha acabat i falta subministrament!

Més dona

Amb la Marta tenim vis-a-vis íntim. Cada dia més dona. Crec que la nostra relació està en un dels millors moments de les nostres vides. Jo estic supercòmode amb ella. Comencem a parlar de temes de futur en funció de com acabi tot plegat. Ens plantegem vendre les propietats, i canviar-les per llocs més petits, etc. Ens deixen estar més estona, perquè és el dia de trobades entre gais a la presó, i per a ells tenen la màniga més ampla. Tots els funcionaris estan acollonits amb les denúncies per homofòbia.

«Presos exemplars»

Ve la Cristina Cubero, periodista esportiva i gran amiga, a fer una altra conferència, com em va prometre. Parlem de posar en marxa un projecte per preparar un equip per córrer la Jean Bouin amb cent presos, tots vestits amb samarretes de ratlles blanques i negres, i entrar a la meta tots junts: «Presos exemplars». S'ha de buscar marca, logo, eslògan, disseny esportiu, entrenaments i marxandatge. La Cristina, estupenda! És una passada! Tothom en queda enamorat, i un li diu: «En la cárcel descubres cosa nuevas de ti, pero solo si tu quieres!».

També rebo la visita del Pepe Álvarez, secretari general de la UGT a Espanya; l'hi agraeixo molt. Quan jo era president del Barça vam començar una relació molt barcelonista. Un tio amb sentit comú, pragmàtic, sense demagògia barata.

Canvi d'advocat

El Shahe ha canviat d'advocat. Abans tenia l'Andreu van Den Eynde, però ara està molt centrat en el judici dels presos polítics; porta el Junqueras. La nova advocada és molt maca, la Berta del Castillo, i ja s'ha estudiat tota la causa a les festes de Nadal. Al·lucina amb el cas. El Shahe ha tornat dels Estats Units de veure la seva mare, que està delicada. Ha tornat a defensar la seva innocència.

Carta surrealista

Tinc vis-a-vis familiar amb la Marta, la Maria, la Mariona i la mamà. La Marta m'explica que ha rebut una carta surrealista de la Reial Federació Espanyola de Futbol (RFEF), del comitè d'ètica, dient que m'obren un expedient ètic derivat del tema FIFA, però que el suspenen fins a saber el final del procés penal, perquè l'objecte té moltes similituds. Un informe ètic després de dos anys tancat a la presó? Pel tema FIFA? Si jo mai he fet res per la FIFA. Penso que són d'aquells a qui els agrada fer llenya de l'arbre caigut.

Per la resta, molt bé amb totes quatre. La Maria marxa a Budapest i la mamà Los diu que necessita que jo surti ja; com ajuden aquests comentaris de la persona que més t'estima al món! La Mariona segueix ajudant a difondre el cas a través de Twitter. Avui, *El Mundo* ha publicat que vam oferir la segona fiança més alta de la història d'Espanya, i no va ser acceptada, i explica que aquesta és la presó preventiva per presumptes delictes econòmics privats més llarga de la història.

Arriba l'Oriol Pujol

L'Oriol Pujol arriba a Can Brians. Li tenim la benvinguda preparada: una tele, el *chabolo* net. Malgrat que no el conec gaire, a tothom els demano que l'hem de cuidar, i intentaré posar-lo a la nostra taula. Després truco a la Marta perquè truqui a l'Anna, la dona de l'Oriol, i que li digui que està tot controlat, que ell està bé. Li dic a l'Oriol que ha d'intentar ser feliç aquí dintre, sabem per experiència pròpia que no és fàcil. L'apuntem a ràquet, ioga, vòlei, a tot perquè surti a fer activitats. Parlo amb els companys de la taula dels esmorzars, dinars i sopars, perquè autoritzin l'Oriol a seure amb nosaltres, perquè la taula té vuit llocs i de moment som set, i, per tant, hi cap. Em donen l'aprovació. Seurà a la nostra taula. És l'única taula del menjador on tots som catalans.

Vint mesos tancats

Avui fa vint mesos que estem tancats, 600 dies tancats. Arriben l'Andrés i l'Ismael des de Madrid d'hora. L'Ismael ens explica les novetats dels preparatius del judici.

Amb l'Andrés repassem el cas. Ens diu que la Sala ha permès que vinguin tots els testimonis que vam demanar, també els que viuen a fora, que podran declarar per videoconferència, i que estan rematant les pericials econòmiques i acabant d'analitzar els correus d'ISE. Expliquem a l'Ismael el tema de l'inexistent compte corrent dels Estats Units i flipa. Diu que ens hem de querellar contra la Lamela ja!

Pel que fa a la querella que va interposar el Ricardo Teixeira contra la Lamela, el fiscal ha demanat arxivar-la i l'Ismael hi ha interposat un recurs. Un exemple més de la gran impunitat que tenen. Com pot estar en desacord un fiscal que s'investigui una actuació de la Lamela que no va obeir les ordres dels seus superiors? Torna a sortir la conversa sobre la fiscalia i la falta de sistema de fiscalització. Si com a mínim els fessin pagar les costes de quan fan les coses malament...

Informe jurídic

La Marta m'explica que a través del Fuster Fabra hem contractat un catedràtic de luxe, un fora de sèrie, el Gonzalo Quintero, que farà un informe jurídic i vindrà al judici, perquè els magistrats vegin que gent que en sap i té molt prestigi veu la realitat, per si prevariquen. El seu informe anirà sobre dret estranger, juntament amb el catedràtic de São Paulo que ja vam utilitzar al principi. La Marta està molt sencera, i amb els peus a terra, i diu que el que més li ve de gust fer quan surti és un viatge amb els nostres amics els Cierco-Palau, el Tito i la Blanca.

En una conferència sobre l'esport venen el Pitu Cortada, el Francesc Perearnau i el Juanjo Castillo! Ens fem una enorme abraçada amb el Juanjo Castillo! Expliquem anècdotes i tots els assistents es pixen de riure. El Juanjo és molt divertit, molt bruto, però molt divertit. Parlem del tema Abidal i em diu que li sap greu si els seus excessos m'han perjudicat. Li dic que no passa res, que ja es va aclarir tot. Que tot plegat és un despropòsit.

A *El Punt Avui* surt una entrevista al Jaume Roures que parla de mi. Que m'ho faci mirar, jo i els meus advocats, diu. El món al revés. Ell i/o el seu soci, que oficialment ha admès a la fiscalia dels Estats Units que la seva empresa pagava suborns, ara em dona lliçons. Veure-ho per creure-ho.

Visita sorpresa de la Maria

La Maria, la Marta, el Sergi i el Colo venen al locutori. La Maria ve per sorpresa. Jo mai li he demanat que vingui i això m'omple molt i m'emociona. Que les filles vinguin perquè volen i no perquè se les obliga és el màxim!

La injustícia del Colo

El Colo em diu que té ganes que se celebri el judici, perquè, a més del certificat del banc que demostra que no hi ha transferència, en té set més dels set bancs d'Andorra que demostren que no té res, cap transferència. D'ell diuen que va rebre 350.000 euros en un compte seu a Andorra fa deu anys. Ha estat complicat aconseguir-ho, pel temps transcorregut, però ha aconseguit certificats dels set bancs d'Andorra i tots afirmen que aquesta operació mai va existir. L'Andrés, que també el defensa, fa un any que es queixa que la fiscalia no aporta el document sobre el qual es va basar la seva acusació, però mai obtenim resposta. En aquest cas, també els haurien de fer pagar les costes, per haver actuat amb temeritat i mala fe. Això ho fa una acusació particular i l'empaperen. Quina vergonya.

Preparatius del judici

L'Andrés ens explica les reunions que ha tingut a Madrid amb el nostre amic David i les gestions a l'Audiència per als preparatius del judici, quan declararem, a quina sala ho farem (perquè es veu que hi ha una sala de vistes que està molt lluny, que per sort no serà la nostra) i com ens visitaran els advocats mentre duri el judici. L'Andrés aconsegueix que el jutge ens permeti trobar-nos abans i després de les sessions del judici als calabossos de l'Audiència Nacional.

Els advocats han començat les reunions amb els testimonis per confirmar que han de venir al judici. El Juan Carlos Páramo, qui havia sigut la meva mà dreta professional, a l'última reunió amb la Marta li va dir que, veient com estan les coses, ens hauríem de pensar el fet d'acceptar un pacte. Ostres, tothom vol que arribem a un pacte, a un xantatge, i jo no ho vull de cap de les maneres.

L'Anna està treballant amb les irregularitats de l'obtenció de proves a Andorra, la qual cosa demostrarà que tot el procés està viciat i, per tant, hauria de ser nul.

Febrer del 2019

El trasllat dels presos polítics

El febrer comença amb la moguda pel trasllat dels presos polítics per anar a judici a Madrid. Molts funcionaris arriben tard pels controls dels Mossos abans d'arribar a Brians. Els homes van directament a Soto, i les dones, a Alcalá-Meco.

La Copa d'Àsia

El Félix Sánchez, l'entrenador de Qatar a qui vam donar suport, sobretot el Colo, ha guanyat la final de Copa d'Àsia contra el Japó. Qatar campió! Alguna cosa hi tenim a veure, algun granet de sorra hem posat per treballar des de la base el futbol de Qatar, començat l'any 2006. Quin orgull! Això ja no és casual. Un país amb tres-cents mil qatarians guanya la Copa d'Àsia, contra el Japó, Corea del Sud o la Xina, amb milions d'habitants? David ha guanyat Goliat.

Diuen que els presos polítics han arribat a Soto i que hi fa molt de fred, que la calefacció no funciona. Així és com vam estar nosaltres l'any passat! Sabem perfectament del que parlen.

Concert de l'Orquestra del Liceu

Tenim concert de l'Orquestra del Liceu. Hi ha molta gent: el Salvador Alemany i la seva esposa; el cardenal de Barcelona (li explico la meva teoria que ara també van a per Montserrat i ho escolta amb molt interès); l'Adela Subirana, i el Jordi Moix, entre d'altres. Em faig una gran abraçada amb tots, però més amb el Moix i el Salvador, i molts petons amb l'Adela, que ha escrit un article sobre mi a *La Vanguardia* que m'ha fet emocionar.

L'Orquestra del Liceu toca peces fàcils i després s'hi afegeixen els nanos d'aquí amb *bossa nova* i pop. Molt bé! Els presos són uns artistes! Tenen molt de talent. Penso que, de mitjana, la gent que he conegut a la presó té molt més talent que la població en general. El problema és que aquest talent ha estat mal dirigit.

En finalitzar, m'informen que el trasllat serà cap al 18 de febrer i que potser serà directe a Soto. Amb el Joan resem perquè sigui així, perquè després del calabós no hi ha res pitjor que els trasllats dins de les *perreras*, fent parades a diferents presons.

Acord per 30 milions d'euros?

L'Andrés explica la reunió que ell i el Fusty han tingut amb el fiscal de cas. El fiscal ha deixat anar que proposa un acord amb penes més baixes i 30 milions d'euros de multa. Busquen diners! Ens volen arruïnar. Ni de conya. Anirem a judici, a veure si són capaços de prevaricar. Repassem algunes preguntes i decidim que no respondrem al fiscal. El Pau Molins no vol ser agressiu en les defenses; al contrari, creu que si som elegants i educats ens faran més cas. Ens deixen documents de preguntes més respostes per preparar.

La pancarta

Tinc vis-a-vis amb el papà, la mamà, el Sergi i la Marta. Parlem de temes econòmics de casa. De moment està tot controlat per fer front al que passi, sigui el que sigui. Li dic al papà que parli amb Caixa d'Enginyers per si les mosques, perquè necessitarem un banc per treballar que sigui català i que ens conegui personalment. El papà el veig gran, perquè ho és, però encara li funciona molt bé el cap. La mamà segueix forta, una mica sorda però forta.

Al partit de Copa del Barça contra el Madrid hi ha una pancarta a favor meu: «Sandro Llibertat».

Càmping d'Àger

Una funcionària m'explica que ha anat al càmping i al restaurant d'Àger i que li va agradar molt. Ja sabia que jo n'era el propietari, amb el Josep Maria Mercadé i la Roser Burgués. Això m'omple molt quan veig que hem dut a terme un somni de fa uns anys. El projecte es va construir des de zero i ara el continuaran la seva filla Carlota amb la seva parella, el Robert. El Josep Maria i la Roser són els veritables herois de l'èxit del càmping de la Vall d'Àger, els bungalous i el petit *nature* hotel, l'Espai d'Estels. Ells són amics en majúscules, abans que socis. Ve molta gent a volar amb parapent o ala delta, a visitar el congost de Montrebei o a veure els estels a la nit. La Vall d'Àger és el lloc amb la millor visibilitat de Catalunya, amb menys contaminació lumínica (espai *starlight*), i hem fet unes habitacions molt acollidores amb terrassa per observar els estels. Gràcies a la immillorable visibilitat de la zona, la Generalitat de Catalunya va decidir fer-hi l'Observatori Astronòmic del Montsec.

Tropical

També estic molt orgullós dels meus socis el Miquel i l'Iván Abraham, que quan m'han vingut a veure m'han dit que en el negoci comú que tenim, el Tropical de Gavà Mar, en la fase de rehabilitació que estem duent a terme, ells posaran els recursos que em correspondrien a mi i que, com que ho tinc tot bloquejat, no puc aportar. Són més que socis!

Visita del John Carlin i l'Empordà

Em ve a veure el John Carlin, que continua molt indignat amb la nostra situació. És dels pocs periodistes que diu el que li surt dels ous, sense embuts. No té indicacions de ningú, perquè si les tingués, ja no escriuria. Pots estar d'acord o no amb el que diu, però diu el que pensa i punt. Ha publicat un article a *La Vanguardia* en què explica el mal funcionament de la justícia i afirma que la corrupció a Llatinoamericana és herència espanyola. «Sandro tiene mucha información y salgo más indignado de lo que he entrado», em diu la Marta, quan li truco al vespre, que li ha dit el John en sortir de la visita.

Venen a veure'm el Jordi Jacas, el Medir Puig, el Camil Ros i el Josep Costa (Pipa), els amics de l'Escala, de l'Empordà, que m'esperen per fer un bon dinar quan surti, on també hi haurà el Quim Planas, de Púbol, l'Albert Pujol, de Torroella de Montgrí, i el Robert Bosch, també de l'Escala. Ostres com enyoro una bona taula i una bona sobretaula amb els amics. Sempre he pensat que, tret de la família, una taula i una sobretaula sense presses amb amics de debò és el millor que hi ha al món.

Fins avui, els diumenges que hem estat a Brians hem tingut locutori, cinquanta minuts, i en gairebé tots, el meu amic Víctor Lavagnini ha vingut al pàrquing de la presó a animar els amics o familiars que venien a animar-nos, quedant-se ell fora, ja que només un dels diumenges la Marta l'ha pogut encabir a la llista de les quatre persones autoritzades a entrar. Espectacular, el Víctor. Era com el meu #joanbonanit dels polítics, però amb #victorbondiumenge.

Judici del Procés

Comença el judici del Procés amb les qüestions prèvies de les defenses. Els advocats defensors del Procés han atacat dient que és un tema polític i que els jutges han de ser «no polítics».

Últimes correccions

Amb l'Andrés, repassem les preguntes i les respostes meves i del Joan. Llegim i corregim el que no és correcte. Ens falta l'informe pericial econòmic acabat. També em deixa l'escrit de la Marta. Com més llegeixes i més respons a preguntes, més absurd és tot plegat. Res no té sentit, fa molta ràbia.

També ve la Conchita Lorente, la meva assessora i advocada fiscal, per revisar tots els temes en els quals està treballant.

L'Andrés i el Fuster Fabra ens expliquen la reunió amb el catedràtic Gonzalo Quintero i el catedràtic de São Paulo. Diu que un *estelionato* no és possible sense denúncia i que hi ha d'haver administració deslleial, que al Brasil no és delicte penal mai. O sigui que no pot existir en el nostre cas l'*estelionato* per la llei brasilera. L'*estelionato* és aquella figura penal medieval que va inventar el fiscal per fer l'acusació.

Seguim el judici del Procés

Per la tele, seguim el judici del Procés. El fiscal Javier Zaragoza, el que va signar les ordres d'investigació contra nosaltres, és el fiscal més agressiu. L'Oriol Junqueras no respon al fiscal i diu que no ho fa perquè és un judici polític i ell és un pres polític. L'Oriol ha parlat molt bé, impecable. El Joaquim Forn sí que respon al fiscal. Molt bé, Forn, també, perquè els treu contradiccions, sobretot dels informes de la Guàrdia Civil. El Quim Forn és un tio fora de sèrie.

Ser humil?

Tinc vis-a-vis amb la Maria, la Mariona, la Marta i la Los. Molt bé, molt llarg. La Los porta pernil i formatge trufat, com sempre. Qui es pot imaginar que una dona de vuitanta-dos anys portaria pernil i formatge de contraban? La Mariona segueix feta una campiona a les xarxes. A la Maria l'han acceptat a Hong Kong per fer l'últim curs d'ESADE. La Marta m'aconsella que durant el judici sigui humil. Ho intentaré, però em serà difícil perquè jo no en soc, d'humil.

Ens graven

L'Oriol Pujol m'explica que ha vist com un nano del nostre mòdul ens estava gravant. Parlo amb ell i li dic que l'hem descobert. I ara què fem? Trobem dins el mòdul un llibre amb la silueta, dins dels fulls, d'un mòbil i la tapa foradada per la càmera. Un «llibre» que utilitzaven per gravar-nos sense adonar-nos-en. Al principi el nano m'ho nega, però després li ensenyo la prova i m'ho reconeix. Em diu que l'objectiu era gravar l'Oriol Pujol.

L'hi explico tot a l'Oriol i em diu que parlarà amb ell i els seus còmplices per dir-los si els denuncia o no. Només els denunciarà si surten per les teles imatges seves. Si l'Oriol els denuncia, a ells els faran fora del mòdul. De qualsevol manera, l'Oriol decidirà què ha de fer després de parlar-hi . Abans parlarà amb Don Javier, el funcionari cap del mòdul. Merder sense voler-ho. Què es pot fer? Si ho denuncies, ets un *chivato*, un *sapo*. I si no, et graven!

Cursa per l'ELA

Ens reunim amb el doctor Josep Gámez del Vall d'Hebron, molt amic de la Mariona. La nostra família va fer una donació a la Fundació de l'ELA, que ell dirigeix, després de la mort del meu oncle Benet Rosell per aquesta malaltia. Era el germà petit del meu pare i pintor abstracte. Per voluntat expressa del mateix Benet, la donació es va fer amb part de la seva herència als nebots, perquè no tenia fills. Ens reunim perquè els beneficis de la segona cursa organitzada per Brians a Sant Esteve Sesrovires siguin també per a la Fundació de l'ELA. També hi ha el Francesc Perearnau i el Juanjo Castillo. Li dic al Juanjo que en el tema Abidal volen fer-me mal a mi i el que estan fent és fer mal a la sanitat catalana i també al Clínic. Una altra animalada del sistema corrupte.

L'Oriol vol saber qui va contractar el nano per gravar-lo. Aquí hi ha algú relacionat amb la política. Jo dubto de si ha sigut un enemic polític espanyol o català que ha contractat el servei de gravar-lo il·legalment. Si hagués d'apostar, diria que ha sigut un enemic català.

Al vespre, per la tele, ens assabentem que el Girona ha guanyat el Madrid (1-2) al Bernabéu i el Barça de bàsquet ha guanyat la Copa del Rei a Madrid. Dos molt bons resultats!

Cartes als diaris

En els darrers dies han aparegut dues cartes molt emotives a *La Vanguardia* sobre el nostre cas. La primera va ser de l'Adela Subirana recordant l'esportista Theresa Zanatta. I l'altra de la Urgell, la cunyada del Joan, que ha escrit una carta molt bonica titulada «Joan, Sandro i la justícia».

Visita del Jordi Basté

Em venen a veure el Jordi Basté i el Pau Vilanova. Li faig una abraçada forta i bastant sincera. Amb el Basté mai hem tingut bona relació, però ell ha sabut estar per sobre de tot això (*chapeau!*) i ha vingut a interessar-se per mi i a fer-me una entrevista, cosa que em donarà veu fora d'aquí. Ha estat molt carinyós. Li explico el cas i li dic que ell mateix en pot treure les conclusions que vulgui, que jo abans del judici no puc donar opinions, i que en qualsevol cas, com a entrevista, que abans la revisi l'Andrés per donar el vistiplau a tot el que li he explicat. Li narro el cas, fins i tot amb un esquema, i li vaig explicant detalls, com el fet que no hi ha compte corrent als Estats Units, i ell al·lucina, o almenys m'ho sembla.

Em pregunta pel Barça i com el veig. Que el veig molt bé, que el Barto ho està fent bé, considerant que té bona part de la premsa en contra. Això és un mal endèmic molt difícil de resoldre, ja que a can Barça som derrotistes per naturalesa o per història (que potser ja toca canviar aquesta percepció, perquè en els últims quinze anys, de mitjana, hem sigut el millor club del món). També li explico que, en contra del que diu sempre, jo no he sigut tan mal president per al Barça. Li explico que el meu pare (amb amor de pare, és clar) diu que jo, objectivament, amb dades esportives, econòmiques, patrimonials i socials, he sigut el millor president i que, subjectivament, el millor va ser el Llaudet, per qüestions d'identitat, encara que no guanyés cap títol! Li pregunto: «Jordi, per què sempre dius que, després d'un altre, he sigut el pitjor president del Barça?». I em mira de reüll com volent dir «un dia t'ho explicaré». S'apunta sis pàgines de respostes i comentaris que editarà i posarà en format entrevista on la meva veu la posarà algú altre. També em diu que el Màrius Carol li ha donat molts records per a mi i que diumenge escriurà a *La Vanguardia* sobre la trobada. També parlem de la relació que vaig tenir amb els Jordis a Soto.

«Conseguidora» professional

Amb la Joana, la Maria, la Marta i la Los fem un vis-a-vis. La Los porta més pernil i formatge trufat. La Los s'ha convertit en una *conseguidora* professional. Parlem amb la Marta del cas, de l'entrevista amb el Basté que s'emetrà per RAC1. Que ja l'han revisat els advocats. Parlem tots quatres —la Los el que bonament pot escoltar— de si hem de canviar de casa per una de més petita quan això s'acabi, si és que ens deixen patrimoni i l'Estat espanyol no ens roba els diners. La Maria vol canviar de casa, però la Joana no. Les nenes van bé en els estudis. Molt content d'això. Parlem dels seus amics i de si alguns es droguen amb porros o cocaïna. Els dic que encara que siguin amics, ben lluny, si no els poden convèncer de deixar-ho. Els porros, controlats, encara es podrien acceptar, però controlats!!! Encara que el problema és: quan se sap si es controla o no? Però la cocaïna mai. Ni tocar-la. He vist tantes vides destrossades, dintre i fora d'aquestes parets de ciment, que no val la pena.

Entrevista a «El món a RAC1»

Puc escoltar l'entrevista a *El món a RAC1* amb el Basté i considero que ha anat molt bé; fins i tot hi ha hagut alguns comentaris bons de tertulians a qui crec que no els agrado gaire, com el Santi Segurola. A la Marta també li ha agradat molt i m'explica que la nostra amiga Cristina Minguell li ha trucat i que ha plorat escoltant-la. Reconec que aquí el Jordi Basté m'ha ajudat, malgrat les nostres diferències. Segurament en el seu dia no el vaig saber valorar prou bé. Gràcies, Jordi.

Comencen els comiats

A l'hora de dinar fem un discurs de comiat al menjador. Els donem les gràcies per com ens han acollit, inclosos els merengues, per ensenyar-nos solidaritat, humilitat i austeritat. I també a Don Javier i a tot el seu equip de bons professionals i bones persones del mòdul 7. Els regalem bolis, clauers, carteres, etc., del Barça. Tots aquells productes que han quedat obsolets, que entrega la Fundació del Barça, però que aquí són or en barra.

Tothom ens ve a dir adeu i a portar-nos dades de contacte. A la nit hi ha votacions a les comissions del mòdul i votem. És l'últim que fem abans de marxar! A veure si al final resultarà que hi ha més democràcia aquí dintre (mòdul 7 de respecte) que a l'exterior! Curiós, però gratificant alhora.

Trasllat cap a Soto

Ens llevem el 21 de febrer i ens traslladen a ingressos. Don Javier s'ha llevat més d'hora per venir a acomiadar-se personalment. Que gran! Ens fem una forta abraçada. Molt bon tio! No ha volgut acceptar una samarreta signada de debò pel Messi que tenia guardada. L'hi vull donar ara que marxem, perquè no vull que pensi que era perquè ens tractés millor, ja que tracta a tothom igual. Diu que, quan el seu fill ho sàpiga, el matarà, però que no la pot acceptar, i no ho fa. Li diem que hem deixat roba i la tele a dintre del *chabolo*, i li entreguem un escrit signat per tots dos perquè en el cas que no tornem s'ho quedi tot i ho reparteixi entre els més necessitats, sobretot la tele.

Ens donen 200 euros del dipòsit que havia posat la família per a peculi que teníem acumulat. Feia molt de temps que no tocava diners, bitllets i monedes. Anem a Zuera amb un autobús *perrera*. En arribar ens tanquen al *chabolo* i ens posem a estudiar. Els guàrdies civils són amables, la majoria són del Barça! La incomunicació amb l'exterior durant els trasllats és absoluta i total. Desconnectats del món. Venen uns quants interns a buscar un autògraf. Hem estudiat molt tota la tarda per a la declaració.

L'endemà a les vuit sortim cap a Madrid. Arribem al migdia a Valdemoro. Cutre, brut, mal tracte. Ens posen a la cel·la que es tanca amb forrellat a mà, com a les antigues masmorres, sense dutxa, bruta, llençols bruts ja utilitzats amb taques i sang. Un fàstic! Quan passa el funcionari pel recompte li diem el tema dels llençols i ens en porta uns altres mig nets. Ell mateix ens diu: «Aquí las sábanas tienen varios kilómetros». Tot plegat molt humiliant.

Sortim una estona al pati, però seguim estudiant. Dormim tant com podem, perquè el funcionari ens diu que fins dilluns potser ens quedem aquí. Fins dilluns?! Si tenim el judici dilluns mateix? Que anirem des d'aquí sense dutxar-nos, sense canviar-nos de roba? Li dic que vull trucar al meu advocat, però no em deixen. «Lo tiene que autorizar el jefe de servicio.» Res de res. Sort que un intern veterà que té accés als ordinadors, exadvocat del Jesús Gil, em reconeix i em diu que marxarem l'endemà, que no em posi nerviós. Fins al vespre no ens ho venen a dir oficialment.

L'endemà arrenquem al matí. Tota la simpatia que tenien els guàrdies civils d'ahir ara s'ha transformat en xuleria. Arribem a Soto. Ja a l'entrada coneixem la gent. Ens fan una revisió total de les bosses que portem. Dintre d'una de les bosses jo porto tres caixes plenes de Conguitos, i el funcionari em diu que això és massa i que no ho puc passar. Li dic que ho he comprat en una altra presó, encara que fos catalana i, per tant, està teòricament autoritzat segons el funcionament intern de presons. A més, li explico que això és com el meu tabac i que la xocolata és el meu substitutiu del sexe. Finalment, hi accedeix i ho entro amb les meves pertinences.

L'arribada al mòdul

Ve Don Guillermo a saludar-nos i tot canvia. És horrorós pensar que ens sentim com a casa. Arribem al mòdul i tot són festes, abraçades amb tothom. Ens pugen a la cel·la 16. De la 9 a la 15 són les cel·les dels polítics, nosaltres som a la següent. Quina sort! Ens saludem amb molt carinyo amb tots ells. Els presento el Joan, molts ja el coneixien d'oïda. Jo els coneixia gairebé a tots, excepte al Raül Romeva, que em cau especialment bé, suposo que perquè compartim l'amor a l'esport. El Josep Rull em recorda que és amic de l'Anna Pineda, la meva cunyada, ja que van ser companys de classe del col·legi Montcau de Terrassa. Parlem de la situació del seu judici i de com estan guanyant per golejada davant l'opinió pública no radical a Espanya. Però em diu que això al final, per a la sentència no serveix de gaire. Te raó.

També trobem i ens saludem amb el Bárcenas, el Rato, l'Alberto López Viejo, el Luís Sanz, d'i-dental, etc. Tots els de les *black* de Cajamadrid. Abraçades amb tothom! Al *chabolo* arriba de tot: pal de fregar, escombres, cortines, cargols per collar el que calgui, la tele, lleixiu, draps, llençols (quatre jocs nets), un matalàs nou... En fi, un luxe! Li recordo al Joan la diferència amb el primer dia que vam arribar a Soto, ara fa vint-i-dos mesos, nit i dia.

Fem els llits i ens posem a treballar. És un gust tenir els *chabolos* oberts tot el dia, i gràcies als catalans. És molt millor, perquè et sents més lliure, sobretot per poder anar al teu bany, bé, al teu forat! Com deia el Rodrigo Rato, «manda huevos que tenga que darles las gracias a los catalanes, ya que gracias a ellos estamos mejor, con las celdas abiertas».

A la tarda ens ve a veure el capellà, el nostre amic Paulino. Emoció, abraçades i petons. Bestial. Parlem i parlem i parlem. És collonut. El Paulino no parla amb la boca, parla amb el cor.

Últimes visites

Ve el Gonzalo Boye. Creu que els nostres jutges seran justos i que no acceptaran cap pressió per penar-nos sense motiu, malgrat que la tindran, i molt forta. Tant de bo tingui raó. Això és l'única cosa que ens faria canviar una mica la nostra visió de la justícia d'aquest país.

Tornem a missa

Anem a missa i la María i la Reyes ja ens hi estan esperant. Ens fem grans petons i abraçades. La missa, com sempre abans, però amb els polítics catalans.

A la tarda al locutori ens venen a veure la Marta, la Mariona, el Jaume, la Carmen, l'Andreu i el Txema per donar-nos ànim. Jo em trobo fatal de salut, molt engripat del viatge a la *perrera*. Els amics colombians em donen pastilles que exactament no sé de què són, però me les foto igualment perquè m'asseguren que són un *chute* que em farà aguantar, i ells, els colombians, mai ens han fallat. A la nit estudiem. Demà és el gran dia. Per fi comença el judici de la vergonya.

Comença el judici

25 de febrer. Comença el judici. Ens dutxem i ens vestim amb americana. Quan arribem a l'Audiència Nacional, de seguida pugem. El públic de la Sala és gent nostra. Comença parlant el fiscal, però no funcionen els micros. Quin país! Tothom al·lucina

amb aquesta anomalia. Fins i tot els jutges i el fiscal s'emprenyen.

Ens tornen a baixar als calabossos i al cap de mitja hora tornem a pujar. El Pau, l'Andrés, el Fuster Fabra, la Berta i l'Ismael fan un espectacle jurídic en els tràmits de les qüestions prèvies, ridiculitzant tot el procés instructor de la Lamela, i enumeren totes les irregularitats en la forma i en el fons. Són el *Dream Team* de la defensa. El Pau sol·licita la nostra llibertat immediata o bé al final del judici (realment la petició és perquè no seguim presos al final del judici, però el Pau diu que hem d'intentar-ho també ara). La sala, plena de la nostra gent, donant-nos ànim i dient que ens estimen. Això ens dona molta força. Baixem i parlem amb el Pau i l'Andrés. Els felicitem per la gran feina que han fet en la defensa, i tornem al calabós.

Al cap d'una hora marxem cap a Soto. En arribar coincidim amb el Rato i companyia, que tornen del judici de Bankia. Ja al mòdul tothom s'interessa per com ens ha anat. Pugem i acabem d'estudiar. Última nit abans de declarar. Molts nervis! Estudiem fort i dormim com podem.

Segon dia de judici

Cap a judici. Avui coincidim a la sortida amb tots els presos polítics; tots ens desitgen sort. També coincidim amb els quatre de Bankia. Els polítics catalans tenen sortida preferent. Nosaltres ens quedem amb els de Bankia i marxem junts en una *lechera*.

En el trajecte, el Rato ens diu com n'està, de podrit, el sistema. «El Estado en España hace lo que le sale de las pelotas con los ciudadanos...». Te raó. Arribem a l'Audiència. De seguida, emmanillats, anem cap a dalt. De tot el que els nostres advocats van demanar ahir, el Tribunal respon a la majoria de qüestions denegant-les o bé postposant-ne la decisió per al moment de dictar la sentència.

Després ve el torn de declarar. M'assec davant del Tribunal. Estic força tranquil; també hi ajuda que estic engripat, tinc ganes d'explicar-ho tot. Gairebé dos anys esperant aquest moment. Comença l'interrogatori, que dura més d'una hora. La sala està en silenci i això em facilita entendre bé les preguntes i intentar triar la millor manera de respondre-les. Fins i tot em permeto fer una petita broma quan em pregunten sobre el Barça («Cuando hablo del Barça se me va la olla», li dic al Tribunal disculpant-me per alguna frase anterior). Després m'assec i és el torn del Joan, que declara de conya; no sembla que li estiguin demanant deu anys de presó! Després ho fa la Marta. Que dur que se'm fa veure la Marta sotmesa a aquesta pressió, però que bé que respon a tot, ho fa bestial. N'estic molt orgullós. L'últim a declarar aquest matí ha estat el Colo, que s'ha emocionat parlant de la falsa acusació que pesa sobre ell i com el seu pare s'ha mort sabent que el seu fill estava acusat d'un delicte de blanqueig de capitals. El Colo s'ha encarat amb el fiscal i li ha dit que mai perdonarà el que li han fet, i amb l'Andrés han fet referència a tots els documents que evidencien la falsedat de l'acusació.

I la petició de llibertat?

Quan el Colo ha acabat de declarar, la presidenta ha donat per finalitzada la sessió, però el Pau l'ha interromput per dir que, tot i que havien resolt la majoria de les qüestions promogudes per les defenses a l'inici del matí, no havien resolt sobre la més important, la petició de llibertat. Llavors ens han dit que això ho resoldrien l'endemà al matí. Tothom s'ha quedat gelat, perquè, després de tot el que hem passat, el que ens esperàvem era que ens diguessin que no procedia la llibertat o que ens dirien alguna cosa al final del judici. Això sí que ha estat una sorpresa! Se'ns obre una finestra gegant. La il·lusió per pensar que això pot ser veritat lluita contra la part més racional i prudent de la nostra ment, que ens diu que no pot ser veritat, que demà ens trobarem amb un altre «no».

Tornem a Soto. En aquell moment marxaven extradits els colombians, l'Iván, el Bocanegra, el Mauri, l'Álex. Molt macos tots. Els diem adeu!

Arribem al mòdul i truquem a la Carmen i la Marta. Estan molt contentes amb les declaracions.

Quan arriben els polítics, fem tertúlia un dia més. El Cuixart, que també ha declarat avui, ha dit que no va ser del tot sincer amb el Llarena perquè la seva prioritat aquell dia era sortir de la presó i que ara ja no ho era; ara la seva prioritat és la llibertat de Catalunya, la independència. Mentre deia això, els altres polítics feien broma dient que per a ells la prioritat seguia sent sortir de la presó.

Ens diuen que pel Tribunal Suprem hi havia rumors que podria ser que a nosaltres, al Joan i a mi, ens donessin la llibertat de seguida.

Després de sopar, pugem a les cel·les, i tots els polítics ja són a les seves treballant. Jo pujo l'últim perquè m'he quedat a baix parlant amb el Paulino, que un dia més ha vingut a ajudar espiritualment els interns, jo entre ells. Faig com el #joanbonanit de Lledoners. Passo per davant de cada cel·la i començo a cridar: «Bona nit, Oriol Junqueras». Es gira, somriu i diu: «Bona nit». Després per la cel·la del Jordi Sánchez. Li dic: «Bona nit, Jordi Sànchez». Es gira, riu i diu: «Bona nit». I així, el Josep Rull, el Jordi Cuixart, el Jordi Turull, el Quim Forn i fins al Raül Romeva, cel·la a cel·la, com feia el tal Joan a Lledoners cada nit. Crec que així se sentiran més a prop de casa. També penso que deuen estar pensant que se me n'ha anat la xaveta...

El Joan i jo ens disposem a dormir més nerviosos que mai. Comencem a parlar de si serà veritat que demà sortirem finalment en llibertat, però cap dels dos no vol allargar la conversa perquè creiem que, si en parlem massa o si ens fem il·lusions, la possibilitat de sortir es reduirà. Ens hem tornat molt supersticiosos. Soc conscient que el que pensem o deixem de pensar és irrellevant quant al resultat, però no puc deixar de fer-ho.

Llibertat

Tercer dia de judici. Anem cap a l'Audiència, avui en una *perrera*, que al cap d'una hora de camí fa mitja volta i torna a Soto per un error de logística, res que ens sorprengui. Tornem a marxar i arribem als calabossos just a les deu del matí. Als cap de pocs minuts baixen el Pau i l'Andrés i comencem a parlar. A tots se'ns escapa una mica el somriure, perquè tots quatre sabem que mai hem estat tan a prop de la llibertat com ara. Però la prudència, fruit de les males experiències, s'imposa, i tots fem veure que la decisió que estem a punt de conèixer no és tan important. El Pau i l'Andrés pugen cap a la sala.

De sobte, ens criden i ens porten a una saleta. El Joan i jo anem cap allà. Ve la secretària judicial i ens dona un document perquè el signem. Ningú pregunta què és perquè ja ho sabem, però volem saber què hi diu. Ho hem de llegir tres cops per pair-ho: «La Sala acuerda decretar la libertad provisional de los acusados Alexandre Rosell y Joan Besolí».

El Joan i jo ens mirem i tot el patiment desapareix de cop. Tot l'odi, la ira, la desesperança, la rancúnia, la por, la solitud, l'enyorança s'esvaeixen amb una sola frase. És la nostra llibertat, la llibertat, hòstia, per fi la llibertat!!! Ja era hora! No ens ho podem ni creure, no ho podem assimilar. Hem passat 645 dies privats de llibertat! Ens abracem molt fort i amb sentiment amb el Joan, i li dic a la secretària que sempre la recordaré com una bona persona per la notícia que ens ha donat.

Tornem al calabós un moment i ens criden per anar al locutori, on hi ha el Pau i l'Andrés a l'altre costat del vidre cridant, somrient i exhibint el mateix document que acabem de signar. Piquem al vidre una vegada i una altra amb les mans, com per trencar-lo, i no parem de somriure. No cal que diguem res perquè les nostres cares parlen sobradament. Ens comenten que la família i els amics ja ho saben i que ens estan esperant. Ells van cap a la Sala de seguida i nosaltres pugem uns minuts després, ja sense manilles.

Arribem a un passadís situat a l'avantsala de la sala del judici, i ens creuem per casualitat amb dos dels tres jutges, la presidenta de la Sala, la Concha Espejel, i el magistrat, l'Ángel Hurtado. Al Joan i a mi només ens surt un gràcies ben fort, sincer, que ens neix del fons del cor. El jutge que fa de ponent (qui redactarà la nostra sentència), l'Ángel Hurtado, ens diu amb fermesa que no hem d'agrair-los res, que no han acordat la nostra llibertat com un favor sinó perquè creuen que la presó ja no compleix cap finalitat. Entenc el que vol dir i té raó, però m'és igual i repeteixo el «gràcies», perquè és l'únic que em surt de la boca.

Podem veure'ns amb la família i els amics abans de començar la sessió, però només un moment, i tot és molt contingut, perquè estem asseguts d'esquena a ells. A continuació, declaren l'Andreu i el Shahe. Tots dos ho fan molt bé, tot i que tothom està molt distret pensant en la llibertat.

Després es produeix un moment estrany, perquè li toca declarar al policia nacional que va dur a terme la investigació principal, l'agent 111.468, i hem preparat molt aquest interrogatori. Però ningú s'esperava que es produís amb nosaltres ja lliures. Em preocupa que el Pau i l'Andrés estiguin distrets, però quan comença l'interrogatori, veig que tots dos estan concentrats i amb ganes de guerra. El policia incorre en moltes contradiccions i llacunes, sobretot per respondre per què em van investigar a mi i amb quines ordres, que no respon. L'Andrés no para de fer-li preguntes i l'home no sap què dir, es va posant nerviós per minuts. Les respostes que dona són molt dolentes i ningú se les creu ja, i tira de manual amb el «no me acuerdo, no me consta». Arriba a dir que les seves fonts per fer l'informe eren retalls de diari i blogs d'internet... Quina motivació tenia aquest policia per fer el que va fer? Els altres polis només ratifiquen informes. Demà declararà el guàrdia civil que va fer una investigació paral·lela des de Barcelona.

A la mitja part, el Joan i jo podem sortir al passadís. Som persones lliures! Quina sensació! Els policies ja no es dirigeixen a nosaltres, no ens donen ordres, no ens posen les manilles, ja no baixem al calabós. Ens podem abraçar amb tothom. Molt i molt emotiu! La Mariona em passa la mamà al telèfon i no puc ni parlar amb ella per l'emoció, ploro intensament. Molt especial és l'abraçada amb la Cristina Minguell, una abraçada que en aquest moment per a mi representa una forta abraçada a tots els meus amics i amigues que m'han donat el seu suport incondicional, perquè ella és probablement l'amiga més antiga que tinc, amb el seu marit, el gran Lulu, el Joan Lluís Garcia Jobal. Aquest petit descans dura poc, però ens sembla una eternitat. No només nosaltres ens abracem, tothom s'abraça i tothom plora. És un moment màgic. M'expliquen com el Pau i l'Andrés han sortit a donar-los la notícia i com l'Andrés ha cridat mig embogit, enmig del passadís de l'Audiència Nacional, que era llibertat i com la gent ha començat a celebrar-lo. Que feliços que som, envoltats de la gent que estimem. I som lliures. Quina paraula més curta per a un significat tan ampli. Som lliures, per fi, i feliços, per fi.

Tornem a entrar. Acaben de declarar alguns policies nacionals, acaba la sessió i baixem als calabossos. Ens deixen estar en un despatx normal, com una sala de reunions, amb cadires i taula, i ens porten un dinar de càtering diferent. Quan entrem a la *lechera* cap a Soto hi ha dos nanos emmanillats i la policia ens demana si no ens importa que ens emmanillin perquè els altres dos no se sentin tractats diferent. Li diem que no, que cap problema. Ja no tenim cap problema amb res.

Quan arribem a Soto, tothom ens felicita. M'impressiona especialment la felicitació sincera del Rodrigo Rato. Anem a fer la bossa al mòdul. Ho regalem quasi tot. A tres africans i dos sud-americans, que sabem que no tenen recursos, els donem les targetes de peculi, que tenim plenes, perquè les buidin amb el que necessitin de l'economat. Els regalem els quasi 200 euros que ens queden i sabates i xandalls! Estan molt agraïts. El Joan proposa que escrivim entre tots dos un missatge d'ànim i suport a cada polític, però ens diuen que aviat ens vindran a buscar i no tenim temps. Aleshores, com que encara tinc una caixa de Conguitos plena, decidim deixar una bossa a cada *chabolo* dels presos catalans i dues al Quim Forn i l'Oriol Junqueras, que són a qui els agraden més els Conguitos. Ells ja entendran que la bossa de Conguitos conté el missatge d'«estem amb vosaltres i pel que calgui». Molt especialment és un missatge per a ells, però el mateix missatge el diríem a qualsevol persona amb la qual has compartit la pitjor situació que pots patir si tens salut física, que és la privació de llibertat, sobretot quan és injustificada. Tinc un record en aquest precís moment, i amb molt de carinyo, per a la Dolors Bassa i la Carme Forcadell, ja que si per a tots això és molt dur, per a elles encara ho deu ser més, perquè estan soles. Tant de bo també els haguéssim pogut donar una bossa de Conguitos a cada una!

Marxem cap a ingressos i, poc després de tancar el peculi i signar els papers, sortim. Per fi sortim! Ens esperen la Marta, els meus germans Mariona i Sergi, la Carmen i el Cerni, la dona i el fill del Joan. Ens abracem molt, molta estona i molt fort, una forta abraçada amb cadascú, i entre tots. Al cotxe ens esperen el Tomás Martínez-Bordiú, el Pep Martí (ell i la seva dona Eli, son amics de tota la vida) i l'Andreu. Està ple de premsa, però no fem declaracions. Només donem les gràcies.

Abraço la Marta i deixo enrere Soto del Real. Per primer cop després de gairebé dos anys estic assegut en un cotxe que no és de la policia, ple de gent que estimo, sense manilles, sentint-me lliure. Miro enrere un parell de vegades i les llums de la presó cada cop són més lluny. Encara em queda un judici per davant, però ara som lliures. Per primer cop en 645 dies som lliures, collons!!!

Ara només tinc ganes d'anar a trobar més gent que estimo i fer-los una forta abraçada.

Epíleg

En sortir de la presó vam anar a l'hotel on dormia la meva família. Aquell vespre van venir a veure'm a l'hotel el Barto, el Jordi Mestre, el Jordi Mox i el Dídac Lee, després de guanyar el Madrid 0-3. Passàvem a la final de la Copa del Rei. Quin dia: llibertat i guanyem el Madrid a Madrid. Quina felicitat per a un culer lliure!

L'endemà va seguir el judici, al qual òbviament ens vam presentar. Vam desmuntar en vint-i-quatre hores l'argument del risc de fuga utilitzat durant 645 dies per retenir-nos. El judici va seguir fins a finals del mes de març. En les últimes sessions, el fiscal va reduir la petició de condemna. Va rebaixar una mica les peticions de penes de presó i de multes, però es va mantenir ferm en l'acusació, tot i que no es va aportar cap prova en què pogués basar la seva teoria. L'últim dia de judici, els advocats van fer els seus informes sol·licitant l'absolució per a tots dos. Van ser contundents, tècnics i precisos, i van evidenciar el que jo havia dit des del primer dia: que mai vaig pagar comissions il·legals a la Confederació Brasilera de Futbol ni vaig blanquejar diners.

El dia 24 d'abril de 2019, la Secció Primera de l'Audiència Nacional va dictar sentència absolutòria per a tots nosaltres. En l'apartat dels fets provats va recollir un relat de fets idèntic al que vaig expressar el dia que em van detenir: que havia treballat per aconseguir un contracte, que va resultar beneficiós per al meu client, ISE, però també per a la CBF, i que no vaig blanquejar mai comissions il·legals de ningú.

Tot i que el fiscal va recórrer la sentència a la desesperada, l'absolució va ser confirmada íntegrament mesos després per la Sala d'Apel·lació. Al cap de poques setmanes em van desbloquejar els béns que m'havien embargat durant dos anys. Després ens van retornar els béns confiscats i, a poc a poc, vam anar tancant aquest episodi negre de les nostres vides.

Un cop va ser ferma la sentència, vaig reclamar a l'Estat tot el dany material i moral produït avaluable i vaig interposar les accions judicials que vaig creure oportunes per depurar responsabilitats. Veurem com acaba això.

Tothom em diu que m'oblidi del que ha passat i que ho enterri per sempre, però no puc parar de preguntar-me: per què a mi? Qui em volia a la presó? Com va aconseguir posar-m'hi? Per què no vaig trobar ningú just fins al tribunal que em va sentenciar? O el d'Apel·lació? Per fi, sis (tres+tres) jutges que amb nosaltres van ser justos i que m'han fet recuperar l'esperança que encara hi algú decent en aquest país.

I per què l'Estat o la mateixa Audiència Nacional no ha obert un procediment per depurar responsabilitats i saber qui hi ha al darrere manipulant el sistema? Crec que un mal jutge o un mal fiscal haurien de respondre davant la llei com ho ha de fer un metge negligent, un advocat imprudent, un conductor temerari o qualsevol altre professional que té incidència en la vida dels altres.

En qualsevol cas, la redacció d'aquest llibre m'ha ajudat a bolcar totes les experiències i les emocions que vaig escriure diàriament i que, fins ara, tenia contingudes. De la mateixa manera que m'ha ajudat a mi, espero que la seva publicació també servirà per aconseguir diners perquè el Paulino pugui pagar advocats per defensar innocents que són a la presó i no s'ho poden permetre. També per despertar consciències de les persones joves, que són el futur de la nostra societat, perquè aconsegueixin erradicar la corrupció judicial del sistema.

Per acabar, tant el Joan com jo estarem força satisfets, i pensarem que els últims dos anys de les nostres vides no han estat perduts, si amb el nostre cas es redueixen les injustícies gràcies a la seva visibilització. S'ha d'erradicar l'abús de poder. Hem après que el més important entre els éssers humans és seure, escoltar, parlar, entendre'ns i respectar-nos, i, si es pot, estimar-nos.

Una forta abraçada a tothom!

CRONOLOGIA DEL PROCÉS LEGAL

23 de maig de 2017: PRIVAT DE LLIBERTAT

- 23-25 de maig: Detenció/Presó Embargament del patrimoni
- Juliol: **1r NO** al recurs de llibertat
- Juliol: **2n NO** al recurs de llibertat
- Setembre: **3r NO** al recurs de llibertat
- Novembre: **4t NO** al recurs de llibertat
- Desembre: **5è NO** al recurs de llibertat
- Desembre: **6è NO** al recurs de llibertat

2018

- Gener: **7è NO** al recurs de llibertat
- Febrer: **8è NO** al recurs de llibertat
- Març: deneguen el trasllat a Catalunya
- Abril: **9è NO** al recurs de llibertat
- Abril: acusació penal per part d'Hisenda
- Maig: **10è NO** al recurs de llibertat
- Juliol: trasllat a Can Brians
- Juliol: **11è NO** al recurs de llibertat
- Octubre: recepció causa judicial a la Secció Primera de l'Audiència Nacional
- Octubre: **12è NO** al recurs de llibertat
- Novembre: **13è NO** al recurs de llibertat

2019

- 25 de febrer: inici judici

27 de febrer: LLIBERTAT

645 dies i nits

- 26 de març: fi del judici
- 24 d'abril: Absolució de la Sala Primera de l'Audiència Nacional
- Recurs de la fiscalia
- Sentència del Tribunal Constitucional sobre la presó preventiva
- 3 de juliol: **La Sala d'Apel·lacions de l'Audiència Nacional confirma la sentència absolutòria**